新编

新闻传媒写作入门300问

以问答方式对新闻写作的各种门类进行全面的讲解

全面收录各类新闻写作的范例

广大新闻媒体人必备参考

张　浩◎编著

中国文史出版社

图书在版编目（CIP）数据

新编新闻传媒写作入门 300 问 / 张浩编著. -- 北京 : 中国文史出版社, 2019.3

ISBN 978-7-5205-1013-4

Ⅰ. ①新… Ⅱ. ①张… Ⅲ. ①新闻写作—问题解答 Ⅳ. ①G212.2-44

中国版本图书馆 CIP 数据核字(2019)第 024510 号

责任编辑：詹红旗　戴小璇

出版发行：中国文史出版社
社　　址：北京市海淀区西八里庄 69 号院　　邮编：100142
电　　话：010- 81136606　　81136602　81136603(发行部)
传　　真：010-81136655
印　　装：廊坊市海涛印刷有限公司
经　　销：全国新华书店
开　　本：1/16
印　　张：20.25
字　　数：408 千字
版　　次：2019 年 3 月北京第 1 版
印　　次：2019 年 3 月第 1 次印刷
定　　价：56.00 元

目　　录

第一章　新闻采写人员应具备的素质和新闻常识

第一节　新闻采写人员应具备的政治素质

1. 新闻采写人员应具备的政治素质有哪些?

新闻采写人员肩负着为报纸、电台写稿和提供新闻线索的任务，是报纸、电台实现报道信息的一支重要力量。这就向从事新闻工作的同志提出了一个极其严肃的问题：既然新闻采写人员的工作如此重要，那么新闻采写人员都应具备哪些政治素质呢？为文先做人，教育人的人应先学会做人。特别是新闻采写人员，如果没有良好的素质，不仅难以完成在基层的采访报道任务，难以反映人民群众的意见、呼声、意志、愿望，而且会损害报纸、电台在人民群众中的形象，甚至还会直接影响党和政府在人民群众中的威信。

政治素质是根本素质，这个问题是原则问题。试想一个政治上不合格的新闻采写人员，怎么能正确反映人民群众的意见、呼声、意志和愿望呢？这是不言而喻的。那么就应该对新闻采写人员的政治素质进行衡量。

1. 新闻采写人员是“四项基本原则”的捍卫者

一篇好的新闻作品，除了作者的文字表达能力，更重要的是新闻作品的思想内容。思想内容体现着作者的理论水平和政策水平。一个事件能不能报道，什么时候报道，采取什么形式报道，都要考虑是否有利于党、有利于人民、有利于改革开放、有利于经济建设。所以，新闻采写人员首先应该是也必须是党的基本路线的捍卫者。

2. 新闻采写人员是实事求是的楷模

新闻报道的是客观事实，真实是它的生命。许多新闻工作者的笔下出过无数“高大全”式的形象，模范就是一个十全十美毫无瑕疵的完人，一点好就是全面好……这是一种不真实的表现，也可以说是一种不负责任的说法。

毛泽东曾对实事求是做过科学精辟的解释："'实事'就是客观存在着的一切事物，'是'就是客观事物的内部联系，即规律性，'求'就是我们去研究。"应该说，实事求是的原则是新闻工作者采访报道的基本原则之一。实事求是，是新闻工作者的生命。每一个新闻工作者都应该是实事求是的楷模。

3. 新闻采写人员应该是善于调查研究的人

报纸上的文章都是调查研究的结果。新闻采写人员要搞好调查研究，因为没有调查就没有发言权。

4. 新闻采写人员在思想上应该永远保持年轻

太阳每天都是新的，每天新人新事新景层出不穷。正确研究那些新人新事新景，就要在四项基本原则理论指导下用新眼光、新观念看待它。停留在旧有观念的框框里，其结果是作茧自缚，写不出好作品。

不断追求，不断创新，不断探索，应该成为每个新闻采写人员永远追求的目标。

2. 新闻采写人员宣传报道应坚持怎样的立场和原则？

"四项基本原则"是我们搞好宣传报道的出发点，党的方针政策是我们搞好宣传报道的依据。新闻报道要以坚持"四项基本原则"为方向。不熟悉党的方针政策，新闻报道就寸步难行。有位同志曾问谢觉哉同志，记者的基本功首先是能写一手好文章，对不对？谢老说：好文章的标准又是什么呢？文章的好坏，首先要看内容。人云亦云，没有独到的思想见解，没有自己比较深刻的思想，绝不能说是好文章。当然，做到是不容易的，这就要求我们在有些问题上站得比别人高一些，看得比别人远一些。这靠什么？不靠聪明，而要靠我们真正地掌握马列主义、毛泽东思想锻炼自己明辨是非的能力。这就是说作为党报的新闻采写人员首先要熟悉马列主义，努力学会以马列主义的立场、观点、方法去观察问题，分析问题。至于我们的方针、政策，那是马列主义的普遍真理和中国具体实践相结合的产物。我们要宣传党的方针政策，不但要在实践中去考察它的执行情况，而且还要从理论上去正确理解它，把握它，然后才能恰如其分地来宣传。此外，有些新闻采写人员认为，自己在写稿时，只是客观地叙述事实，整篇稿子没有一点理论的成分，也不公开发表自己的意见，需要什么理论修养呢？确实，有许多新闻稿子并不需要理论色彩的文字，但是在选择事实、分析事实、叙述事实的过程中，却能反映出新闻采写人员的思想水平。

3. 新闻采写人员为什么要具有献身精神？

不少新闻采写人员把为报纸写稿想象得过于美妙，殊不知写稿不仅是艰苦的劳动，还有一定的风险。中央一位领导同志曾说："新闻工作是世界上最艰苦的劳动之一，他终年不能休息。每天都要遇到新的问题，经常遇到精神上没有准备的东西，每天都要做多种性质的工作。"正如这位领导所说，新闻采写人员要写出好的报道，就要经常动脑筋研究新情况、新问题，还要去了解、寻求、挖掘，有时写了批评不正之风、官僚主义的稿子，难免遇到不公正的对待。小则冷嘲热讽，大则打击报复，甚至危及人身安全。在这种情况下，新闻采写人员就需要有为维护党和人民利益而忘我斗争的献身精神。

第二节　新闻采写人员应具备的专业素质

4. 新闻采写人员应具备的基本素质主要包括哪些方面？

新闻采写人员的基本素质应包括以下几方面。

1. 良好的职业道德

新闻采写人员是一种职业，更是一种事业。新闻采写人员是一个特殊的社会角色，担负着传播思想和信息的重任，因此除了遵守普遍性的职业守则以外，主要还在于"公正"和"尽职"。

公正，就是要求新闻采写人员坚持真实性、客观性，这是新闻的生命。违背了公正，就会拿了红包昧着良心说话，以稿谋私，所以说公正是新闻职业道德的基石。

尽职，就是"做好分内事""要做就要做好"。新闻采写人员工作的特点具有独创性、艰难性和复杂性，从某种意义来说，它是社会实践的精神探险，不肯吃苦、不肯冒险、不肯钻研是干不好这一职业的。

2. 新闻工作者专家化

新闻工作者必须认识到，向专业化发展是时代进步的结果和需要，应自觉地树立起当专家型新闻工作者的思想。新闻工作者必须走出办公室，多搞调查研究，在自己所报道的范围内刻苦钻研，早日实现从外行到内行的转变。

3. 良好的心理素质

新闻采写人员要及时、准确地报道新闻，而有新闻的地方，未必都是安全的，尤其面对天灾人祸的新闻现场，新闻采写人员的人身安全也会受到威胁，所以说新闻工作又是一项充满危险的工作。这种职业特点也要求新闻采写人员具有较强的适应能力，而要提高自身的适应能力，首先应具备良好的心理素质。

新闻采写人员要始终保持头脑的冷静，也需要具备良好的心理素质。一个遇事过于急躁、情绪化的人，很难做到“理智、全面、客观、公正”。因此，新闻界有句名言：新闻工作者“心要热，头脑要冷”。只有保持稳定的情绪状态，才能保证报道的客观和公正。

新闻采写人员要做到洁身自好，也需要具备良好的心理素质。面对诸多复杂的社会问题和自身的使命，新闻采写人员应该始终保持清醒的头脑。要做到这点，除了要有外部制度上的一些措施来保证外，具备良好的心理素质，拥有一个健康而又积极向上的心态也是一个重要的保证。

5. 新闻采写人员应具备的专业素质有哪些？

网络时代的新闻采写人员应具备以下专业素质。

1. 具有熟练运用网络、多媒体等新“武器”的能力

无论是在新闻事件现场还是在办公室或家中进行采访，新闻采写人员都离不开电脑、网络、多媒体。今后，每个新闻采写人员将集文字记者、摄影记者和录音、录像记者于一身。新闻采写人员身背一套重量轻、体积小、质量高、功能强的便携式电脑和数字式摄像机、照相机，就可以只身走遍天涯。

2. 具有运用多媒体、超文本写作报道新闻的能力

新闻采写人员要善于运用多媒体进行超文本的写作报道。能熟练使用文字文本、图像文本、声音文本、影像文本进行写作报道。

3. 具有深入研究深度报道的能力

在互联网络、多媒体时代，跟踪报道、连续报道、深度报道的任务义不容辞地落到了新闻采写人员肩上。这就要求新闻采写人员具有全局头脑、分析研究能力、坚持不懈的毅力，探讨、报道社会热点、难点、重点等关系社会、公众的根本性问题。

4. 较高的外语能力

要想充分利用网上资源和网络技术，新闻采写人员必须能熟练地用英语查询和阅读网上资源，用英语在网上进行环球语音和可视采访，用英语写作、报道，收发电子邮件。

6. 新闻采写人员应如何加强基本技能的训练?

俗话说:“文章中不中,要看基本功。”新闻采写人员要想把稿子写好,必须加强基本技能的训练。这些基本技能,也不外乎练眼力、练脑力、练脚力、练笔力。

1. 练眼力

它是指训练对事物的观察能力,这是任何一个新闻采写人员都必须掌握的技能。其含义有二:

(1)指在政治上辨别真伪、判断是非的能力,做到“思维敏捷、眼光尖锐”;

(2)指观察事物的技能,做到观人于微,察事于细。

用眼睛观察,就要深入实际。亲临现场、仔细观察、全面了解,实地考察你的采访对象——包括人物、事物或场景。可以记录真实的材料,可以清楚地看到环境、人物的谈吐、风度、神态、嗜好、表情等,善于捕捉到表达主题的细节,增强作品的感染力,增强自己对采访对象的真实感受。国画大师齐白石,为了画好虾,用玻璃瓶养虾,有空就观察。他笔下的虾能栩栩如生与他的认真观察是分不开的。通过观察写出的新闻报道,才能使读者如临其境,如见其人,增强新闻的直观感、立体感。

要锻炼提高观察事物的技能。必须不断地加强政治理论学习,熟悉党的方针政策,有较高的思想水平,论断事物才能深刻,才能写出改革新形势下先声夺人的新闻。

2. 练脑力

它是指观察事物后,要学会用脑分析事物的方法,把看到的问题加以综合、比较、提炼,找出线索和思路,从而写出优秀的新闻作品。因此,新闻采写人员要有清晰的头脑,有较好的记忆力。机器长时间不用,就要生锈;用得过重,超过负荷量,会损坏机件。这和用脑的道理一样。当新闻采写人员不能懒惰,要勤用脑,会用脑。记忆靠磨炼,头脑中才会形成一个牢固的记忆之网,进入的东西才不会遗忘。无论是在学习中、生活中,还是在采访中,只要学到知识就要不断地把它们积累起来。在记忆的宝库里积累的知识越多,下笔就越自由,越有“神”。学识渊博的鲁迅,还常常唯恐“输出多而输入少”,何况我辈乎?

好的记忆力,对于从事写作的人大为有益。因此要天天练脑,用脑,也就是经常地思考,多思、多感,甚至苦思冥想,使头脑这盘磨不停地转动,越转越灵活、越练越聪明。

3. 练笔力

常言道:“拳不离手,曲不离口”,讲的就是要注重日常的训练。我们新闻工作者搞写作，提高文字表达能力也要靠多练，天天练，日日练，一天也不间断。天天练的方法很多，例如写日记，积累各种资料，练习写各种文体等等。经常为报刊写稿也是一种很好的练笔方法。

新闻采写人员的劳动成果表现于新闻报道，因此，磨炼写作技巧，增强文字的表达能力，应当是新闻采写人员的主要基本功之一，如果新闻采写人员的写作能力太差，不会组织材料，不善于表达，好材料也会白白浪费，写不出具体形象的好新闻来。有的人口头表达事物生动、形象，但落在纸上表达就苍白无力。这是缺乏练笔力的基本技能所致。

4. 练脚力

它是指新闻采写人员的脚要勤快，从而获得较多的新闻线索和素材。我们常说“脚板底下出文章”，就是这个道理。一个合格的新闻采写人员，应该是一个“消息灵通人士”，应该是一个“材料篓子”。这没有捷径可走，只能深入实际，多走走，多看看，唯有如此，方能获取较多的素材。正如资产阶级新闻学创始人之一普利策所说：“懒人是当不了记者的。”我国著名记者范长江走了大半个中国，写出《中国的西北角》和《塞上行》两本通讯集而闻名。从1935年始，他为了实地考察，经过川北、陕西、甘肃、青海等地区，爬雪山，过瘟区，睡牛棚，历经艰险，多次与死神擦身而过。这两本通讯集里的具体的叙述、形象的描写、深刻的分析、精辟的见解，都给读者以很大的震撼。

新闻采写人员也要有这种精神。比如你写个人物稿，不但要访问本人，而且还要访问其他人或有关的事，就需要跑腿。练脚力的目的就是要深入到群众中去，到家庭中去，到社会各个角落中去。

7. 新闻采写人员为什么要提高专业知识水平？

新闻报道是一门科学。并不是每个新闻采写人员都接受过专业训练，做到对这门科学全面系统地认识，所以更应该下苦功夫学好这方面的专业知识。

1. 全面熟悉新闻专业知识

新闻专业知识包括多方面，如怎样采访，怎样写作，等等。新闻采写人员应全面掌握这些知识，提高自己抓问题、提炼主题的能力，以及在写作中组织材料、安排结构的能力。

此外新闻采写人员还要熟悉编辑业务。新闻采写人员都想提高稿件见报率，那就必须树立版面意识。树立版面意识有两大好处：一是新闻采写人员能用责任编辑的目光，抓住分量重、主题新的问题；二是新闻采写人员能用拼版编辑的目光，衡量稿件的内容是重是轻，采取什么样的形式体现在版面上。

2. 博览群书，增长知识

新闻的一大特性就是为更广泛的读者服务。新闻直接同广大读者、听众、观众见面，不论人们政治地位高低、文化程度深浅，都可以从中获得所需的东西。新闻采写人员面对本地区、本单位方方面面的工作，只有博学才能更好地为更广泛的读者服务。比如要报道某个地区或单位的一项科技领域的新技术，首先必须熟悉这项新技术，如果自己不熟悉这项新技术，就很难对它做出准确报道；其次，你还要把新技术中很深奥的理论解释成大众易于理解的浅显的道理，以便增加报道的可读性。这些都需要在科技知识上有深厚的功底。

新闻采写人员具备良好的业务素质，才能在新闻事业的道路上正确树立新闻真实性、群众性、战斗性的根本原则，才能宣传好党的基本路线，反映好群众的呼声、意见、意志和愿望，才能写出更多更好的新闻作品来。

8. 新闻采写人员为什么要丰富通讯报道工作的知识结构?

新闻采写人员要经常给报纸、广播、电视台写稿，没有知识不行。作为新闻采写人员，需要与各行各业的人打交道，如果没有很好的知识修养，就无法成为一个称职的新闻采写人员。因此，广泛地涉猎、浏览历史、地理、法律、社会学、心理学、人才学、古今中外文学名著以及信息论、控制论、系统论等新兴学科知识，才能开阔视野，丰富知识。并且有助于增强新闻敏感，发现新闻线索，挖掘新闻题材，还可以帮助你辨别真伪、是非，找到问题的关键，而不会轻信上当。

然而，“冰冻三尺，非一日之寒”。丰富的知识并非一朝一夕之功，而要持久地努力，日积月累，最好的方法是随时摘抄各方面的知识，看报刊，读材料，听报告，发现有用的东西及时记下来，分门别类地加以整理归纳，久而久之，就能使自己的知识丰富起来，有一个适应通讯报道工作需要的知识结构。

第三节　新闻采写人员应具备的新闻常识

9. 什么是新闻及新闻有哪些特点?

1. 新闻的含义

新闻，就是新近发生事实的报道。新闻是报刊、广播、电视经常大量运用的一种形式。

新闻包括消息、通讯、新闻特写、速写等体裁。

新闻是写给人看的，而且是以表现人的行动为主的。新闻是人的精神需要的产物，它充满对人的关怀，具体而言，新闻有以下四种功能：

（1）新闻是人类生命最鲜活的本真状态的呈现；

（2）新闻是心灵沟通的有效手段；

（3）新闻是现在进行时态的报道；

（4）新闻是一种社会批判工具。

2. 新闻的特点

（1）新闻具有真实性

人们通过新闻中的真实事实，可以洞察宇宙万象的恢宏，大千世界的风云，社会发展的趋向，生活演进的动态……

真实性，是新闻的生命线。如果新闻不是写生活真实的事实，那就不会取得人民的信任。新闻中所列举的真实事实还必须是典型的，带有普遍意义的能反映本质和主流的真实事实。

（2）新闻具有实证性

新闻的实证性，就是说新闻要让事实本身说话。新闻反映生活的特殊规律主要就是让事实本身说话。

写出确定事实的基本要素。一般应交代清楚有关的人、事、时、地、因果、意义等要素。

（3）新闻具有及时性

新闻是新近发生或发现的事实的报道和述评，必须有新的事实，新的内容，表现出新的特点与新的意义。否则，写人家已写过或人家早已知道的过时的事实、过时的内容，或者一条新闻写上十天半月才报道，那就不叫新闻了。要突现新闻的“新”，就得要及时地捕捉，及时地采写，及时地报道。可以说新闻是一种极重时效的文体。新闻的价值很大程度上取决于迅速及时地采写与报道。新闻是今天生活的快摄，是明天的历史，历史是昨天前天的新闻。

（4）新闻具有广泛性

新闻是由新闻机构发布的，它是面向全社会，对广大群众传播最为广泛的信息形式。正因为新闻具有这样的广泛性，所以新闻一经发布就会引起全社会广泛的关注，产生广泛的影响。

（5）新闻具有开放性

由于新闻是不受空间限制的一种宣传形式，因而它具有冲破闭锁隔绝现象的开放性。由于有了迅速灵敏的新闻传播，使当今世界每个角落发生变化的重要信息，能在瞬间传遍全世界，于是遥远的距离得以缩短，居于斗室，足不出户者可以了解宇宙星云，天下大事。

（6）新闻具有变动性

新闻以生活中发生的具有新闻意义的事实作为归依。而生活中的事实不断地有所变动，新闻所要反映的正是变动中的客观事实。

10. 新闻的构成要素有哪些?

对于新闻采写人员来说，不仅要明白新闻是什么，还要搞清楚新闻有哪些构成要素。因为，了解新闻的构成要素对新闻写作非常重要。

什么叫“要素”？辞书中解释：“要素，是构成物体之必要原质，缺此则其物不能成立者。”新闻要素是构成新闻不可或缺的事实材料。一般说，构成新闻的五个要素（即五个W），后来又发展为六个要素。这就是：何时，何地，何人，何事，何因，何果。世界新闻界通常的说法就是：五个“W”和一个“H”。即：When：何时（什么时间）；Where：何地（什么地方）；Who：何人（什么人）；What：何事（什么事情）；Why：何因（什么原因）；How：何果（结果如何，情况如何）。新闻六个要素，说的是写一条新闻，它交代的事实必须具备六个基本要素，否则就构不成一条新闻，事实也交代不清楚。对此，延安《解放日报》在1945年12月13日曾专门发了一篇社论，题目是《从五个W谈起》，其中有这样几句话：

“新闻必须有五个‘W’……犹之如人的头脸必须有耳、目、口、鼻一样。缺少了一件，就会不成样子。”“五个‘W’是把事实弄清楚的最起码条件，是走向精确的初步的阶梯。以五个‘W’为题，问题实际不只是五个‘W’，而是说明新闻要怎样报道得确实，具有强大的说服力，使读者信服。”这篇社论说明：第一，新闻的五个“W”是不可缺少的，“缺少了一件，就会不成样子”；第二，新闻不但要有五个“W”，而且每一个要素必须报道得准确、真实，不能弄虚作假、张冠李戴，这样新闻才“具有强大的说服力，使读者信服”。因此，刚成为新闻采访与写作的人员应把新闻构成的五要素理解透彻了。

11. 新闻的种类如何划分?

新闻采写人员首先要弄清楚各种报纸、电台、电视台和通讯社发表的新闻有哪些种类，以下做一简单介绍。

新闻有广义、狭义之分。

就其广义而言，除了发表于报刊、广播、电视上的评论与专文外的常用文体都属于新闻之列，包括消息、通讯、特写、速写（有的将速写纳入特写之列）等。狭义言之，新闻就是消息。

按广义新闻的体裁分类，大致分为消息、通讯、特写、速写等。按新闻传播的方式分类，可分为报纸新闻、广播新闻、电视新闻。

12. 什么是复活性新闻？

复活性新闻是一个从国外引进的新闻术语，其含义是，将一些有价值、有广泛社会影响，并在受众心中潜伏着悬念的旧闻、旧事，在具有新的动向、新的变化或发展的情况下，乘机“旧事重提”复活为崭新的新闻，以进一步满足受众的需要。如新闻作品《天安门事件完全是革命行动》（新华社1978年11月15日讯），报道的内容是公布北京市委为天安门事件平反。“旧事”是1976年清明节首都群众在天安门集会，悼念周总理逝世、声讨“四人帮”罪行，但当时被定性为反革命事件。现在平反，确认为革命行动。这条新闻，从内容性质讲是复活性新闻；从写作特点看，是动态新闻。

13. 什么是开拓性与精确性新闻？

开拓性与精确性新闻是世界上刚兴起的两种有共同特点的新的深度报道方式，它的特点是用社会科学与人文科学的研究方法，围绕重大的新闻事件，侧重采用抽样检测、数据分析等手段，对社会现象进行精密的分析、归纳、总结，使公众从一般事件中看出其潜在的意义。美国著名新闻学家迈耶在《精确新闻学》一书中指出：过去传统的采写手法“只一味报道那些瞬息即逝的、耸人听闻的事件，不会从历史的、政治的和经济社会的广角镜上去分析材料，看出潜在的重大意义的社会现象”。因此，他极力主张开拓与创建这两种新的报道形式。这种新闻形式，在我国出现得还较少，只有少数新闻功底深、文字驾驭能力强的记者才采用开拓性新闻与精确性新闻的写法。

14. 什么是新闻角度？

所谓新闻报道的角度，是指采访到可报道的题材，选择一个“最佳”的方面来表达，把新闻写透、写深又写活，使广大读者喜欢看。因此，选择报道的角度，关系到新闻工作者通过哪一点哪一个侧面来反映事物或人物。

苏东坡有一首描写庐山的诗：“横看成岭侧成峰，远近高低各不同。不识庐山真面目，只缘身在此山中。”这首诗说的是庐山的绚丽多姿，从不同角度望庐山各有美妙的胜景。读这脍炙人口的诗句，可以从中领悟到一些有关处理新闻写作角度的道理。

角度，有如拍照。拍照可以正面拍，也可以侧面拍，可以俯拍，也可以仰拍。唯其角度各异，才能拍出千姿百态的景物或人物。要是所有镜头只对准一个角度拍，就很单调，千篇一律。从拍照选取角度的事实说明，认识任何事物，不但要抓住普遍性，而且要抓住特殊性。只有抓住特殊性，才能具体地、深刻地认识某一特定事物。我们接触的人不计其数，怎样才能认准确呢？就是要抓住那个人同另外许多人相区别的特征。我们写新闻，就应当研究报道对象的特殊矛盾，抓住它最有特点的东西来写，才能写得深刻、生动、具体而有新意。选取好的角度还有另一种意思，就是避免主题重复。角度选择得好与坏，直接影响到新闻报道的成败。角度不好，一般化，老一套，就无新意，就会削弱新闻的价值，毁坏新闻的生命，降低新闻的作用。角度选择得恰到好处，新闻主题就能表达得好，新闻的价值就倍增。

总的来说，新闻的角度就是记者落实新闻主题的一种特别方法，是记者选取和表现新闻内容的切入点。也就是说，它是新闻主题的具体体现，是为表现主题服务的。选定新闻的角度，是记者动笔写稿的首要一道“工序”。新闻角度反映稿子的宗旨，宗旨不明，写稿就无从着笔。对于有经验的新闻采写人员来说，选对了角度，新闻就完成一半了。反之，角度选得不好，先天不足，即使下功夫再大，也会劳而无功。因此说，“新闻角度”是新闻稿件的灵魂。

15. 什么是新闻敏感度？

熟能生巧，敏感性就是一种“巧”。丰富的生活阅历和辛勤工作取得的经验，就能使一个人具备对某一方面事物的敏感。新闻界有人把新闻敏感，称之为新闻“鼻”和新闻“眼”。这是一种借喻，意思是：新闻记者靠灵敏的嗅觉和锐利的眼光来判断一件事是不是新闻。新闻敏感是记者必须具备和练就的业务素质。

美国新闻学家卡斯柏·约斯特在他写的《新闻学原理》中说："一个不善于辨别色彩的人，不能成为一个画家。一个不懂得和谐的人，不能成为一个音乐家。一个没有'新闻感'的人，也不能成为一个新闻记者。"这番话是有道理的。

世界上每天发生的事件千千万万，只有经过记者的观察、辨别、判断其中重要的、有价值的事情，才能写成新闻。因此，一个政治上、业务上成熟的记者，听到一件事情，能够引起许多联想；看到一点"苗头"，可以迅速地顺藤摸到"瓜"；在掌握一个材料以后，他能够及时准确地反映出来。同样，一个成熟的编辑善于从众多稿子中发现好新闻，把报纸编得生动活泼，引人爱看。

这些，是新闻敏感的表现。新闻敏感不只是记者、编辑个人的一种本领，也是集体的一种智慧。人人当新闻"伯乐"，就能发现好新闻。

16. 新闻采写人员应如何掌握具有高度新闻敏感力？

新闻敏感是新闻采写人员应具备的一种条件，也是一种本领。顾名思义，新闻敏感是新闻采写人员发现和辨别新闻的敏锐能力。

要想具有高度新闻敏感，新闻采写人员应掌握以下本领和能力：

（1）迅速判断某一个事实和情况是否有一定的报道意义，判断它的价值以及预见它的作用的能力；

（2）判断某一线索，即使是看来平常的事，但见微知著，可能导出重大新闻的能力；

（3）在同一个事件的许多事实中，能判断哪一个是最重要的，哪一个是次重要的能力；

（4）判断已经发表过的同一条新闻，还有哪些材料仍可以成为新闻的能力；

（5）判断哪些事实能引起读者和听众的兴趣，以及兴趣之大小的能力。

对于培养新闻采写人员的新闻敏感度，就应该从以下三方面进行培养。

1. 要学会比较的方法，养成分析的习惯

分析比较是认识客观事物、发现新闻的一种常用方法。有了比较，才有鉴别，然后才有选择。不知道差，就不懂得好；没有高山，就显不出平地。从这个意义上说，比较出新闻，没有比较也就没有新闻。比如不了解某地粮食最高产量是多少吨，今年打粮再多，不做比较，也不知道是创历史纪录的新闻。那么，一个新闻采写人员怎样才能在很短的时间内把新闻价值比较出来呢？关键在于新闻采写人员的头脑里要有全局。所谓全局，就是说，一方面通晓政策，了解每个时期党的路线、方针、政策；另一方面又了解实际情况，即党的政策在贯彻过程中群众的反映，存在的问题等。用一句行话说，就是"吃透两头"。一个新闻采写人员了解了这个全局，就会随时随地发现新闻来源，就能够在接触的大量事物中，很敏锐地掂量出有价值的新闻，鉴别出它在全局中所处的地位。反之，就分不清什么是宝贝，什么是石头，当然也谈不到新闻敏感了。“胸中有全局，眼中出新闻”是许多老新闻工作者的经验之谈。新闻采写人员的政策水平越高，对实际情况的了解越透，他就可以经常保持新闻敏感，在实践中捕捉住有价值的新闻。如果不吃透两头，胸中没有全局，采访时就不知往哪里深入，甚至提问题都不知怎么提，只能吃“现成饭”，人家讲什么就记什么，记什么就写什么，这样只能写出面面俱到的一般化新闻。总之，学会比较，最根本的是要学习和钻研党的各项方针、政策，同时，还要在调查研究上下一番功夫。

2. 要当个有心人，随时准备采访

作为一个新闻采写人员，他应当有随时准备采访的思想，对于周围发生的事情要时刻关注。比如在随意交谈中，在与朋友谈天说地中，在书信往来中，在旅途漫步中，都可能发现新闻。实际上，非正式场合的谈论，往往是重要新闻的来源和线索，正式采访结束了。双方心理上的紧张状态松弛了，往往会无拘无束地聊起来，许多“踏破铁鞋无觅处”的新闻，常常就在这样的情况下谈出来了。随时在实际生活中寻找答案。“得来全不费工夫”的巧遇，实际上是“众里寻她千百度”的结果。

3. 既要观察有形的事物，又要观察无形的东西

眼睛是人的精密器官，也是新闻采写人员在新闻采访中最锐利的武器。所以，采访不仅要用口问，用手记，还要用眼观察。在某种意义上说，观察比记和问更为重要，有许多情况、问题、细节，单靠谈话是发现不了的。有很多新闻是需要双眼去仔细观察，才能获得意想不到的生动细节，抓取生动形象的素材。新闻采写人员在采访的时候，除了倾听采访对象介绍情况，还要留心观察采访对象的外貌、特征、音容笑貌以及周围的环境。观察是写新闻细节的需要，更是新闻采写人员的眼睛要看到常人看不到、谈不出的东西，而且是从常人司空见惯、习以为常的东西里面发现新闻的一种有效方法。

除了观察有形的事物，还要观察无形的东西。内心活动，是不容易采访出来的，要靠我们从采访对象的神态、表情中去揣摩。总之，观察是一种无形的采访，新闻采写人员应当养成这种习惯。新闻采写人员对业务的高度熟练，是新闻工作者培养自己新闻敏感的途径。

17. 什么是新闻报道?

所谓新闻报道，就是对新近发生的事实的报道。新闻的本源是讲究用事实说

话，新闻是对客观事实进行报道和传播而形成的信息，反映在新闻信息中的内容必须是对事实的真实传达。但是，客观事实本身不是新闻，被报道出来的新闻是在报道者对客观事实进行主观反映之后形成的观念性的信息，是记者把自己对客观事实的主观认识传达出来而产生的信息。

18. 新闻报道的种类有哪些?

1. 按照新闻事实发生的地域和范围来分，有国际新闻和国内新闻。

2. 按照新闻的性质来分，有政治新闻、经济新闻、科教新闻、军事新闻、社会新闻、文艺新闻、体育新闻和会议新闻等。

3. 按照新闻的特点来分，有事件性新闻与非事件性新闻，单一性新闻与复杂性新闻，动态性新闻与静态性新闻，本体新闻与反映新闻。

4. 按照新闻的题材来分，有典型报道、综合报道、述评性报道、批评性报道。

5. 按照新闻传播的手段来分，有口头新闻、文字新闻、广播新闻和电视新闻。

19. 新闻报道有哪些基本方法?

一般来说，新闻报道的基本方法大致如下。

1. 概括事实

这是报道新闻的基本功之一，任何新闻报道都离不开对客观事实的概括，这不仅因为要用语言传达任何客观事件的总体情况和来龙去脉都需要概括，还因为新闻一般要求精练、简明。对新闻事实的概括要立足全局，抓住特征，正确反映整体。

2. 精选事例

在报道中，结合对事实的概括报道，选择一定的具体事例，既能揭示新闻报道的主体，又能使报道生动感人，这些事例不应随便选，而应具有典型性、具有鲜明个性、能够说明问题、能够给人留下深刻印象。

3. 再现场景

再现场景就是将新闻事实的现场情况逼真地描写出来，产生使人如临其境、如闻其声、如见其人的效果，从而增强报道的说服力和感染力。

4. 对比衬托

在新闻报道中使用对比性材料能够更明确地表达记者要说的话，比如揭示新闻事实的意义，突出新闻事实的变动程度等。

总之，新闻报道与文学作品、评论文章、理论文章不同，它的主要内容是对事实的报道，记者的观点、感情也要通过对事实的报道来体现。但是，新闻报道用事实说话，并不是绝对排斥议论和抒情，有时在报道事实的同时加上一两句精辟议论，可以使人们更好地理解新闻事实；真诚而自然的一两句抒情，可以增强新闻报道的感染力。

20. 什么是深度报道？

所谓深度报道，就是在报道新闻事实的同时，对事实作出解释和分析，努力阐明事件之间的因果联系，并力图对事件发展趋势作出准确预测的报道方式。

21. 深度报道的特点有哪些？

深度报道的特点如下。

（1）重视揭示新闻事实基本性质和深层含义

深度报道的这一特点体现在：

①不仅要报道现象，还要抓住现象背后的本质；

②不仅要叙述清楚事件本身，还要揭示出事件的深层含义；

③不仅要确认事件的现状，还要预测事件的发展趋势。

（2）解释充分，分析透彻

深度报道永远离不开解释和分析。

（3）形式多样化

报道形式的多样性是深度报道中一个显著特点，但一般情况下在单篇作品中看不出来。深度报道自身并无固定的体式，可以借助于通讯、述评、专访、调查报告的形式，也可以融合以上各种形式于一体。

（4）视野开阔，材料详尽

深度报道叙事不局限在中心事件上，议论也不局限在一事一议的小范围之内，它所提供的信息有一定的立体感和系统性，有视野开阔的特点。例如：

“亚星”“奔驰”何以能平起平坐

范有骏　唐野苍

各位听众，江苏亚星客车集团有限公司与德国奔驰公司合资谈判历经四年，前不久达成协议：“亚星”与“奔驰”的品牌对等投入，互不作价，合资企业名为亚星—奔驰有限公司，产品可以挂“亚星”商标，也可以使用“奔驰”商标。

“奔驰”是世界排名前三位的著名商标，“亚星”何以能与它平起平坐呢？为此，记者专程采访了亚星集团公司董事长兼总经理鞠宝才。（出录音）

鞠：“面对像奔驰这样的国际跨国公司，我们敢于理直气壮地提出自己的无形资产，特别是自己的品牌问题，是民族自信心的体现。作为中国人，作为民族工业，首先对自己要有了解和认识，既不能盲目自大，更不应妄自菲薄。对商标的价值问题，要看商标在特定市场的价值。奔驰的商标雄踞世界著名商标前三名，主要是奔驰的轿车驰名世界，但在客车领域，以他的马哈姆这个厂来说，他一年的最高产量也只有4000台，近几年，他的马哈姆客车每年销售只有3000辆；而我们亚星的客车今年要销售达6000辆。那么在客车这个特定的市场，我们就应该珍视我们品牌商标的价值。”（录音止）

亚星客车集团公司是我国最大的客车生产企业，特别是经过“八五”技术改造，技术水平、工艺装备水平、产品开发能力、管理水平又有了显著提高，巩固了在国内的领先地位，缩小了和国际先进水平的差距，跻身世界十大客车之列，产品在国内市场占有率达25%。这为“亚星”参与国际竞争奠定了基础，也为“亚星”商标注入了含金量。

中国市场是世界市场的组成部分，鞠宝才总经理认为，自己的商标价值还在于中国广阔的大市场，背倚中国大市场是自己谈判的实力和本钱。（出录音）

鞠：“我们亚星客车集团和奔驰公司合作谈判，绝不是我们这个公司对奔驰公司，而是中国这个市场与奔驰公司来进行谈判。如果不是中国这个大市场，奔驰公司绝不会千里迢迢跑到中国来合作，它看中的不仅仅是亚星客车公司，它首先看中的是中国的大市场。中国这个大市场，就是我们对外合作的实力和本钱。如果我们看不到这一点，我们就输了一票。我们的无形资产究竟在什么程度上确定价值，很重要的是效益的原则，就是要看这个商标为合营公司赢得什么样的效益。你的产品在中国市场不能被用户接受，不能迅速形成市场，不能为合营公司赢得效益；我的商标可能在世界上不如你的那么知名，但是它却能为合营公司取得最大的效益。那么按照国际惯例效益原则，我的价值丝毫不比你的价值低。最后谈判达成一致：互不作价，对等投入，互不收费，就是根据这个原则。”（录音止）

亚星与奔驰的合作是目前我国公路客车行业规模最大的合资项目，总投资9550万美元，注册资本6010万美元，双方各投资50%，亚星以双方商定的产品及技术投入合营公司；奔驰以具有90年代国际先进水平的大中轻型系列客车底盘和车身技术投入，其中客车专用桥填补了我国空白，项目建成后，年产7000辆客车和12000辆底盘，并建成现代化的研究开发中心和高水准的职工培训中心，双方还将不断把产品的动态技术提供给合资公司，使其客车技术水平与国际水平同步，合营期30年。

中国经济与国际经济全面接轨的道路不是一条铺满鲜花的平坦大道，中国经济参与国际经济的合作与竞争，并不是为了获得国外公司提供的“白吃的午餐”。合资合作是双方互有所需，互有所求，平等互利是合资合作的灵魂。(出录音)

鞠：“正视自己的名牌商标，我们对外合作必须坚持平等互利的指导思想，绝不能把我们的合资合作，特别是和奔驰这样的大型国际跨国公司的合作看成是一方对另一方的援助，或者说一方对另一方的优惠。如果有这样的思想，首先就把自己放在低人一等的位置，要人家优惠我们。在国际商务当中平等互利就是成功。”(录音止)

维护和创造属于中国自己的品牌，是发展中国民族工业战略的必然选择，也是关系我国能否成为世界经济强国以至民族兴衰的重要环节。“亚星”高举自己品牌的旗帜，不仅着眼于现实，更着眼于长远。(出录音)

鞠：“合作的根本目的是为振兴我们的民族工业，应该立足高起点，既要考虑眼前利益，又要考虑企业的长远利益。如果我们放弃了自己的品牌商标，合营是有期限的，那么几十年后，国际国内市场剩下的就是外国的商标外国的品牌，而我们没有了。所以我们和奔驰公司合营厂名叫亚星—奔驰有限公司，合营公司的产品可以同时使用亚星的品牌商标和奔驰的品牌商标，我们可以相信，30 年以内中国市场也好，国际市场也好，不仅有奔驰的商标，同时更有亚星的商标。甚至30 年以后，合营期满，我们同样存在一个响当当的亚星商标，在国内国际可以继续发展我们的企业。”(录音止)

各位听众，如何处理好发展自己的品牌与引进外国先进技术、外国名牌的关系，是中国经济与世界经济接轨过程中的重要课题。在这个问题上，既不能因为有冲击而完全去“堵”外国的先进技术和外国牌子，也不能一味地迷恋外国品牌，忽视珍惜和保护自己品牌的价值。“亚星”不失为一成功的范例。

——××××年××月××日江苏人民广播电台《新闻追踪》栏目播出

22. 深度报道可分为哪几类?

深度报道分复合型和单项型。复合型由若干篇组成，其组合形态又有两种情况，一种是沿时间顺序展开的进行性深度报道，另一种是呈并列态势的系列性深度报道。单项型是指针对一个中心话题，作一次性的集中报道。

1. 复合型深度报道

(1) 系列性深度报道

系列性深度报道跟进行性深度报道的不同之处在于，它不是在时间的链条上逐次展开纵向结构，而是围绕一个中心，分别从不同角度进行报道。每一篇文稿之间，基本上是呈现并列关系，合构起来才能体现思想的深度。

例如，《经济日报》在××××年××月××日第1版刊登了题为《“一块二”官司值不值得打》的报道，报道一位法律工作者丘建东在使用公用电话时，公用电话站未按特定时间减半收费的规定收费，经投诉后仍不改正，就向法院提出诉讼，以邮电局为被告。仅为一块二毛钱打官司值不值得？方方面面对此议论甚为热烈。报道最后说：“这一场官司如何了结？还有待法院作出裁决。”××月××日，该报在第1版又分别发表《我为什么打这场官司——访丘建东》和《“这个官司打得好”——福建省邮电局负责人一席谈》两篇报道。××月××日，再次在第1版发表了《暗访被告》和《走访邮电局》两篇报道。最后一篇《“一块二”官司画上了句号》，发表于××月××日第1版。这组报道刊出后，《经济日报》收到近600封来信，高度评价这组“小题大做”的报道。“一块二”官司虽然小，却反映了市场经济就是法制经济的观念转换，以小见大，揭示了社会的深刻变化，是一组很有深度的作品。

（2）进行性深度报道

一个事件正在发生和发展的过程中，还没有出现结果，新闻就可以对它进行连续的阶段性报道，这就是人们常见的连续报道或追踪报道。如果这种报道不满足于现象的描述，而是逐步进行深入的发掘，这组报道就是进行性深度报道。

连续性深度报道是在时间顺序上逐次展开的，每一篇文稿都是整个报道中的一个环节，作者在写作前面的文稿时，并不知道事件下一步将发展为什么状况，更不知道事件最终的结局。能够成为连续报道题材的新闻，一般都是众人关心的事件，而后续内容的不确定性，不断地制造出悬念来，吸引着读者更强烈的关注。

进行性深度报道多以事件为中心题材，也有以某一人物一个时期内的行动，或以某一存在问题的探讨过程为中心题材的。

2. 单项型深度报道

（1）典型性深度报道

典型性深度报道，就是选择一个具有广泛代表性的事物，对其进行深入的剖析，得出一些具有普遍价值和意义的结论，用以指导全局的一种报道方式。典型性深度报道一般用于报道有模范意义的先进人物和集体，或介绍和推广成功经验。

（2）预测性深度报道

预测性深度报道，指作者对于人们密切关注的新闻事件的发展趋势作出必要性的预测，为读者提供可资参考意见的报道方式。而且这种预测要建立在深入的调查、分析的基础上，要有相当多的事实和数据做依据，要讲究科学性。预测性深度报道常用在经济新闻和国际新闻中。

（3）解释性深度报道

解释性深度报道的特点是，在报道新闻事实的同时，对其发生的原因进行深入的说明和解释，以使读者对事件发生的必然性有准确的把握。其用于解释和说明的材料比较丰富，包括人物事迹、地理环境、历史形态、相关政策、物质条件，等等。

（4）调查性深度报道

调查性深度报道是针对某一新闻事实，通过展示调查过程，提供大量事实、数据和有关反映及评价的方法，来深入揭示其本质、特征、发展规律的一种报道方式。调查性深度报道多用于各种媒体的新闻调查。

（5）分析性深度报道

分析性深度报道的特点是，在报道新闻事实的同时，运用分析、综合、比较等方法，确认新闻事实的性质、意义、发展方向，以帮助读者深入理解新闻事实。分析性深度报道常用于经济形势报道、政治形势报道和国际问题报道。

23. 写作深度报道应注意哪些问题？

1. 善于把握导向

深度报道要具有一定的舆论向导作用。要有鲜明的立场、观点和倾向，要提供积极的、建设性的意见，对读者进行正确的引导。

2. 题材要有分量

题材分量要重，一是能引起人们的注意，二是有深入的余地。所谓分量重，主要体现在以下三个方面。

①是人民群众普遍关心、迫切要求解决的问题。

②报道所反映的事件关系到重大的原则问题。

③是引起各界注目的社会焦点。

3. 运用立体思维

深度报道所涉及的多是重大事件、热点问题，在写作时，作者必须运用全方位、多层次、多角度的立体化思维方式，才能不断开拓出新的思路，触发新的感想，获得创造性的发现。

4. 手法灵活多样

深度报道并无固定的形式和固定的写作手法，各种新闻体式皆可拈来，各种手法皆可运用。例如：

由邯钢经验引出的话题

——有关劳动消耗转化管理方法试验搁浅的反思

熊家余

××月××日，记者看过发表在当天《人民日报》头版头条位置的通讯《邯钢经验有多少内涵》之后，马上拨通了武汉大学教授余杭的家庭电话。

记者：余教授，你看了关于邯钢经验的报道吗?

余杭：看了。邯钢经验和我们的《劳动消耗转化论》确有——

惊人的相似

记者翻出余杭教授发表在本报××××年××月××日“理论周刊”版的《劳动消耗转化论》一文，和《人民日报》报道的邯钢经验进行比较，发现两者之间确有惊人的相似。

其一，报告说邯钢经验的一个杰出贡献是提出了市场经济的成本核算公式：目标成本=该产品的市场价格-目标利润。《劳动消耗转化论》表述其基本原理是，“企业可把现行计算利润公式等号两边的成本与利润互换位置，在销售收入中把目标利润事先予以扣除，其公式为：销售收入-税金=成本”。

其二，报道说，邯钢“倒推”出市场成本后，再层层分解到分厂、车间、班组，直至每个岗位。《劳动消耗转化论》提出，目标成本确定后，“分解到车间、班组，直至个人”。

其三，报道说邯钢把按劳分配与市场成本指标结合在一起，完不成成本指标者，扣除全部奖金；节约了，按节约额的5%~10%提成奖励。《劳动消耗转化论》提出，目标成本确定后，交给劳动者自己控制。“出现超支，由劳动者负担。如节约则由劳动者、企业和国家三方分成”。

不必再列举了。至少可以说，《劳动消耗转化论》和“邯钢经验”是“英雄所见略同”。不同的是，我们湖北有这种科学见解，但未能在实践中生根开花结果，而邯钢在实践中取得了成功。××××年××月，余杭教授带着这一理论到武汉童车厂搞试验，仅半年就取得了显著成效。××××年××月至××月，该厂在主要材料价格平均上涨40%的情况下，完成产量比上年同期增长13%，产值增长15.43%，利润增长87.99%。童车厂也曾因此红火一时，还引得全国2000多家企业来厂取经。可惜，那只是——

短暂的辉煌

《劳动消耗转化论》（当时称“成本控制法”）在童车厂试验不到一年，就因故而停了下来。这个“故”是什么呢? 记者找到了当时任童车厂厂长的周国章同志。

周国章说，童车厂当年试行“成本控制法”，效果的确不错。厂里把根据产品出厂价“倒推”出来的成本分解到车间、班组和劳动者身上之后，职工精神面貌发生了深刻变化，精打细算，勤俭节约蔚然成风。但就在试验逐步深入的关键时刻，有人对使成本和职工收入相互转化的做法在理论上提出了“质疑”，认为这一做法违背了马克思的劳动价值论。他们还把这种观点写成文章，发表在理论刊物上，这对当时正一门心思抓试验的厂领导来说，不啻当头一瓢冷水。“反马克思主义”这顶帽子，叫人不寒而栗。在这种情况下，厂领导虽然也想坚持试验中一些行之有效的做法，但毕竟不那么“理直气壮”了。

据周国章介绍，当时厂里有些干部、工人曾自发地写文章，反驳对这一试验的“批判”。余杭教授也曾多次撰文予以反击。但令人痛心的是，宝贵的时光在“争论”中无可挽回地流逝了。

面对这样的结果，我们当然很想知道——

邯钢经验是怎样成“气候”的

××月××日，邯钢第二会议室。忙得不可开交的邯钢总经理刘汉章接受了本报记者的采访。

邯钢建立“模拟市场核算，实行成本否决的机制，也不是一帆风顺的”。刘汉章介绍说，××××年，邯钢连续××个月亏损。厂领导经过分析，认为主要亏在成本高、效益低上。怎么做降低成本的文章？厂里先后搞了几套方案，算下来，还是亏。最后统一意见，按市场价格倒推成本。这个成本大大低于原来的计划成本，有的厂一年要降低几千万。方案出台后，全厂像开了锅，一些分厂领导死活不干。有人还搬出一条“理论依据”，认为国有企业的生产只需要考虑是否符合社会主义生产的目的，即生产的产品是为了满足人民群众的物质文化生活需要，不需要考虑亏不亏的问题。但厂领导的决心没有被这些思想干扰所左右。通过反复做思想工作，层层算账，终于把领导的意志变成了全厂职工的意志，并在实践中逐步丰富和完善了新的经营机制。

看准了的路，不管阻力多大，困难多大，也要坚持走下去。刘汉章把这称之为邯钢成功的“秘诀”。

也许，我们可以说，湖北的“经验”比“邯钢经验”更早；也许，我们可以和邯钢人争一争成本核算公式的“发明权”。但是一个不容争辩的事实是，《劳动消耗转化论》在湖北经济中一直坐着“冷板凳”，而成本否决机制不仅造就了邯钢今日的辉煌，名满天下，而且其经验的反哺湖北，给了我们几多的启示、几多的反思！今天，或者说，面向未来——

我们该有怎样的思索

作为《劳动消耗转化论》这一理论的提出者，余杭教授谈了自己的看法。

一个本来具有很强指导意义和经济价值的理论，为什么在湖北这块土地上没有结出丰硕的果实？一个原因是思想解放不够。有些人对改革实践中出现的新事物，总要往姓“资”姓“社”上扯。武汉童车厂在试行成本控制方法时受到的责难就是典型例证。另一个原因是落实不够，“中梗阻”严重。××××年××月，武汉市经委曾正式行文，要求扩大成本控制法试点。但会开了，文件发了，试点不仅没有扩大，而且连原来的“点”也逐渐消失了。××××年，这一理论也曾先后引起省政府主要领导和武汉市主要领导的重视，他们先后批示有关部门抓好试验，总结经验。但批文在有关部门“揉”过来“揉”过去，终于不了了之。具有指导意义的科学理论，具有经济价值的科研成果只能“落实”在文件上、口头上，这就是我们落后的一个重要原因。

从《劳动消耗转化论》的遭遇，我们不禁又想起了“丽珠得乐”的出走，想起了“三花接骨散”的远离，想起了……这些凝结着我省科技人才的心血，凝结着我省有识之士才华的优秀成果，为什么就不能用之于湖北的发展实践呢？而且，我们不知道，在我们的有关部门里至今还有没有好的理论、好的方案、好的科研成果，在被“揉”着、被“踢”着、被“搁”着？

湖北最大的实际是发展不够，造成发展不够的根本原因是思想不够解放，落实力度不够。去年，我们这样说；今年，我们这样说；明年、后年，我们还要这样说吗？

——××××年××月××日《湖北日报》

24. 写作深度报道应掌握哪些技巧？

深度报道相较于其他新闻体裁的写法而言较难，要想写好深度报道，应掌握以下几点。

1. 确立重大主题，选取典型材料

深度报道对题材有严格要求，这就是要选择重大题材。何谓重大题材？是指它所报道的事件是关系到重大的原则问题，是人民群众普遍关心、迫切要求解决的问题，是引起各界注目的焦点。这只是一个概念，具体表现这类题材就要靠典型材料了。这里讲的典型材料，是指能揭示事物的特殊性与特殊矛盾，又有普遍的指导意义与教育意义的材料。凡是能作为深度报道题材的都是如此。例如《中国青年报》关于大兴安岭森林大火的“三色”报道：1987年6月24日发表《红色的警告》，6月27日又发表《黑色的咏叹》，7月4日再发表《绿色的悲哀》，这三篇连续报道透过失火的表面原因——“厄尔尼诺”现象与“职工违反操作规程”引起火灾等，进而追踪到领导严重官僚主义造成的灾害，对此进行了深层次的揭露与剖析，这既与国计民生有重大关系，又回答了广大群众普遍关注的重大问题。“三色”报道运用的典型材料无一不是震动人心的。

2. 运用立体思维，进行全方位考察

由于深度报道是一种多侧面、大跨度的报道，线多面广，这就要求新闻采写人员不能局限于单层次的、单方向的线性思维方式，因为那种静态的、平面的思维，缺乏广阔的思维空间，没有纵深开拓的可能。作者必须运用全方位、多层次、多角度的立体化思维方式，才能开拓出新路，这样就可以避免反映事物平面化。同时还要予以全方位考察，以避免反映事物出现片面性。这就是说，深度报道所报道的对象是立体的、完整的，所反映的内容是全面的。

3. 设立纵横坐标，进行全面组合

这实际上是结构问题。深度报道的结构特点是横连纵贯、纵横交叉。所谓“横连”，就是运用各种现实材料从事情的发展变化及其相互联系中研究问题、认识问题，然后把“纵贯”和“横连”有机地组合在“纵横坐标”上，按照一定的轨迹来表述事实，表达主题思想。所谓“纵贯”，就是运用各种背景材料，从历史发展的角度分析问题、认识问题。怎样组合？一般以蒙太奇结构法为多，就是把报道的内容分成一个一个地“镜头”，而不是一二三枯燥单调地罗列。然后按照一定的思路把这些“镜头”按逻辑关系组接在一起，产生连贯、呼应、悬念、对比、暗示、联想等作用，形成一系列有机的片段与场面。

4. 强化思辨色彩，揭示事物本质

深度报道的另一个特点就是，它不仅提供事实，而且要提供意见。表现在写作上，不只是客观的叙述，而且有主观的议论。它通常通过思辨性的语言揭示事物本质，有的还通过抒情式的议论发表作者的见解。

5. 手法灵活多样

深度报道并无固定的形式和固定的写作手法，各种新闻体式皆可拈来，各种手法皆可运用。正所谓兵无常势，水无常形，关键在于适用、得体。

25. 如何加大深度报道的艺术和引导水平？

按照新闻事实的不同属性，深度报道属于非事件性新闻。与事件性新闻相比，它关注的只是已经发生的事实，是事件的过去时。深度报道是一个总结、回溯性报道，它不仅要回答“是什么”，还要回答“为什么”，其新闻价值一般蕴含在事物的本质层面，需要在报道时深入挖掘。平时见诸媒体的各种成就性报道、经验性报道、工作报道或解释性、研究性报道，都属于这一类，它们往往以系列报道的形式展现出来。深度报道一般是先从已经发生的事实中提炼出主题，再策划采制报道，具有强烈的导向性，因此各媒体对这种报道都十分重视，往往是集中精兵强将精心组织报道。

如何加大深度报道的报道艺术和引导水平？关键是要增强报道的新闻性。

1. 选择好新闻的切入点，增强报道的形象性

新闻切入点一般位于一篇或一组报道的开端起笔处，是整篇报道的“眉眼”。它可以是一次会议、一个故事、一个场面、一个人物、一个情节、一个细节。其目的在于引发观众对新闻的兴趣，吸引观众随着新闻的切入点逐步进入接下来的新闻事实的主体。好的新闻切入点是作品新闻性的最好体现，它蕴含在大量的新闻事实里，需要慧眼识宝，精心选择设计。在某电视台开办的“振兴老工业基地”报道中，记者采写了一篇反映中油抚顺石化分公司通过产品结构调整将企业做大做强的报道，文章开头引用每生产两袋洗衣粉就有一袋是使用抚顺的原料这一事实，引出抚顺石化具有雄厚的实力，有可观的发展前景这一论断，说明抚顺在振兴老工业基地的过程中充满希望。这样的采访现场感强，提高了新闻性、贴近性和可看性。使空洞的数字具体可感，富有生命，整篇报道形象而又生动。本篇报道在中央电视台西部频道播出，起到了很好的传播效果。

2. 精心选择典型事实，强化新闻的客观性

新闻是客观事实的报道，没有事实就没有报道。深度报道的导向性不能是抽象的议论，空洞的说教，而要通过事实来反映表现。要选择真实、典型、生动、形象的事实丰富表现主题，提升新闻性。在某台开办的“深秋时节访农家”栏目中，记者采写了一篇农民买白菜腌酸菜，家里的承包土地全部用来种植果树的新闻，把发展特色经济，促进农民增收这样一个老主题做出新意。本文的成功，关键在于选取了典型而又生动的新闻事实，因为在当地农村，农民秋季腌酸菜都是用自家种的白菜，而这户农民由于将家里的土地全用于种植果树而取得良好的经济效益，不得不买白菜腌酸菜，这在当地还是少见的。报道通过这个典型事例，提示出导语中所强调的“农民”增收靠什么，“只要瞅准市场，发扬特色，致富之路就在脚下”的主题。

3. 坚持“以受众为中心”的传播理念，提升新闻价值

有些经验性、总结性的报道之所以引导价值不高，抽象化、概念化、八股味儿，就在于谋篇布局时，没有将报道有意识地与受众的需要紧密地结合起来。一位记者采访的报道《抚顺农村税费改革的多元效应》受到农民观众的好评，主要原因是抓住受众想知而又未知的事实，真实地反映了广大农民的利益和心声，满足了受众的需要。报道一方面深入报道了各级干部为农村税费改革工作所做的辛勤工作，一方面用朴素的语言、生动的事例反映了广大农民群众发自内心拥护的心声。

显然，要增强深度报道的新闻性，一方面需要调动新闻采写人员的政治理论修

养、新闻敏感性和社会洞察力，充分发挥新闻采写人员自身的主动性、创造性，提升对新闻事实的分析思考力度和深度；另一方面，还要在占有大量事实和分析思考的基础上，按照新闻规律正确运用事实，从而增强深度报道的典型性、形象性，彰显新闻性。这是需要新闻采写人员深入下一番功夫的。

第二章　新闻采写人员应具备的新闻采访知识

第一节　采访基本知识

26. 什么是新闻采访？

新闻采访就是指为了获得某一信息、某一新闻事实而进行的一种观察、询问、查考。新闻采访的特色就是它必须在采访以后才可写作。没有采访，就没有新闻写作。采访的成功与否，直接关系到新闻写作的质量。我国著名记者穆青曾指出："写作固然是个重要问题，但同采访比起来，后者是个更为重要的问题。手里没有好的素材，文字再考究，也弄不出好东西的。"《新民晚报》前社长林放在阐述采访与写作的关系时也说："多年从事新闻工作的同志，都有这样一点体会：如果采访的时间是一，而写作的时间是十，就颠倒了新闻采访和写作的常规。应该是采访的时间是十，写作的时间是一，在写作之前，必须深入采访，下大功夫。"

在获取素材的手段上，采访与调查报告基本上相同。同样是运用询问、观察和阅读的办法，而"看""听""问""记""想"更是它们的共性。但它们的目的有所不同。调查报告是为了了解情况，研究问题，指导工作实践；采访则是为了捕捉新闻事实，进行信息传播。有时，调查报告所研究的问题也带新闻性，采访的事实报道也具有指导性，但从整体上看，前者主要是研究生活中、工作中比较重大、带有普遍性的问题，后者主要着意新闻事实的报道。

27. 新闻采访的特点有哪些？

采访要服从新闻报道的需要，因而，它具有相应的四个方面的特点。

（1）快速出击

新闻报道要讲究时效性，要争分夺秒。反映到采访上来，采访也要快速灵敏。

它不能迈着四方步慢慢吞吞，不能跟在人家的后面拾人牙慧，不能把采访的过程拉得过长。它要时时刻刻跑在别人的前头，争分夺秒，反应迅速敏捷。

（2）对象广泛复杂

新闻采访的领域涉及各个方面，政治、经济、科技、体育、教育、文化、城市、农村，都有可能涉及。新闻采访的对象更是复杂，不同年龄、不同职业、不同性别、不同经历、不同信仰、不同心理的采访对象都可能遇到，这就要求记者具有广泛的知识，具有广泛的触觉，因时因地地开展采访。

（3）着眼新闻事实

采访面对纷繁复杂的生活现象，并不是巨细无遗地一一收罗。它所关注的、捕捉的是新闻事实，以及与新闻事实有关的背景材料。对于采访而言，重要的是"事实"。如果说思想家、理论家、哲学家靠理论说话，文学家靠形象说话，那么，新闻记者靠事实说话。采访的任务，就是把公众欲知的、应知的、具有报道价值的新闻事实，迅速及时地找出来，并迅速及时地报道给大众。记者的采访，就是跟事实打交道。当然，他也会碰到理论，接触到形象，但这一切，都必须归入到事实中来。因此有人说，记者的全部工作，就是通过采访去发现事实、了解事实、选择事实、核对事实、体验事实、追踪事实，最后是报道事实。

（4）具有灵活机动性

采访还具有灵活机动的特性。今天你采访学校、菜市场，明天说不定就要去机关、机场。这次，你采访几小时，为的是写一篇几百字的短新闻，下次，说不定为了采写一篇大通讯，花上十天半个月。因为采写的文体不同，采访的深入程度就有所区别。采写消息，只要把基本的新闻事实弄清楚就行了。而通讯、调查报告之类的采访，就要尽可能地深入细致。因及时报道的需要，有的新闻可以等全部材料都采访到手后再写，有的则可随着采访的不断深入而分段报道、跟踪报道。至于具体的采访，则更需要记者采用灵活机动的方法。

28. 采访有哪些种类？

采访的种类很多，与初学者关系密切的，有直接采访、间接采访、谈话采访、观察采访、书信采访等。

直接采访、间接采访是根据采访者与报道对象的关系来划分的。我们要报道某一事物，直接找当事人采访，这是直接采访。直接采访是采访的主要形式。有的时候，报道对象太忙，或是外出，或是去世了，我们不能直接找他本人采访，就找他的领导、同事、亲戚朋友、知情者进行采访，间接地了解有关情况，这是间接采访。一般情况下，都是直接采访与间接采访结合起来使用。

根据采访的方式，我们通常将采访分为“谈话采访”（口头采访）、“观察采访”（目击采访）和“书面采访”。

“口头采访”是通过交谈方式进行的采访。口头采访是一种重要的采访方式。它是采访者接近采访对象的第一步，是取得主动性的关键，是打开采访对象心灵的钥匙。绝大多数采访是通过口头采访或主要通过口头采访完成的。“目击采访”主要是现场观察。它可以获得大量的第一手材料和生动的“独家细节”，可以丰富“口头采访”的内容，可以避免采访对象的限制。“目击采访”通常用来补充和丰富“口头采访”，加强报道的现场实感。“目击采访”要注意观察的重点，要注意捕捉现场实感，要善于分辨假象。“书面采访”是特殊情况下采取的一种采访方式，它主要通过书信的方式，向采访对象了解某些情况。“书面采访”要精练，同时还要注意时效性，不要因信件的辗转而耽误了时间。“书面采访”还可以与电话采访结合起来。

29. 采访的重要性主要体现在哪些方面?

采访是新闻的基础，报道的依据，新闻则是采访的结果。没有采访，新闻就成了无源之水，无本之木。

所谓采访，就是调查研究。具体讲，采是采集，访是访问。新闻采访，是新闻采写人员写稿前通过一定的方式或手段获取新闻事实的一种活动。新闻采访是新闻采写人员认识事物的方法，了解事物的手段，表达事物的途径，是新闻采写人员写好稿子的基本功。只要是稍微有些实践经验的新闻记者，就会有这样的体会：新闻写得好不好，反映得深不深，很大程度上取决于会不会采访。采访的重要性具体表现为：

1. 采访是报道的依据

新闻属于上层建筑中的意识形态领域，事实是第一性的，新闻是第二性的，离开事实就没有新闻。因此，发现、探求、挖掘事实，并从中提炼出具有新闻价值的精华，即我们通常所说的采访，就成为新闻的基础，报道的依据。采访是新闻采写人员的直接或间接的社会实践过程，是新闻工作者深入实际、认识实际、反映实际的过程，也是唯物主义的思想路线和工作方法在新闻工作上的反映。

2. 采访是保证新闻真实性的前提

真实是新闻的生命，是新闻自身的属性，无真实就无新闻。记者只有深入实际，耳闻目睹，才能辨别事情的真伪，掂出事实的分量。闭门造车，道听途说，是新闻工作的大忌。许多假新闻的出现，不仅严重损害了新闻事业的声誉，也给实际工作带来不利影响。这些都同不重视采访有关。

3. 采访有助于深化报道

任何新闻都只能反映一定时间、空间范围内的事物事件、人物等，但任何事物都不是孤立的，也不可能是静止的，采访有助于了解这一事物同其他事物的联系，了解事物的来龙去脉，从中掌握事物的本质，并发现新的线索，以便报道深入。有的新闻采写人员习惯于跑“衙门”，从文件、报表中找新闻。这固然是获取新闻的一条重要渠道，但仅此还远远不够。如果能根据文件、报表提供的线索进行实地采访，那么，报道的深度有可能大大增强。

4. 采访有助于新闻的生动活泼

新闻是现实生活的反映。生活本身是丰富多彩的。只有通过采访，才能如实地反映多彩的现实生活。现在，新闻界提倡目击式新闻，增强报道的立体感，这样，采访就显得更为重要。有的新闻采写人员满足于死材料，但死材料出不了活新闻。这是当前新闻改革的一个重要课题。除此之外，对于广播新闻来说，由于它经常采用一段音响作为素材，因此其新闻材料非采访不可得。

30. 通常使用的采访方式主要有哪些?

所谓采访，就是调查研究。具体地讲，采是采集，访指访问。采访的具体方法多种多样，可根据不同的报道内容、编辑部限定的发稿时间、采访对象的不同特点，以及新闻采写人员本人的习惯等因素灵活掌握。通常情况下，狭义的采访采取从小到大、从点到面的方式，广义的采访采取从大到小、从面到点的方式。具体说来就是：如果你的采访有了具体题目或线索，可单刀直入，直接进行采访，并逐渐扩大线索，丰富报道内容，如果是具体的题目或线索，可从大处入手，先了解面上的情况并逐步缩小范围，最后选定具体的题材或题目。

通常使用的采访方式有以下几种。

1. 找领导同志谈

这是到一个地方或单位采访时经常首先采用的方法。为了了解全面情况，包括工作过程、成绩、缺点、经验、教训、上级的指示、领导上的部署、群众的反映等，和了解领导对你准备报道的事件或问题的看法、评价，听取对报道思想的意见及建议，以便从政策和事实上报道得更加准确，可以找领导谈。

2. 开调查会

这是一个比较简便而又效果显著的采访方式，无论是了解全面情况还是重点了解某个问题都可以用。

3. 个别访问

为了了解某个具体问题或细节，可以找当事人或其他知情人做细致调查。某些不便于让更多的人知道的问题，也有一些同志，不愿意当众反映某些问题，这样个别访问就更为必要了。就一般新闻采访中的人物采访，对采访对象的个别访问恐怕就要占用更多的时间。亲自实践，这是一个很好的采访方法，不仅可以获得真实可靠的第一手材料，而且可以增强对新闻事件的感受和认识。许多用这种方法写出来的新闻，感情充沛，材料丰富，情节细腻，具有较强的感染力。

4. 翻阅书面材料

翻阅有关单位的书面材料直接获得该单位的某些新闻资料，有些则只能以此作为了解情况、发现线索、进行间接采访的一种手段。许多记者在直接介入新闻事件或新闻人物之前，常常喜欢用这种方法来“打前站”，从而使正式采访很容易地进入主题。

5. 现场采访

现场采访是获取第一手材料的好方法。“百闻不如一见”，许多事情只听别人介绍是不行的，还要现场进行采访。现场采访还便于感受到新闻事件的气氛，激发写作的热情，从而增强新闻的感染力。

以上几种采访方式，有时可以单独使用，有时则需交叉使用，只要有了较多的实践经验，就会逐渐运用自如。

31. 进行采访的基本方法有哪些?

常言道：“七分采访，三分写作”。新闻采写人员在写作新闻之前，都要进行采访，其主要目的，是为了掌握新闻事实，进行报道。

要迅速及时地了解新闻事实，方式方法各不相同，一般地说，应该是如下的几种。

1. 个别访问

访问，是新闻采写人员向采访对象进行思想钻探的一种活动。访问的过程，是通过被访问者的答话向客观事物进行探索研究的过程。所访问的对象，一般地说，应该与报道事实直接有关的当事人，事件的参与者和目击者或者虽不是当事人，但却是要了解情况的人。

访问，从何问起，首先了解全面情况，其次采访重点事实，最后挖掘有关细节。谈话时，关键是新闻采写人员要造成一种气氛，使被访问者不感到他是面对着记者而有所拘束，记者要打消他的各种顾虑，使被访者对记者建立起一种信任的心情。访问，最好的方式是聊天，新闻采写人员随时把话题引到自己想了解的问题上，使对方在自然轻松的气氛中谈出他所知道的一切情况来。访问中，新闻采写人员要勤于思考，善于引导和启发，要有打破砂锅问到底和步步紧逼的精神，才能获得生动的真实材料。

2. 开调查会

这也是一种采访方法，一般适合于一个单位或人员比较集中的地方。但一定要做好会前的准备和会中的组织工作，参加座谈的人五至七人为宜。座谈会由本单位的负责人主持或记者主持都可以。每次调查会只要一个中心内容会有利于集中精力。在座谈会上如发现有什么矛盾，要引导大家讨论，求得统一的认识。在调查会上主要弄清骨干材料，对某个细节、数字，可以留到会后个别访问。至于有意义的观点，有价值的线索，生动的语言，要及时地记下，便于会后进一步研究深入采访。

3. 现场观察

就是新闻采写人员要和事件发生的目击者一起，到现场去观察，进行调查访问。通过现场采访获得许多活生生的、有声有色的材料，就能把新闻写得逼真、生动，使新闻更易为群众接受。

新闻采写人员到现场以后，通过察访，还可弄清楚一些靠文字或口述说不清的细节。新闻采写人员只有对新闻事件了解得透彻，写出的稿件才能使读者看得清楚明白。新闻采写人员到现场去观察，进行现场采访，可以使新闻采写人员在现场观察中获得启发，记录真实的材料，描写场景精确真切，具有现场感，增强新闻稿件的说服力。

注意观察什么呢？一般地说，新闻采写人员到现场，要观察新闻事件和人物的现场环境，以获得具体、形象、生动的材料，并从中受到感染，加深对事物本质的理解。要在观察中捕捉传神、生动、有说服力的细节。这些细节，有时是在采访中已经获得，但为了印证，加深感受再去现场看看是大有好处的。在现场变化快的情况下，记者要注意保持对新鲜事物的热情，随机应变，不轻易放过来访的机会，善于抓住一瞬而过的场景。

32. 进行采访前应准备哪些工作?

凡事预则立，不预则废。采访工作也是如此，采访的成功，也离不开采访前的充分准备。采访前的准备工作可分两部分，即平时的准备和临时的准备。

1. 平时的准备（包括理论、政策、资料积累）

所说平时的准备就是平时资料的积累。首先要系统学习马克思列宁主义理论，同时，特别要关心当前的形势，以及党的重大决策。作为新闻工作者必须站在理论的高度看形势。

2. 熟悉党的路线、方针、政策

要对自己所在系统、部门的政策规定，进行认真的学习和领会。掌握党在不同的社会历史时期的不同路线、方针、政策，提高判断是非的能力。再就是，要学习有关业务知识。新闻采写人员应培养自己成为一个杂家，什么知识都应具备。特别是自己所在的单位，经常要报道的一些基本情况，更应该知之甚详，烂熟于心。对于新闻的十八般武艺，只有不断磨炼，才会熟能生巧。最后一点积累知识资料。采访范围内的行业和人物，应经常积累材料，收集有关专业知识，有关单位或行业的基本情况，形成适应新闻报道的最佳知识结构，最好是建立起自己的资料库。新闻报道涉及面很广，只有平时做大量的艰苦的资料积累工作，写起稿子来才能得心应手，写出高水平的报道来。

3. 专题性的准备

也就是接受某一具体采访任务后所做的采访准备。其准备工作大致分为三个方面。首先一点是，要熟悉与这次采访任务有关的情况和各种资料。在全局范围内出现了什么新情况、新问题、新发展。其次，是政策准备，要认真学习与这次采访任务有关的党和政府的方针、政策，了解领导部门有何见解、主张。最后是制定采访提纲，采访提纲一般分为两种，一种是简单的采访提纲，拉出骨架就可以了，不用很细，这种简单采访提纲到实际中可能还会有很大变化。另一种是专题采访提纲，就需要有个总体设计，规定好总的采访目的和要求，以及各单项目的和要求，确定好采访对象，明确召开哪些类型座谈会，等等。

总而言之，采访前的准备做得越充分越周密越好。这样进入实地采访，就可以提高效率，缩短采访过程，收到事半功倍的效果。

33. 怎样做好采访工作？

国外一位著名记者曾言："作为一名记者，你要有所为吗？靠几小时写稿不行，要做全天候的记者才行。"

1. 处处留心

中国古语有云："处处留心皆学问"。实践表明，生活中有许多细微、平凡的线索是完全可以从某一个侧面，某一个角度，某一个片段折射出具有深刻社会意义与时代精神的光彩，这就叫小中见大。小事件，小人物……唯其小，人们往往不怎么重视。要想掌握以小见大法，千万要处处留心，事事好奇，用敏锐的洞察力，明察秋毫，从沙土中一眼能辨出哪一粒是金沙来。

2. 抓住群众关心的小事

名人政要，当然需要关注，但世上主要是普通人，大事虽有，但少，小事虽小，但多，如若用心，从小事中也可写出大新闻。什么样的小人小事才能写新闻，才可以小中见大？这其中有个小与大的辩证法。简言之，别看人物小，意义却大；

别看事情小，背景却大。比如，一位新闻工作者去湖北兴山一带出差时，目睹王昭君故乡的香溪河受到沿河开采的小煤窑以及乱扔垃圾的污染，写了一篇《谨防香溪变臭河》的稿，被《法制日报》采用。

3. 抓住普遍性的问题

工作在基层的新闻采写人员，不能听到什么就采访什么，看到什么就写什么，而要从日常生活所掌握的大量素材中，挑选那些带有普遍性、倾向性的问题，作为采访写稿的重点，这样的稿件才能有分量。比如原材料涨价是多数企业感到头疼的问题，一位新闻采写人员在与老工人交谈中，听到这样两句话，“铁耙子聚财财源广，皮笊篱节约不漏汤”，从中受到启发：企业要消化原材料涨价因素，其实质是加快改革改善管理问题。经过调查写出《用“铁耙子”聚财，靠“皮笊篱”节资，面对原材料涨价经济效益不减》一稿，很快在北京一家大报头版显著位置刊登。

第二节　采访过程中的应用技巧

34. 在交谈中发现线索需要注意哪些方面的问题?

怎样才能在平时采访活动中发现线索，就需要有从众多的事物中通过分析比较，筛选有价值信息的本领。同时，在采访中听介绍的时候，一定要边听边动脑分析，尽量启发被采访者多谈一些与新闻有关的素材，也是相当关键的。要想在交谈中发现线索，就要从以下几个方面注意。

1. 要善于启发交谈者讲话的愿望

这就要用启发式的语言进行交谈，要循序渐进地、一个问题一个问题地谈，不能一个问题没谈清楚呢，又提出第二个问题，这样，会使任何问题都谈不清。

2. 要善于抓住中心问题

凡与采访关系不密切的问题，尽量少谈，或者不谈。应先向被采访者说明自己所要了解的问题，这样可以给交谈对方一个思考的时间，使交谈者按照你的采访思路谈问题。交谈是双向的活动，边听应边给予积极、适当的反馈，比如选准适合的机会加上一句，或者微微地一笑，或者赞同地点一点头，这样可以促使对方津津乐道，提高交谈的效果。

3. 要善于抓住细微的变化

不同性格特点、身份、地位的采访对象，必须采取不同方式进行交谈，有时可以单刀直入，一下子就触摸到采访的中心问题；有时就需要通过一些细节，悄悄地靠近主题。要注意抓住被采访者的一些细微变化，要从他的变化中悟出新意来，通过这些新意再提出一些新鲜问题，作深入采访。

35. 怎样才能抓到新闻素材中的第一手材料？

新闻素材中的第一手材料能够准确地反映客观事物，掌握第一手材料有益于产生正确的新闻主题；掌握第一手材料也是新闻必须完全真实原则的要求。那么，怎样才能获得第一手材料呢？

1. 要脚踏实地深入基层

俗话说，涉浅水者得鱼虾，涉深水者获蛟龙。采访也是一样，只有深入第一线才能获得第一手材料。特别是有些重要事实，不要满足于听别人的介绍，就是一些已经发生过的事件，也要尽量到现场看一看，亲自掂一掂事实的分量，看一看事件发生的环境。现场采访是别人无法代替的。

2. 要采访不带“框框”

这是抓第一手材料的必备前提。所谓不带“框框”，就是采访要遵循忠于事实、实践第一的原则，不掺杂任何有碍于准确反映事实的主观因素，如实地、不打折扣地把客观事物全貌记录在案。做到这点，还必须注意以下四种关系。一是采访目的与事实的关系。采访是有目的的，但目的只能决定采访范围，不能决定事实本质。当目的与事实有偏差时，要忠于事实。二是采访准备与事实的关系。采访前需要做好有关情况的准备，但不能形成“框框”带下去。在采访准备阶段，连尚未见面的事实都“预备”好了，这会妨碍抓第一手材料的。三是加工提炼与事实的关系。加工提炼是在尊重事实的基础上，不能超前脱离事实提炼加工。四是主观倾向与事实的关系。当事实与主观愿望发生矛盾时，要坚持事实第一，防止到手的材料被人为地调了角度，变了味儿。

3. 要“打破砂锅问到底”

第一手材料，常常不是一次采访就能得到的，而需要一而再、再而三地追根寻底，步步深入。同一事物，各人的讲法总是不相同的。同时，事物的本身，也显示着许多变体，要寻找真的底蕴，采访务必求深细。鲁迅先生说：“对于任何事物，必须观察准确、透彻，才好下笔。”这就是说，不仅要看到采访对象的外貌，还要看到场景、气氛；不仅要看到事物的现状，还要看到它的成因；不仅要看直接事物，还要看到相关事物。只有“打破砂锅问到底”“不畏浮云遮望眼”的精神，才能把问题弄个水落石出。

36. 怎样选择最佳的报道角度?

所谓报道角度，是指采访到可报道的题材，选择一个“最佳”的方面来表现，把新闻写深、写活，使广大读者喜欢看。那么，怎样选择最佳的报道角度？要从以下四个方面进行考虑。

1. 要打破只从正面看事物的老框框，善于从它的各个侧面或反面去观察、描绘

这样既易于找出报道的新角度，又能防止报道的片面性，可写出别具一格的新闻报道。一篇稿件能否见报，除了要有好的内容外，更重要的是要有新的角度。如果善于从侧面选择不同的角度进行报道，往往能以小见大，写得也深刻些。

2. 要摆脱实际部门总结工作或布置工作的束缚，善于从群众生产、生活及其各种各样人的活动中去表达事物

摆脱固定工作角度，力求从群众角度写稿，往往报道的新事物、新经验、新人物等，才能出现新意、新面貌。

3. 要跳出工作过程或生产程序的“轨道”，多从思想领域里找“新闻”

如果局限于成绩是怎样取得，会议是怎样开的，领导是如何讲的，群众是怎么说的这些去写稿，势必从工作角度“做文章”。应该把采访的重点放在思想领域，放在群众身上，写的稿件努力揭示新闻人物在工作、生产、生活中遇到的思想上的矛盾，以及内心世界闪光的东西。从这样的角度写新闻，易于脱开技术性、业务性，增强报道的思想性。

4. 要善于驾驭事实，从中抓本质，抓特点，学会分析、归纳、综合

新闻报道既要全面，又要集中。这里的关键在于新闻工作者所选取的角度是否典型，是否反映了事物的本质。还要根据所占有的材料，寻找事物的特点，突出主题。

37. 新闻采写人员进行采访时必须注意的原则有哪些?

进行采访时，新闻采写人员必须注意以下几个原则。

1. 要熟练地记住对方的名字

这样会给对方一种亲切感。交谈中，要及时地祝贺对方的成功之处，交谈时对方心里悲伤，要不失时机表示安慰，这会给对方诚挚感，他会把知道的事情全部告诉你，来回报你的真诚之情。

2. 待人要谦虚、和蔼、诚恳

不要居高临下地采访，要以平等的态度交谈，尤其是与工人、农民交谈，不能以为自己有文化，水平比对方高，就看不起人家，在言谈中说大话，口气和动作都表现出一种优越感。

3. 守信用

不能与对方约好时间，自己迟迟不到，让对方等着，这是很不礼貌的。

4. 遵守纪律

采访中，不该问的事不去问，不该打听的事不打听。被采访对象有隐私权，如有些人有明显的生理缺陷，在交谈中要避开这些使对方难堪的短处，只有尊重别人，才能获得别人的尊重。

5. 不要轻易伤害对方的自尊心

在交谈中，对方谈的问题不一定全对，也可能里面有水分。这时，不要当场就否定他讲的问题或反驳或争论，这样会伤害对方的自尊心。如果有些问题没听清楚，询问一下是正常的。但是要注意询问的口气，就如同老朋友说话一样自然，重述对方的意见，问他是否真是这样想的。自然的询问，对方会对你不清楚的问题，进一步给予回答。特别是不等对方把话讲完，采访者就结束了谈话起身要走，这是对对方的一种藐视。

俗话说："不打无准备之仗。"除了突发事件要靠新闻采写人员随机应变的能力外，对非突发事件采访前，作为新闻采写人员在采访时一定要考虑好向被采访对象提问什么，在采访一些专业性强的问题时，尽管一时难以弄懂深奥的专业知识，但最基本的一些术语或行话应有所了解，否则采访也难以到位。

如果有可能，应该详细列出提问的问题，特别重要的采访更应列出采访提纲，并将可能遇到的问题考虑出应对措施，以防"卡壳"陷入被动。例如，对于出租车"套牌车"问题，如果新闻采写人员在事先不懂何为"套牌车"，也不做任何了解就向有关部门问什么是套牌车，不仅浪费时间不说，新闻采写人员的职业素养恐怕也会被别人打上问号。

提问要简洁通俗，要具体。试想，被采访对象连新闻采写人员提问的问题都没听明白，他的回答又怎么能够令人满意。有时，提问的问题过于笼统或不着边际，令被采访对象也难以回答，容易出现泛泛而谈，泛泛回答的现象。特别是有的被采访对象，尽管讲不到点子上，但侃侃而谈的劲头不小，如果没有抓住核心问题的明确提问，很容易导致采访"跑题""偏题"。另外，在采访结束时，对于一些重要的问题，最后复述或征求一下被采访对象的意见，一方面确认一下，另一方面看是否有遗漏的问题，以便于被采访对象补充、解释。提问，就像出租车司机离不开方向盘一样，是新闻采写人员采访的基本功。只有掌握了提问技巧进行有效的采访，才有可能在新闻报道中写出到位的稿件，才能实现新闻采访的目标。

38. 采访活动通常应创造的访问条件有哪些?

在采访活动进入执行阶段时，除了一些必要的采访方法、技能、技巧要掌握外，应特别注意创造一些必不可少的辅助条件，这是采访活动提高效率的重要保证。通常要创造的良好访问条件有下述诸项。

1. 商定较适宜的访问时机

无论从事任何一项活动，必预先对这项活动产生注意，继而靠一定的注意稳定性去支配从事这项活动的兴趣和热情。采访活动也毫不例外。欲使采访对象接待并配合采访，就得先使其对采访活动产生注意和一定的注意稳定性。

2. 设计较得体的仪表风度

对美的追求是人类的一种共性需要，也是增进采访双方关系的重要因素。经社会学家有关调查和实验表明，陌生人相互初次见面时，对对方外表的魅力与想再次与之见面的相关系数为0.87，远高于个性、兴趣等相关系数，通常人们称此为“首因效应”，或是“第一感觉”“第一印象”，这些关系到交往双方对对方的评价，关系到彼此的交往能否持续。一般情况下，若是首因效应或第一感觉、第一印象好，交往双方就会产生强烈的交往愿望，反之，则厌恶交往。

3. 讲究文明的言谈举止

在采访中，新闻采写人员稍有不慎，或是一句话，或是一个动作便刺伤了对方的自尊心，使采访对象感到受信任程度突然削弱，以致使正常采访受阻。事实上，此时双方的相互需要并没有减弱，只是采访对象的情感心理发生了较大变化，以致感到受辱、困惑，因而报之以气，或报之以怨。

4. 保持较融洽的访问气氛

从事任何活动都会产生一种情感，而且，什么样的情感会导致什么样的活动效率。情感通常表现为两极性，即肯定或否定、积极或消极、热情或冷漠、紧张或轻松等对立性质。同样是对待新闻采写人员采访，有些采访对象就表现得热情和轻松，有些则表现得冷漠和紧张。

5. 摆正较合理的相互关系

采访中，新闻采写人员与采访对象之间的关系怎么处理，也是关系到活动效率的一个重要条件。在这个问题上，新闻采写人员的态度端正与否则是关键。新闻采写人员应当保持尊重采访对象。只有自尊，才能自爱、自信，给对方留下较好的印象；只有尊重对方，才能有深化交往、发展关系的基础。

6. 穿插较丰富的形态语言

新闻采写人员与采访对象坐在一起时，并非只是通过言语形式作为唯一交流手段，只要留意观察，同时展开交流的还有一种形态语言手段，通常也叫作“非言语手段”。这主要由表情手段构成，可分为：面部表情，是人最主要的表情动作，在采访活动中起着重要作用；体态表情，人的站、坐姿态和举手投足等，均可表达一定的信息；手势，是人们在交谈中用以加强言语效果的表情动作，恰到好处的手势既可传递信息，又可产生强烈的感染力。

39. 与采访对象进行谈话可采用哪些方式？

新闻采写人员与对方谈话的方式，要因人因时因地而异，大致有这样几种方式可以借鉴。

1. 迂回侧击式

通常适用于不善谈或不愿意谈的人，因为彼此不熟悉，想谈而紧张，举止不自然，不知从何谈起，这就要先拉家常，拣对方最熟悉、最便于回答的事聊聊天，然后再接触正题。

2. 开门见山式

通常适用于自己熟悉的对象和干部，对于这些人过多寒暄，反显多余，不如直截了当地提出问题。

3. 探讨启发式

对方对某一问题一时谈不清楚时，为了启发对方思考，引导对方把问题谈深谈透，时常采用这种方法。新闻工作者可以和采访对象互相交谈，探讨问题，设身处地地想对方的情况、心理，找出某些假设，启发对方思考、印证。

4. 激将法

在前几种方法不奏效时，激将法有时可使对方吐露真情。有的被采访对象怕见报怕当典型，闭口不谈事实材料。时常会遇到采访某人的英勇事迹，对方却连说“没啥，没啥”，不肯正面回答。假如有意从反面提问“传闻说的不好的事情”，对方会立刻回答：“根本没有这个事。”接着就能进入正题了。这种方法不宜多用，只有在非用不可的情况下，方可一试。

40. 在采访时应如何掌握提问这门艺术？

语言是人类交际的工具。因此，谈话艺术渐渐地被人们重视起来。在采访活动中，谈话中的提问，像一颗颗“问路石”，也是采访成败的关键。采访提问是艺术，不可轻视。提问一定要看采访对象、新闻事件性质和场合。掌握提问这门艺术，谈话的态度是重中之重。

1. 分层次提问

向被采访者提问题不要一下子全提出来，要由表及里，由浅到深谈。这种方式是先谈些与采访事件有关系的小问题，这些小问题都谈清楚后再谈主体问题，所有问题都谈清楚后，再提出下一个问题。

2. 问话要抓住对方心理

因为被采访者是处于被动地位，采访者提出的问题，有时会使他紧张，有时会使他愉快，有时会使他悲伤。采访者提出的问题如适应对方的心理，被采访者就可能多谈一些情况，否则就会产生相反效果。所以，必须根据对方的不同心理，提出适合对方的年龄、身份、民族、性格和文化素养的问题。在不同的场合，要注意不同的问话内容，不能不分场合、地点什么都问。比如，采访一位工人，在谈到他妻子时，刚好他妻子病故，这正是他痛苦的时候，就不要再问他妻子是怎样支持他搞革新的事了，可以把话避开，引到别的话题上去，过几天，等他情绪好些再谈。

3. 注意一些不该提问的问题

比如不要问一时回答不清的问题，可将该问题分解成若干个小问题，让对方回答。不要提对方根本不了解的问题，也就是不要提对方回答不了的问题。不要提诱导性的问题，暗示人家按照你的意图回答。不要过于轻率地提问题，特别是私人生活方面的一些不愿公开的隐私问题。不要提审问式的问题，可以改变一下口吻，用引导的方式，在交谈中发问，在发问中交谈。这样能使被采访对象感到心情放松，双方的感情容易交融，在无拘无束中会谈出许多生动的情节来。

4. 提问宜简洁

新闻采写人员对每个要提的问题事先在其长短上均应精心设计、推敲，原则是宜短勿长。原因在于，人的记忆能力有限，提问一长，采访对象容易忘，以致常常出现这种局面：当新闻采写人员提了一通较长的问题后，采访对象只能要求采访者："请你把刚才的问题再重复一遍。"

5. 提问宜具体

任何事物都是错综复杂的，且有一个形成、发展、结束的过程，如果笼统、抽象地提问题，采访对象就难以回答。因为这点是不符合人的思维心理活动规律，思维心理活动不是一下子能完成的，得有个具体过程，而具体化是思维的主要组成部分，能促使人们的思维活动更深刻、清晰地发展。根据这一原理，新闻采写人员在提问时就应按照事物形成、发展到结束的全过程，将一个大的、总的问题破开，化成若干个具体问题，一个一个地细细问清，即提问要具体化。

6. 提问宜间接

在具体发问时，可以是直接发问，也可以是间接发问。直接发问，指就某件事的结果发问，用封闭型发问。如"你早饭吃了吗?""吃米饭还是面食?"等等，这种发问方式固然简洁明了，但对方遇此发问，限制性较强，不欲多言，往往以“是”或“否”回答，新闻内涵较少。

7. 提问宜自然

新闻采写人员提问和采访对象作答，实际是在进行一场谈话。是谈话，就必须受“谈话法”的基本方法所支配。采访是真正的谈话，还是僵化式的问答，这是检验一个新闻采写人员成熟、老练的标志，也是采访深入、报道深刻与感人的前提。谈话，首先就得有亲切、自然的谈话气氛，而解决问题的关键，则是要求新闻采写人员将所要发问的问题设计成讨论形式，然后，对方就这些问题展开讨论，那么，就易谈得自然、亲切、深刻。

总而言之，作为一个新闻采写人员，应该把采访提问时自己的态度重视起来。如果，把向被采访者提问看成是向对方学习，学习就必须礼贤下士，有个谦虚的态度。虚心才能学到东西，才会使采访对象把你看成朋友、看成学生，真诚地和你交谈。

41. 在采访中必须从哪些方面注意自己的言谈举止?

新闻采写人员在采访中，必须从以下几个方面注意自己的言谈举止。

1. 谈话的语言要有礼貌

比如与不相识的人初次见面，可说“久仰”；与对方好久不见面了，可说“久违了”；有了过失请人原谅，可说“请多包涵”；有事找别人商量，可说“打扰了”；求人帮助，可说“请劳驾”；不能陪对方说话，可说“失陪了”；自己的意见讲完后，可以说“请多多指教”；归还对方物品时，可说“奉还给您”；采访告别握手时，可说“谢谢”；如果是采访几个人，临走时，要挥手或拱手说“谢谢大家”，如果条件允许的话，还要一一同大家握手告别。

2. 不要轻易打断别人的谈话

在采访中随意插话，这是一种极不礼貌的行为。对方谈起一些与采访无关的问题时，也不要打断对方的谈话，要等到对方讲完后，再转移话题。在听对方讲话时，应以目光注视对方，表示专心；但是与女同志谈话时，不要用眼睛总看着对方，要谦让、谨慎，不要开玩笑，争论问题要有节制，与对方的座位距离要适度；对方讲话时，不要左顾右盼，一会拿起书、报翻一翻，一会看一看自己的手表，表示一种心不在焉的样子，这很不好，要注意克服交谈中的不良动作和姿态，始终保持热情。

3. 注意谈话的内容，少谈与采访无关的问题

如与女同志交谈时，一般不要询问人家的年龄，是否结婚，工资多少等私人生

活方面的问题；同时也不要谈论妇女胖瘦，身体保养，穿着打扮；特别是对方不愿意回答的问题，不要寻根问底。

42. 赢得采访对象的尊重必须注意哪些问题？

只有赢得采访对象的尊重，采访才能有深度。要想达到这样的目的，必须注意以下三点。

1. 采访时谈话的态度不能轻浮

不能像个小孩子似的，谈到高兴处就站起来，谈到不顺心时或不高兴的地方面部表情就有变化。要抑制自己的情绪，控制感情，使自己始终保持头脑清醒。

2. 要注意自己的衣着

第一次见面的印象好坏很重要，如果头一回见面就给对方一个不整洁的印象，往往会给对方心灵上投下阴影，他就要与你避实就虚地交谈了，谈一些你根本没用的东西。采访者的衣着应讲究一些，成为时代的象征。

3. 要锻炼自己的语言表达艺术

俗话说："好马出在脚上，好男出在嘴上。"采访者口才表达好坏决定他能否获得更多的素材，所以，新闻工作者要注意锻炼自己的语言表达艺术，注意自己平时知识的积累，掌握较丰富的知识，使自己的语言表达丰富多彩。

43. 如何在平等的采访氛围中显出提问的尖锐性？

记者在采访活动中，应抱以怎样的态度和情绪往往影响思路的拓展和对有效信息的获取。采访者与被采访对象的关系是一种平等的关系。如果把新闻采访的具体操作视为一种优越资本，势必会造成采访对象的抵触情绪，从受众的收听、收看效果来看也显得高高在上、没有根基。而过于温和，又很难得到新闻采写人员想要的东西，因此，如何在平等的氛围中显出提问的尖锐性，才是提问的关键所在。

说起来容易做起来难，许多新闻采写人员不知不觉就被采访对象带到了他们的思路中。"关键是要摒除杂念，我又不是有求于你，你答应我采访就应该配合我。如果想得很复杂，把你得罪了怎么办，那就必然会心虚，难免被别人牵着鼻子走。你接受我采访，我很感激，因为你配合了我的工作，除此之外不能有其他心态。"央视节目主持人王志说。但在一些电视节目中，常看到记者对一些被采访对象盛气凌人，且不顾被采访对象的感受，就是观众看了也不舒服。事实上，即使被采访对象仅是一名在押罪犯，他的人格也应该受到尊重和法律保护。所以说提倡提问风格的平等性很重要。

提倡平等性并不等于失去了原则立场，也不等于对任何事情持中庸态度，面对棘手的事件，为揭示它的真相，提问必须一针见血，它的尖锐性要得到体现。

特别是在舆论监督报道中，被监督对象本身并不想说什么，甚至掩盖都来不及，如果没有好的采访方式，显然不会有好的收获，而如果问不到点子上，舆论监督的效果就会大打折扣，因此平等的采访是一种处事原则，但挖出采访的实质东西才是提问的目的。

44. 怎样记采访笔记？

准确、详尽、清楚、精当的采访笔记，是加工冶炼新闻成品的原料仓库。

因此，许多经验丰富的新闻采写人员，都很重视记好采访笔记。随着科学技术的发展，录音机、摄像机等先进设备在新闻采访中越来越普及使用。但有的场合使用这些设备，往往容易使被采访者感到拘束。所以，记好采访笔记永远是新闻采写人员的一门重要技术。

怎样记采访笔记？常用的基本方法有十条。

1. “眼见”要注意抓特征

新闻采访的十八般武器，“眼睛是最锐利的武器”。采访中要注意用眼睛观察，以抓取采访现场和采访对象的一切外部、外在及外貌特征。采访时眼睛观察到的东西很多，一般说，与采访对象和写报道有关的、有特征的均应记入笔记。

2. “耳闻”要注意抓重点

“耳闻”，即口头采访。不仅要听，还要问，与被采访者讨论。这是最基本、最常用的采访方式。口头采访，不可能也不必要将被采访者的谈话内容都一句不漏地记下来，而要集中精力抓要点。

3. 记“事”时不忘记“识”

“事”即事实材料；“识”即思想认识。

对采访中听到的故事和事实材料很重视，询问记录得也很详细，这是必要的。对被采访者介绍故事和事实材料过程中，所表述的思想认识、好的见解等内容更要记好。因为记“事”不记“识”，常如丢了宝。实践证明，记“事”中不忘记“识”，采集的事实材料才有灵魂，写出的报道才有思想深度。

4. “人云”也要记“己思”

“人云”，他人所讲；“己思”，自己所思。笔记要边记采访时的现场观察和被采访人的谈话内容，边记新闻采写人员当时的思考、判断、推理及得出的结论。比起那种采访中只顾埋头记，不动脑子想，采访之后再从头熟悉、消化材料、构思写作提纲的做法，往往收到事半功倍的效果。

5. 记下被采访对象重要的、关键时刻的原话

原话是最珍贵的历史记录，新闻写作中，引用被报道对象关键时刻的原话，往往使人物性格更加突出鲜明，使作品生辉。记原话最重要的是准确。只有准确，才有使用价值，才能鲜明地表现人物的性格特点和思想风貌。

6. 记下拨动心灵处

新闻不是纯客观报道，新闻要教育人，首先要感动人。感动人就需要有激情。新闻采写是一个带有强烈感情色彩的活动。新闻采写人员的政治倾向、思想感情，贯穿在整个采访活动的全过程。对感动自己的地方，采访中一定要足够重视，并记录下来。

7. 记下疑问处

采访中，由于各种原因，被采访者提供的同一事实、细节、时间、情景等，有时有出入，甚至互相矛盾。对于这种当时或仅靠一人无法搞清楚的地方，要记下来，以便进一步核实。

8. 记录要及时整理归类

新闻采写人员应该养成及时整理采访笔记的习惯。整理，实际上是一次对素材再加工的过程，也是积累资料的有效方法。不但可以使采集到的新闻素材更加完善、系统化、条理化，有助于综合利用新闻资源，还可以起到练笔的作用。

9. 记录要力求准确详尽清楚

记笔记，越准确越详细越好。此外，字迹还要清楚：有的采访笔记，可能当时用一次没有保存价值，有的则改作为自己的资料，有的重大事件的采访资料还要长期保存。

10. 记录要提高速度

掌握既快又好的记录技术，是新闻采访的一种特殊需要。

在记录中可以创造出一套适合自己习惯的快记本领和记录符号。

将常用的固定长句、词组，简写或缩写，如“公共汽车的行驶路线”写为“公汽~线”。有的同志还创造了一些其他的记录符号，只要自己固定使用，约定成习，也不失为方法之一。

45. 做好采访记录需要掌握哪些要点?

做好采访记录，是新闻采写人员采访过程中的一个重要环节。要想做好采访记录需要掌握以下几点。

1. 记要点

由于新闻采写人员采访时，不可能把对方的话全记录下来，也没有必要全记录

下来，那么记些什么呢？有的采访记录中，没有抓住采访的重点，这是相当失败的。记要点，也就是记下采访事件发展过程中的几个主要环节，思想认识的几个主要方面，人物事迹的几个主要情节，某一项工作的主要经验教训及重要背景材料。

2. 记特点

一般说，与被采访对象和与报道有关的有特点的东西都要记录下来。

3. 要记易忘点

这通常包括时间、地点、人物的姓名、数字、地方方言、人物的个性语言及各类业务专用术语等。

4. 记难点

在采访中常常对采访对象的谈话一时还不能理解，或者还有疑点，由于各种原因，被采访者所讲的事实不详尽，与旁人介绍的有出入，出现了疑点。应记下这些疑点，待采访告一段落时，请对方给以解释或补充。比如，采访一个先进人物，对方谈他是怎么工作的，很可能全是流水账，这样记录下来就显得缺东西。这时既要按照对方讲话的思路往下记，又要将自己想出来的问题记录下来。

46. 怎样记采访笔记才能到写稿时用上？

“记”是采访活动中的重要环节。有些新闻采写人员在采访自己比较熟悉的行业或熟人时，记录不详，省略过多，觉得记不准可以再去找他，持一种随意态度，往往在写稿时打开记录本，不是时间记不准了，就是数字记混，再不就是把一些事实张冠李戴了。而有的新闻采写人员采访不熟悉的行业和人物时，生怕记不全，听啥记啥，有闻必录，笔记凌乱，没有中心，到写稿时就抓了瞎，不得不花费一定时间和精力重新整理笔记。也有的新闻采写人员缺乏经验，该详记时不记，该摘记时详记。这样一来，很多新闻采写人员都觉得采访笔记到写稿时用不上。

那么，怎样记采访笔记到写稿时才能用得上呢？

1. 缩记主要的过程

缩记不等于速记，速记是逐字逐句地记录。缩记，即一是“缩写”——抽几条筋，写出大意。二是写“题目”——抽主要的思想写出来。三是用符号代替——可以用字代词、词代句以及用字母来简略地记下一个复杂的新闻事实。重要的是，要抓住事件发展的主要点、关键点及连接点；要记下思想认识的基准点、转折点；记下事物发展变化的过程梗概。为便于整理，在每页纸上只写一半，空一半。

2. 记下重要的细节

采访时对细节的记述要具体、细致。注意两点：一是容易出错的、非记不可的东西，如人名、地名、数字、引语等，记笔记时要记准，避免音同字不同和误听的差错。对于很多专门名词、行话，也要弄懂含义，记得正确。二是事实的关键之处，大致经过、情节、原因、结果等来龙去脉，要记准确。对一些叫不准的话，最好是当场叫准了再记下来，实在对方一时说不准，也要在笔记本上打个问号。数据和核心事实，必须听清问准后做记录。

3. 抓住生动语言和环境特征

要把采访对象的那些表现力强、鲜明生动、说来上口、听来入耳的精彩语言记录下来，尤其是那些反映思想、性格特征和关键时刻的原话，一定要记下来。必要时做出选择，加以剪裁。如粗俗的、文法不通的、意思含混的或只有少数人能懂的方言，一般用不着记。现场采访，还要留心观察，把与报道有关的东西都记下来。如采访或事件发生时的天气特征，如风、云、雨、雪、雾、日、月、星、辰、海浪、江水、雷、雹等的态势，强弱程度；被采访者所处的客观环境和地形特征，如地理位置、工厂、村庄、学校的外貌、周围环境、工作条件等；采访和事件发生时的场景特征，比如自然灾害发生时的现场景象，人们抗灾抢险的场景，田间劳动或校园学习的情景，等等；被采访对象的人物特征、表情，甚至嗅到的、尝到的、触到的，都要记录下来。

47. 采访时为什么要构思？

对采访事实和当事人表达出一种认识、见解，冒出一些思想“火花”，灵机一动，突然觉得文章这样或那样开头最好。对这些一闪即逝的灵感，要简单地记下来。一个有经验的新闻采写人员，往往在采访过程中就为写作打好“腹稿”，采访完成，腹中构思的新闻胚胎也就大致形成了。采访和写作，实际上是一个统一过程的两个阶段。前一个阶段，在采访过程中明确要写的稿子的主题思想，打好腹稿；后一个阶段，以主题思想为统帅，边构思边剪裁运用采访材料，写成稿子。这两个阶段互相连贯，互相渗透，很难截然分开。最好是在采访本上，每一页中间都留一条空白，一边记上采访时的现场观察和被采访人的谈话内容，另一边记上新闻采写人员自己当时的思考、判断、推理及得出的结论。有的事实材料旁边，还可以记下自己回去写稿时准备如何运用这些材料的设想、角度等想法。著名导演谢晋说过，第一次看电影文学剧本，总是把自己看第一遍时流泪的地方记下来，在导演时紧紧抓住不放。这一点对于记采访笔记也是值得借鉴的。记下采访中的思考，是一个边采访、边消化、边构思的过程。

第三节　座谈会采访

48. 主持调查座谈会应掌握哪些方面的技能?

调查座谈会是一种收效明显的采访活动形式，作为调查座谈会主持人的记者，就必须掌握开好调查座谈会的技能，否则，就难以收到良好的效果。主持调查座谈会的所含技能包括以下几个方面。

1. 事先出“安民告示”

即新闻采写人员要在采访前把座谈的内容、目的及要求告诉对方，以使对方有时间进行准备。参加座谈的采访对象，只有事先明确了要谈什么、为什么要谈及该怎样谈等事项，才能尽早地集中自己的注意力。

2. 精心选择参加座谈人员

参加座谈的采访对象并非毫无要求，人人均可，必须经过新闻采写人员精心选择。通常新闻采写人员应选择下述两类人员参加：一是要选择具有代表性和对某事物持不同意见的人员参加，这样，可以促进新闻采写人员对某一事物思维的正确性，从而达到全面认识事物的目的；二是要选择不仅了解情况而且对新事物热情、对新闻报道工作支持的人员参加座谈，否则，参加座谈会的人员虽然了解情况，但对新事物冷漠无情，对新闻报道工作无动于衷，那么，座谈会难以顺利开展，更不会收到好的效果。

3. 控制参加座谈会的人数

每次座谈会的人数以3~5人或6~7人为宜。这个人数可以使座谈的议题谈得深、谈得透，记者也容易主持。若是几十人参加座谈，就难以收到预期效果。

4. 不要轻易下结论

调查座谈会就某个问题展开讨论，甚至发生争论，是常有的事，也是正常的，此时此刻，新闻采写人员千万不可轻易表态或做结论。因为正在争论的双方，此时正处在极度兴奋状态之中，新闻采写人员的表态和结论等于是个刺激，一经这刺激，采访对象出于对新闻采写人员的尊重和迷信，心理上就会产生反射——“新闻采写人员表态、下结论了，我们就不要再争了。”于是，兴奋状态便立即转化为抑制状态，座谈会就会出现冷场。

5. 做捕捉线索的有心人

座谈会上常会出现下述现象：某人叙述到某个问题或事实时，好像有难言之隐，显得吞吞吐吐；当某人在叙述某个问题或事实时，其他采访对象的脸上露出诧异、惊讶、不满等神情。这都是某种心理活动的反应，“有思于内，必形于外”，其背后一般都隐藏着什么，甚至很可能是很有价值的东西。只要新闻采写人员做有心人，这方面的丰富信息都可以捕捉到，然后将它们储存在记忆中，待座谈会一结束，再一一做个别、深入的采访，往往能获得意想不到的收获。

49. 开座谈会要注意哪些事项?

对于新闻采写人员而言，座谈会是一个不错的消息来源，那么，新闻采写人员开座谈会，特别要注意以下几点。

1. 慎重选择参加座谈会的人

一要注意参加座谈会的人的代表性。二要注意到什么人能为报道提供情况，发表意见。不能为报道提供情况，发表意见的，不必邀请。

2. 确定参加座谈会的人数

这要看座谈什么问题，不能绝对。一般地说，小型座谈会以 3 ~5 人较适当，这样容易深谈。大一点的座谈会，七八人也就够了。人太多，时间拉得过长，缺乏经验的新闻采写人员则不易驾驭；人太少，则不利于集中情况，不利于研究讨论问题。需要见报的座谈会，大约以 5 人左右为宜，这样代表性可以广泛一些。

3. 开有准备的座谈会

有些座谈会，要调查某个问题，还要把调查的纲目先分送给到会的人做准备。

4. 要开展讨论

座谈会不要简单地开成新闻发布会，必要时还应开展讨论。讨论式调查，就是设置对立面，这样有利于深入调查，把会开得生动活泼。既然是讨论式调查，就允许有不同意见。对不同意见，新闻采写人员要虚心听取。即使是少数人的意见，只要持之有因，言之成理，也要重视，不要轻易否定，有时候真理掌握在少数人手中。

5. 要善于启发引导

座谈中，会出现这种情况：谈到一定程度时无话可谈，而要了解的问题还不清晰，这时候新闻采写人员就要善于启发引导，让发言继续下去。如果座谈会出现沉闷的局面，记者还要想法使它活跃起来。怎样把座谈会开得活泼有趣，是不可不注意的一个问题。

另外，座谈会结束后，新闻采写人员首先是要及时整理材料。对会上的发言进行综合与分析。在座谈会上谈得不清楚或不深的问题，可以通过个别访问来解决。如果在调查会上发现了新闻线索，会后要跟踪追击。

50. 调查座谈会可产生哪些明显的效果?

与采访活动的其他形式相比，调查座谈会可产生下述明显效果。

1. 节省时间

与个别访问相比，调查座谈会可以用较少时间迅速集中线索和材料，大型、综合报道的采访若采用此形式，收效则尤为显著。

2. 互相启发

个别访问时，采访对象若一时产生不了回忆，得靠记者启发引导，虽能见效，但因情况不熟悉，故难免受到局限，记者也颇感吃力。而彼此熟悉情况的采访对象一起座谈时，一人对材料回忆不出，知情者们稍加启发或提示，便可产生回忆。

3. 及时验证

个别访问时，任凭采访对象本人谈，即使带有主观偏见或弄虚作假，新闻采写人员一时也很难鉴别这“一面之词”之真伪；几个人一起座谈时，一个人讲话过于片面或说错，众人可以补充、纠正；某人想要糊弄意识，即便他是说谎老手，脸上不露一丝破绽，但新闻采写人员也可以从知情者脸上，意识“此人在说谎”，以便及时对所述材料进行验证。因此，这一形式既可以缩短思维心理活动过程中验证的周期，也可使当场得到验证的材料既真实可靠又客观全面。

第三章　新闻采写人员应具备的新闻写作知识

第一节　新闻写作的基本要求

51. 新闻采写人员进行新闻写作时要注意哪些问题？

1. 敏于捕捉

新闻采写人员要写出好的新闻稿件，就需要有敏于捕捉蕴藏在现实生活中的丰富而有意义的新闻题材的特长。新闻采写人员就是要追新逐异，并且着力于标新立异，新闻要避免老生常谈的依样画葫芦，避免不能敏锐报道与评述生活的陈腔滥调。但对生活中的种种“新异”，一般人往往习以为常，熟视无睹。加之生活在前行的轨迹中闪现的奇光异彩，总是一掠而过，一瞬间便成陈迹。这就要求新闻采写人员有敏锐地捕捉新异从而摄取新闻的能力。这种敏锐能力不是轻易就能具备的，需要新闻采写人员有较高的思想理论修养，深入生活，留心各种各样的事情，将新的发现、新的感受、新的分析思考写进“新闻手记”。这样的功夫下得越深，捕捉新闻的敏锐感就越强。

2. 勤于采访

新闻采写人员的实践，主要是指采访的实践。

采访是一门专门的科学，采访是一个完整的系统工程，采访也是一种独特的艺术。

采访要顺利进行并获得理想的效果，就要拟写采访提要，找准采访对象，注意采访方式。

3. 精于构思

有了从采访中获得的真实情况，要拟定出切乎要旨的新闻稿，还要精心构思。一篇新闻立什么主旨，选取什么材料表现主旨，材料的详略处理，先后安排，等等，都得一丝不苟地精心构思。这里的一个“精”字体现了写作主体的匠心独运。

4. 疾于运笔

如果有了材料，又下过一番构思的功夫，就得疾于运笔，迅速成篇，交付发表，这样才不致贻误时机。

运笔要“疾”，不仅仅是从时间上要求快，还要快中求好。

运笔之疾的能力，是从艰苦笔耕中获得的，只有勤耕不辍，才能有敏捷的才思，才能妙笔生花。

52. 新闻写作的客观规律主要表现在哪几个阶段?

社会大众丰富多彩的生活构成了新闻写作的基本素材。与我们息息相关的社会生活构成了新闻写作取之不尽、用之不竭的源泉。无论从什么角度来看，新闻写作都具有基本的规律。归结起来，新闻写作的客观规律表现在以下四个阶段。

1. 感知

唯物主义反映论认为，新闻作品是客观新闻事实在记者头脑中的反应。从这一认识出发，新闻写作活动总是把客观事实当作写作对象。客观事实经过新闻采写人员的感知进入意识后才能进行精神生产：这种感知，是指在写作活动中的客观事实，经过新闻采写人员的采访（观察、感受、体验），在头脑中转化为主体意识的曲径深入的过程。这是写作活动中由信息向主体的初步转化过程。

在这个转化过程中，新闻采写人员对新闻事实的感知不是消极地接受，而是积极能动的反映。对新闻写作信息的知觉是在“心理定势”的基础上发生的，新闻采写人员正是在这种“心理定势”基础上去观察新闻信息，感知信息一经有了新闻事实，在定势效应中的知觉，就会敏感接受和捕捉到新闻信息，使之与报道需要的内驱力相碰击，产生写作动机。

新闻采写人员的感知过程，是一种增强实践意识的活动。这一活动方式在报道意图的指导下定向地进入“内孕”阶段。

2. 内孕

内孕，是新闻写作活动中一次质的飞跃。它是新闻采写人员把感知到的新闻信息进行创造的平台，外化为生命的“胎儿”新闻作品的一个重要阶段。

新闻写作活动要将无机物创造为有机组合的具有活力的精神产品。这个转化的过程也就是孕育过程。

这一过程的显著特征就是“生命化”和“整体化”。二者是相辅相成的。

“生命化”是“孕育”阶段的关键。生命化的表象就是要具有生气。生气是生命的标志。在写作的过程中要十分讲究“气韵”。“整体化”是记者孕育阶段的一个最后环节，无论什么新闻形式，总得要一个写作构架，用内部语言把有关新闻写作素材运用多种思维，多种方式进行内部组合、融化，根据报道需要，以选择最佳角度，最优化的途径勾勒出作品的内在“骨架”。

3. 外化

通过对作品孕育过程形成了“胎儿”，但还未出世，它仅是新闻采写人员头脑思维活动，写作活动只有把它物质化，把它外化为一个客观化的有物质形态有生命的存在物。这一转化过程叫新闻写作的外化，是新闻写作活动又一次质的飞跃。

外化就是用书面语言把构思的成果变成作品。新闻写作的外化，实际上是指“物质化”，要使记者内在的“动”的形态转化为“静”的外在存在形式，使孕育过程以物质形式固定下来，加以形迹化，让人看得见，摸得着。具体地说，就是“写”的实践活动。

外化并不是照搬地把新闻信息记录下来。新闻采写人员通过孕育过程，已经在头脑里形成了一个初步轮廓，但要外化，还要受到写作技巧、文字语言等因素的影响和制约。

外化的关键在于新闻采写人员写作技巧和语言功底。如果缺少这些功夫，写作技能不高，词汇贫乏，不擅修辞，那就根本谈不上作品的外化。外化是十分重要的转化。没有外化的飞跃，写作活动则是无效劳动，这是写作活动的基本认识。

4. 再创造

再创造的意义在于，对新闻报道给予重新确认和拓展，突破了传统观念的写作格局，把新闻的生命延伸到包括受众在内的强大领域。这种创造性是新闻写作活动中最后一次质的飞跃。至此，新闻写作才算完成了全过程。

53. 新闻采写人员写作新闻时应采用哪些方法“说话”？

1. 用事实说话

事实是新闻的实体，也是新闻的存在形式。没有事实的支持，就没有新闻报道。因为，新闻的指导性、政治性等，都是由事实派生来的，不是独立存在的。

新闻报道坚持用事实说话，因为事实本身具有强大的说服力。

人们读报纸、看电视、关注传媒，主要目的是想获取信息，知道一些新鲜事，而不是首先想知道一些道理，而且在读报或者看电视的过程中，人们对越感兴趣的信息，就越想知道得具体一些，这里的具体就是事实。

2. 学会用典型事实说话

典型事实是新闻采写人员表达观点要考虑的事情。在新闻报道中常有这样的情况，一个事实选择得好，它可能有以一当十的作用，如果选择得不准，哪怕列举出不少事实，新闻采写人员想说的话或希望表达的观点，仍然模糊不清。这种以一当十的新闻事实就是典型事实。

典型事实的特点，表现为：

（1）必须是鲜活的读者所未知的事实；

（2）必须具有重要性而且是具体的事实。

下面这则消息中，通过对七八个新闻事实的报道，回答了人们关心的北京城市建设前景的问题。

中新社（中国新闻社）北京××××年×月×日电，北京市在严格控制老市区建筑高度以维护古都风貌的同时，准备网开一面，在东北郊的望京小区内，兴建一批超高层建筑，其中包括一座88层、300米高的巨厦。

北京市规划部门的主要官员，今天向外国驻华使馆经济、新闻官员以及驻京记者介绍国务院新批复的《北京城市总体规划》时，透露了上述信息。

望京小区是北京市近期重点发展的一座新的卫星城镇。城里规划了占地210公顷的商务中心区。

按照新修订的北京城市规划，在未来的20年里，北京将加速发展第三产业，改变过去“有城无市”的不方便状况。除在望京小区开辟商务中心区外，在城市中心的建国门一带还将新建占地约70公顷的商务中心区，在二环路沿线也将建设相当规模的金融、商务、信息等公共建筑，满足第三产业的发展。

据主管北京规划的这些官员们介绍，望京小区里还预留了第四使馆区的建设用地。现在北京已建成第一使馆区、第二使馆区，正在建设第三使馆区。

他们在回答外国记者提出的申办奥运未果，总体规划是否作了调整的问题时，明确地表示：对奥运会的体育设施的建设将推后进行，而整个城市基础设施和环境建设方面的规划不仅没有改变，而且将加快实施。

据悉，在今后的七年里，北京市以平均每年100亿人民币的资金投入，重点建设一批城市基础设施和大型骨干工程，包括电力基地、南水北调、陕北天然气进京、地铁和高速路、立交桥等。这些工程将采用建设—经营—转让（BOT）方式，鼓励外商参与。

3. 通过再现场景说话

“再现场景”，就是把新闻事实的某些现场情景具体地描述出来。

新闻中的人和事，一般都是有形可感、有物可托的。把它们逼真地再现，使新闻报道做到有神、有形，使读者仿佛身临其境、亲眼所见，这种方法自然会加强新闻的可信性和说服力。

“场景再现”在有关新闻写作的一些论述中的目的是：“让受众犹如身临其境地感受新闻的存在和发展。”这种再现的写作方式虽然难度比较大，但它所增强的可感性显著，对读者说服的效果相应的显著。

第一人称再现法，是“再现场景”常用的一种手法，也就是由作者直接把读者带入现场，它具有特殊的真实魅力，使得读者在“请看事实”的过程中，接受与领会了作者传达的信息。在批评类的报道中，通过“场景再现”让事实说话，即现场目击记，更是经常使用的一种方法。

下面两个例子就属于现场报道、记者现场目击。

永不消逝的电波

内径不足2米的圆柱形空间，两台水位数据采集存储器，这就是长江螺山水文观测站的全貌。连日来，一封封水情电报，就是从这个几乎被洪水淹顶的孤岛飞向中南海和国家防总、湖北省防总及沿江各前线指挥部。

8月16日上午，记者手持打蛇棍，身穿长裤，脚踩雨靴，蹚着齐腰深的江水，避绕着游向腰间的蚂蟥、蜈蚣，探向这个风口浪尖上的磐石。水文站站长林天才工程师——一位老水文工作者的儿子告诉记者：“越是洪水暴涨，我们越要坚守岗位，哪怕淹得只剩眼睛，哪怕决堤溃口，也决不许说一声撤，因为总书记和总理等着我们的数据。”桌椅泡在水里，他们只好穿着密不透风的长裤雨靴立在水中，24小时不离岗，每小时报一次水位。晚上查水尺，一开灯，毒蚊飞虫一拥而上，叮得人伤痕累累。时值40摄氏度高温，穿长靴一会儿就湿汗淋漓了。

刚摸到狭窄的栈桥，我们突然发现栏杆上盘着一条两尺多长的花蛇，不禁毛骨悚然。陪同我们的水文观测员汪卫东勇敢地冲上去用打蛇棍猛击蛇头。几个回合后，蛇终于被打死抛入洪涛中。汪卫东轻松地说：“我们几乎天天都能遇到蛇，站里职工每人都打死过十几条呢。”

当日值班员叫杜燕飞，1996年毕业于南京河海大学，今年才22岁。见到《光明日报》记者前来采访，这位年轻的知识分子显得十分兴奋，他兴致勃勃介绍着数字自动采集存储器和人工测报系统的原理，显得很投入，似乎忘却了身外洪水的侵袭。他每天只有2.80元的野外补助，防汛津贴、血防津贴还从未拿过，而且职称到现在还没有落实。只是在谈到蛇、鼠、蜈蚣、蚊虫时，这位文静、戴近视眼镜的书生才流露出一丝不易觉察的惶惑与不安。

有职工告诉我们，林站长的妻子叶群卫也是水文工作者，在城陵矶水文站工作。几个月来因各守其位，只有隔水相望了。偶尔林天才才能在报水情的无线对讲机中听到妻子那令他温馨而酸楚的声音。

在观测室的门框上，记者发现一颗铁钉。汪卫东告诉我们：“8月1日那天，我值班，螺山水位达到历史最高值：34.62米。我蹚着水在门上钉了一颗钉子，作永久的纪念，要让后人记住历史上的那一天。”

水位自记台“沙沙”作响，从标纸上画出一条急促波动的曲线，精确地显示着此刻的水涨水落。“快来看，是不是涨水了？”杜燕飞大喊。汪卫东奔过去，屏息凝眸盯视了一阵，说：“是，是涨了两厘米。”他疾速冲向数字自动采集存储器，证实的确如此。这标志着长江第六次洪峰的前部正悄悄地到达螺山站。

我们依依不舍地告别孤岛，只听见杜燕飞手持无线电话紧张地报告：“16日上午10点，螺山水位38.30米，上涨……”

临别，林天才告诉我们，长江上像这样的水文站有10个，职工数百人。

（《光明日报》××××年××月××日）

这篇通讯的主题思想清楚，选材上以小见大、见微知著，内容上充分发挥了再现场景的魅力。全文讴歌了在1998年全国军民战胜长江特大洪水的“抗洪抢险”战役中，科技人员所发挥的重要作用及其艰苦奋斗的工作精神。

京城公款钓鱼暗访记

新华社北京××××年××月××日电　记者最近到京城一些垂钓园暗访，发现不少地方有公款钓鱼的现象。

××月××日是星期日，上午9时许，记者来到位于北京房山区的某垂钓园。这里有20多个露天垂钓池和近千平方米的垂钓宫。垂钓部一位女工作人员对记者说：“我们这个垂钓园开放几年来一直很‘火’，每天来的不是公款，就是大款。”

记者问：“怎样才能知道钓鱼的是公款？”

她说：“自己花钱来的人少，一般是两三个人，只钓十几斤就走了；公款钓鱼常常成帮结伙，一钓就是几十斤，数百斤。”

在鲤鱼、草鱼池边，记者与一位带着小孩的女士攀谈。她说：“我是和丈夫一起来的，他们机关一共来了14个人。”

垂钓宫厅堂的墙上贴着12种鱼的价格表，每斤8元至30元不等。在收款台，记者与工作人员聊天，他说：“垂钓宫有12个垂钓池，这里能容纳上千人，最多时一天钓走上万斤鱼。”

记者问：“结账时开什么票？”

他说：“写餐费、食品、礼品都可以。写鱼的少，回去报销的都不让写鱼。”

一位戴休闲帽的中年人拎着鱼前来结账，记者看到他从工作人员手中取回的发票上写着“礼品”二字。

××月××日下午记者第一次来到这里时看到，收获甚丰的垂钓者们正拎着鱼过秤结账。有一个一行十余人的团体，共钓200多斤鱼，交了3000多元钱。记者问其中一位中年女士："花这么多钱钓鱼，承受得了吗？"她回答说："反正回去报销。"

××月××日下午1时30分，记者来到位于亚运村的一家垂钓俱乐部。记者问收银台的一个工作人员："钓鱼给发票吗？"她回答："给，想写什么就写什么，会议费也可以。您能报销，可以多写点。"

在这篇报道中，没有记者一句话的议论，但揭露与批评得很有分量。此稿的"用事实说话"主要是通过"场景再现"完成的。在新闻写作中，不是现场报道类型的稿件，无论消息还是通讯，也都可以在叙述中穿插使用"现场再现"的描写手法，以达到使受众身临其境地感受新闻的目的，加强用事实说话的力量。

4. 学会用背景材料说话

新闻报道中的背景材料，常被称为"新闻背后的新闻"。背景材料在新闻报道中一个重要作用，就是通过灵活地使用背景材料，巧妙地表达记者的观点。

一般来说，在新闻写作中，主要通过以下方法来运用背景材料说话。

（1）善于联想

善于联想是一种通过把所报道的新闻事实，与其他一件或几件事实关联起来陈述的方法，暗示与引导读者进行联想，从而得出结论。

（2）善于对比

通过背景材料进行对比与衬托。俗话说："不怕不识货，就怕货比货。"讲的就是把两件事或更多的事实放在一起对比，横向对比，纵向对比都可以，这样有助于发现问题，认识事物的本质。新闻写作也常常采用这个方法来发表无形的意见。

（3）让不同的背景材料表现不同的观点

新闻事件是复杂多样的，每个新闻事件经常可以找到多方面的相关背景。如何选用背景，选用什么样的背景材料，反映出新闻采写人员观察、考虑问题的出发点与立场。报道同一件新闻事实，由于选择和运用了不同的背景材料，从阅读的效果分析，会对人们的判断产生不同的影响；从用事实说话的写作方法分析，新闻采写人员可以表现不同的倾向性的观点。

（4）综合立体地使用背景材料加大说话的深度和力度

多层次的丰富的背景材料的运用，既可以增加文章的可阅读性，也可以更加深入地分析新闻事件的意义同时可以增加新闻的可信度。

5. 借助直接引语说话

所谓直接引语，是指记者通过采访得来的被采访者的原话。在报道中直接引用原话已经成为现代新闻写作不可或缺的手法。直接引语用得好的报道，内容文趣盎然，生动真实，现场感强，且观点鲜明。

直接引语的作用表现在：

①直接引语是新闻报道中不同身份、不同个性人物所说的话，适当地引用它们，可以使报道具有现场感，富有变化和人情味，有助于克服新闻写作中容易出现的单调乏味与概念化。

②直接引语一般都有出处，即消息来源，有助于提高新闻的真实性。如果直接引语来自重要人物或重要机构，还有助于提高新闻的权威性。

③直接引语可以使记者利用新闻报道中的人物之口，讲出自己希望说出又不便直接出面说的话。例如：

NGO全会代表批评西方新闻媒介缺乏公正

新华社北京（××××年）××月××日电（记者：张丹、陈瑶） 在今天上午举行的非政府组织妇女论坛第五次全会上，中国一位资深女记者批评西方主流媒介热衷于针对大会的消极面报道，呼吁西方传媒消除对发展中国家的偏见，做到客观公正。

中国女新闻工作者协会代表熊蕾的发言引起在场千余听众的共鸣，不到一刻钟的发言多次被热烈的掌声打断。

熊蕾说，西方主流社会的媒介对发展中国家抱有“强烈的偏见”。以这次NGO妇女论坛为例，西方媒介避重就轻，把关注的重点放在车祸、游行、西藏流亡妇女问题上，连篇累牍地报道，对大会的主题“平等、发展、和平”以及2万多名与会妇女代表毫不关心。

她说：“他们总在搜罗事端，如果找不到事端就炮制一个。”

她呼吁与会者联合起来改变西方媒介对发展中国家的偏见，她说：“让他们立即改变态度是不容易的，但我们要借这次大会的机会联合起来，施加压力让他们改变态度。”

今天上午的会议以“媒介、文化和通讯”为主题。这是本次大会第二次以该主题举行全会。

大会主持人卡姆拉·巴辛表达了对熊蕾女士讲话的支持。她说，关于NGO论坛的报道，有些国家很不充分，有些国家的媒体以消极内容为主。这些现象应该得到纠正。她说：“要正确地报道这里的一切。”

美国“公正和客观报道”组织代表罗拉·弗兰德斯认为西方主流社会媒介根本不关心发展中国家。她用讽刺的口吻说：“我来自号称‘世界新闻之都’的纽约，但我对你们的想法和生活完全一无所知，这当然应该归功于我们的广播、电视和报纸。”

她说，西方媒介这种混淆视听的做法不仅针对发展中国家，在对西方国家本身的报道中也很普遍。美国传媒充斥着对暴力、灾难的报道，对妇女保健、基层妇女组织等广大妇女关心的内容却很少见。

坐在听众席前的巴基斯坦妇女代表法扎拉·马姆塔丝说，西方媒介的片面报道对一些发展中国家的社会动乱负有责任，这种现象应该彻底改变。

在两天前举行的一场相同主题全会上，与会代表也批评了西方媒介对此次妇女论坛的不公正报道都是关于取得签证的困难、天气不好、帐篷倒了、墙塌了，还有厕所问题。

她指出，西方媒介忽略了妇女发展这个主题，并呼吁代表们一致努力找到一个“终止这种报道的有效办法”。

54. 写作要研究哪些读者的心理？

通过报纸接受新闻的读者们对新闻的兴趣、反映和评价，对新闻报道的新闻采写人员写好新闻关系极大。

新闻事业，是党和政府的喉舌，也是人民的喉舌，只有表达人民的意见，反映人民的呼声，取得人民的信任，才符合上述的性质和宗旨，才有存在的意义。只有研究读者的心理，才能确保新闻存在的意义。那么有哪些读者的心理需要加以研究呢？

1. 读者共同的、普遍的心理

人们常有一些共同的、普遍的心理规律或者心理特点。

2. 时代不同，人们的心理也不同

情感、好恶、憧憬等，是有极大差异的。时代在前进，人们的物质生活、精神文化生活不断发生变化，发展着的社会就会给人们心理带来新的影响。作为新闻采写人员就要研究这种变化，并且根据这些变化改进新闻报道，使之适应客观实际，适应读者的心理。

3. 要注意研究特殊的心理规律，特殊的心理状况

不同的职业、经历、科学文化水平和生活条件，不同地域、年龄、性别的人，都可以形成不同的心理状况。因此新闻报道就应研究各类读者的特殊心理。

55. 新闻写作常见的误区有哪些？

随着媒体竞争的加剧和新闻队伍更新速度的加快，新闻写作方式在不断进步的同时，一些不规范，甚至可能导致新闻客观性原则缺失的写作或策划方式也在不断

出现。一般情况下，新闻写作中常见以下几个误区。

1. 媒体介入新闻事实

2003年9月份，西安媒体报道了陕西青年曾青6次金榜题名却因无法凑足学费走进大学校园一事。报道后，社会各界纷纷解囊相助，凑足了曾青大学4年的生活费用，学校也决定减免他大学4年的学费。正当媒体热情洋溢地报道这位寒门学子不平凡的求学之路并欣喜地告诉读者“曾青能上大学了”时，曾青却做出了一个让媒体十分尴尬的决定：从刚刚踏入校门不足25个小时的学校退学。他解释退学的原因是录取他的高校并不是他理想中的高校，并声称，“我本来就不想来上学，是某报对我进行报道后不少人捐了钱，不来不行了。”

媒体的倾向和情感应该有一条底线，那就是尊重事实——所有的事实和事实的所有细节。这不仅是社会公众对媒体的基本要求，也是媒体得以存在和发展的基础。

2. 片面取悦受众

这几年，喜欢过“情人节”“愚人节”“圣诞节”等洋节的人多起来了。每每洋节来临，媒体同商家一样，大炒特炒，渲染节日气氛。“情人节”“母亲节”等洋节能在中国大行其道，从表面上看，是一种人性的共鸣（追求爱情、亲情是人类的共性），但从实质上看，是国人尤其是年轻一代对西方文化的追捧和认同。一些年轻一代的国人对传统文化缺乏了解、缺乏热情、缺乏自信，而媒体从业人员缺乏民族文化内涵，以致在报道中片面迎合部分受众心理、以偏概全，导致少部分公众话语权被放大为全民意志，进而成为舆论导向。

媒体片面取悦受众的另一个表现是新闻的娱乐性与琐碎化日益严重，以致主流受众对部分新闻难免产生低级庸俗的印象。特别是在娱乐新闻方面，现在，揭曝明星隐私已经成为部分媒体提高发行量（收听、收视率）和记者扬名的一个重要手段，而真正探讨娱乐产业发展的方向、严肃的艺术评论等方面的内容却少之又少。而在这种舆论氛围之下，娱乐新闻引导、促进娱乐产业健康发展、提高受众文化修养功能的发挥不可避免地受到严重局限，媒体的功能也被人为地缺失了。至于家庭纠纷、暴力仇杀充斥社会新闻版面、时段，并被一些人视为吸引受众眼球“法宝”的现象，不能不说是新闻的悲哀。

3. 新闻价值取向偏失

新闻价值取向，是指实践主体在进行新闻的采访、制作、编辑等活动中遵循的、以相应价值为衡量标准的判断和决策方向。也就是说，是对重要性、接近性、及时性、趣味性等标准之间的侧重与取舍。但是，正是这种侧重与取舍的错误，造成当前部分新闻价值取向的偏失。不久前，一些媒体共同推出了一个新的名词：“留学垃圾”，这让许多在国外学无所成、回国后处境尴尬的人们陷入愤怒，纷纷指责媒体为达到稿件的轰动效应而无视新闻当事人的尊严。无独有偶，马加爵案件发生后，一些媒体在采访马加爵及办案警官无果的情况下，不是想方设法继续联络当事人，而是不约而同地将视角伸向了马加爵的父母。于是马加爵父母双手抱头、老泪纵横、沉默无言的画面持续冲击着受众的神经。虽然马加爵罪无可赦，但其父母无辜，这种单纯为了新闻而无视其父母情感的做法，也引起专业人士的不满，以致一些严肃媒体发出了“放过马加爵的父母吧”的呼吁。

4. 新闻炒作

根据当今新闻炒作的特点，炒作大致可分为猎奇性炒作、跟风性炒作和商业性炒作。

所谓猎奇性炒作，就是无视新闻价值，片面追求事件轰动效应的炒作，如前不久大量的绝食挑战、名人隐私的报道等。这类炒作的特点往往是将关注点放在事件表象的新奇上，而对其中深层次原因却无意探究，至于事件本身是否符合新闻价值的重要性、接近性、及时性及趣味性特点，更是被置之不理。不可否认，“新奇”是受众关注新闻的一个重要因素，但是，绝不能为了新奇而新奇。同样是绝食挑战的报道，央视《实话实说》邀请了司马南作为嘉宾，就所谓绝食挑战以及类似事件，用大量实例进行了揭穿，既满足了受众对事件本身探求的需要，提高了新闻的深度，又避免了恶性炒作，不能不说是一次成功的报道。

跟风性炒作是当前媒体炒作的又一个特点。一些记者唯恐漏发消息、一些媒体经营者对媒体社会责任的漠视，导致跟风炒作大有愈演愈烈之势。往往是一篇可能引起受众兴趣的报道出笼（这种报道往往缺乏足够的事实依据，或只有一方当事人的叙述），其他媒体迅速跟上，进而形成海量信息。这时媒介关注的不再是事件的真相，而只是事件本身的进展（甚至盼望某事最好慢些结束，以使媒体获得更多的发稿量），却鲜有对事实严肃、耐心的探究。

炒作的另一种方式是商业性炒作，或沦为商业性炒作的工具，如已成为历史的水变油神话、沈太福集资案等。在这里需要指出的是，一些经济新闻报道往往会出现类似“昨天的先进人物成为今天的阶下囚”的尴尬，避免这种尴尬的最好方法之一就是记者运用自己丰富的专业知识（新闻知识及重点采访领域的专业知识）、敏锐的洞察力和对新闻客观性原则的把握以规避商业性炒作。

5. 热衷于媒体评判

胡乔木在1946年9月1日发表在延安《解放日报》上的文章《人人要学会写新闻》中说：“学写新闻还叫我们会用叙述事实来发表意见。我们经常都会发表有形的意见，新闻却是一种无形的意见。从文字上看去，说话的人，只要客观地、忠实地、朴素地叙述他所见所闻的事实。但是因为每个叙述总是根据一定的观点，接受事实的读者也就会接受叙述中的观点……我们不要装假，因为我们所要宣传的只是真实的事实。”

胡乔木的这段论述用今天的话说就是“用事实说话”这五个字。但是，在当前一些新闻写作中，“记者认为、记者提醒、记者希望、记者呼吁”之类的语言成为部分记者写作的习惯，而“用事实说话”恰恰被忽视了。在一些舆论监督报道的结尾处，我们常能听到或看到一些耳熟能详的结束语，如希望有关部门能以大局为重，尽快解决××问题，还××一个公道，等等。前段时间媒体对东北发生的幼女小兰受到摧残的报道中，说嫌疑人“灭绝人性”“罪不容诛”，建议“从重从快严惩”；也有媒体提审式地让犯罪嫌疑人说自己“该死”。在这里，记者偏离了自己的社会角色，成了“法官”。

第二节　新闻背景材料和新闻语言

56. 什么是新闻背景?

所谓新闻背景，是指新闻事实发生的历史条件、现实环境。

能对新闻事实起到说明、补充、衬托作用的历史条件、现实环境，又被称作“新闻背后的新闻”。

57. 背景材料在新闻中的作用有哪些?

“野旷天低树，山青花欲燃”。这树、这花好比新闻事实，这旷野、这青山就好比背景了。美国记者阿尔比力·罗斯说：“任何事件的新闻价值全在于通常被称为背景材料的上下文之中。”可见，背景在新闻中的作用很大。总体而言，背景材料在新闻中的作用，主要有以下几方面。

（1）充实新闻主体

有些新闻本身的主体材料比较简单，只有补充了有关背景材料，才可以使新闻内容丰富起来，甚至背景材料也同样具有相当的新闻价值。这样，就能把“死”材料也变成“活”材料。

（2）拓宽读者视野

新闻事实本身并不是孤立的、静止的，而是处于历史发展的长河之中。要把运动变化着的事物清晰地反映出来，就要从纵横两方面运用背景材料，对新闻事实加以说明。

（3）突出新闻事实

许多新闻事实就其本身现状来反映，不能引人注目，不能给人以很深的印象。不走平地，不显高山，有比较才有鉴别。所以，要运用背景材料，抓住今与昔、新与旧、正与反的种种对比来报道。这样，背景材料可以对新闻事件或人物起到补充说明。

（4）渲染新闻意境

俗话说："牡丹虽好，还须绿叶扶持。"如果把新闻的主题比作牡丹，那么起烘托作用的背景材料就是"绿叶"了。所谓烘托作用，就是用与新闻事实有关的事物和情景加以衬托，构成一种令人神往的意境。

（5）深化新闻主题

新闻通常是只限于写新近发生的事件，人们可能对该事件还不了解，甚至是还不知道这件事，因而，很难将其与历史联系起来。但是，在新闻中恰当运用历史材料作为背景，也有助于突出主题，收借古鉴今之效。

（6）传播新的知识

在科学技术日新月异的今天，科技新闻逐渐增多。在报道每一项新的科学技术时，结合新闻事实通俗地介绍有关知识，有助于读者对新闻的理解，并可收到扩大科普宣传的效果。

（7）表达政治倾向

背景材料在政治性报道中，是表达记者政治倾向的好办法。虽然新闻背景的内容都是事实性的材料，但是记者在运用时，写什么、不写什么，张扬什么、避开什么，却是大有奥妙的。这里面渗透着记者的政治观点和倾向，选用的背景材料含有"弦外之音"的意思，有可以意会的"潜台词"。

58. 什么是新闻材料?

新闻材料只是采访所得材料的一部分，特指写入新闻作品中的材料。新闻材料不等于采访所得材料。

在新闻写作中直接材料和间接材料都不可少，它们是相辅相成的。

1. 从获取材料的方式划分

新闻材料可分为间接材料和直接材料。

①间接材料是新闻报道中运用最多的材料，就是别人提供的材料，记者的报道实际上是转述别人提供的材料。从新闻事实到记者，中间经过一次转述者，叫第二手材料；经过两次转述者，叫第三手材料；经过三次转述者，叫第四手材料，以此类推。需要注意的是，转述的次数越多，失真的可能性就越大。因此，记者在运用

间接材料时，要认真分析。

②直接材料是记者从新闻现场亲耳所闻、亲眼所见、亲身所感得来的，比起间接材料要真切得多，给广大群众的感觉也可信得多。直接材料在报道中常常成为最重要、最生动的材料。直接材料的优点是真实可信，生动形象，而且对间接材料还有订正作用。

2. 从材料性质分

新闻材料可分为言论性材料、新闻事实材料和背景事实材料三种。

①言论性材料，是指记者引述别人的言论来说明新闻意义、本质的材料。

②新闻事实材料，是新闻报道中的主体材料，也是新闻评论中的主要论据。构成新闻事实的具体材料包括事件的称谓、规模、形态、原因、结果，事件发生的时间、地点，事件中的人与物，等等。

③背景事实材料，是指记者在报道中引用一些与新闻事实有关的历史事实或现实生活中的相关事实来衬托新闻事实的材料。

背景材料必须对新闻事实起到映衬、说明、补充的作用，必须和新闻事实存在着内在的联系。那么，新闻背景材料通常包括哪些方面？

①有关新闻事实本身的历史状况，以便读者用现在同过去相比较。

②不仅要反映某一事物本身，还要从宏观范围中看出它的地位、作用、影响以及与其他方面的联系。

③与不同方法、不同形式的对比。如平均分配与按劳分配、联产与不联产的对比。

④事物产生、发展的多种因素的互相制约。如定产很低，是不是荒滩薄地；节约很多，是不是过去浪费太大；节约在什么水平上为宜，是否影响到生产；产量猛增，是否存在掠夺式经营或拼设备的现象；产值上升太快，是否影响质量，是否都成为最终产品，有无积压等。对这些，都要作全面估量和分析。

⑤与周围事物的对比。如与国际上、其他地区、其他行业、其他工种相比，有些什么特点。

⑥有关事物的专门知识，有关某一问题的各种观点、看法以及各种学派、各种艺术流派和学术见解的介绍，等等。

⑦报道新产品、新技术、新发明等，要简要说明它的经济价值、科学价值及其性能特点。

⑧在人物介绍中交代有关身世、经历和在某一方面的成就，等等。

⑨有关某人、某事、某地的逸事、传闻和历史、地理、风俗习惯的介绍。

⑩必要时，在新闻出现的一般读者不理解的名词、术语和专业用语，要加以简明而通俗的解释。

上述新闻背景，是消息中常见的一些内容，它是构成新闻的一个有机组成部分。虽然它们中的大部分是过去的“旧闻”，但好的报道往往正是因为它善于利用这些“旧闻”，用过去说明现在。许多报道如不使用背景材料，就会使人感到不全面、不深刻，因为它没有给读者提供必要的情况。

背景的有无取决于消息主题的要求，并不是每篇消息都非有背景不可。有些小消息特别是短讯，非必要时就不必交代背景。

59. 新闻背景材料按其不同标准应怎样划分?

1. 从材料的性质内容角度分

背景材料可分为政治背景材料、经济背景材料、文化背景材料、地理背景材料等；也可分为人物背景材料、事物背景材料，等等。

2. 从新闻背景与新闻事实的时间和空间距离分

背景材料可分为纵剖面背景材料与横断面背景材料。

纵剖面背景材料，也就是历史性背景材料；横断面背景材料，就是现实背景材料。

60. 什么是新闻语言及其特点有哪些?

1. 新闻语言的含义

新闻语言，是指通过新闻媒介，向受众报道新近发生的事实，传播具有新闻价值的信息时所使用的文字语言。

2. 新闻语言的特点

(1) 准确、简洁、鲜明、生动

新闻写作中所需要的语言，是传播信息的语言、报道事实的语言、解释问题的语言、快速交流的语言。因此，根据新闻写作的时效性（新鲜、快速、简短）与可读性（具体、生动、通俗）。其语言不但要具有准确性，还要具有简洁、鲜明、生动的特色。这里所说的准确性，包括以下含义。

①在时间、空间、形态、色彩等方面，语言与客观事物之间的高度吻合。

②对事物属性、特征——也就是“质”的判断尽可能没有偏差。

③对事物的数量、程度——也就是“量”的把握精确无误。

④排除主观臆断和以偏概全。

⑤慎用可能产生歧义的词语。

新闻语言的简洁、鲜明、生动具体体现为：

①它的受众多，它必须满足生活在快节奏的现代社会中大量受众对信息的需求；

②它必须使处于广泛、分散、隐匿状况中的受众，在解码时获得尽可能多和尽可能一致的结果；

③新闻传播的基本原则是“用事实说话”，即传播者的意图应该是相对隐蔽的，新闻语言还要做到在解码时不致使受众产生被人强迫的感觉而加以拒斥。

（2）新闻语言要有时代感

新闻语言生命力的一个重要特征是要有时代气息。现在媒体上几乎每天都会有新词出现，词汇翻新很快。因为这种语言是社会语汇最直接、最真实、最迅速、最广泛的反映，作为一名新闻采写人员既应该保持对新鲜事物的敏感，也应该保持对新鲜语言的敏感。同时新闻报道的时效性与新鲜感，在一定程度上也需要通过有时代气息，包括社会上最新流行的一些语言传递出来。

（3）新闻语言应有不同的风格

新闻语言在符合准确、简洁、鲜明、生动的基础上，针对不同的报道、不同的作者应该有不同的语言要求。

①新闻语言风格还取决于人物报道中被采访者的语言个性。比如著名记者穆青就曾经比较过他的《县委书记的榜样——焦裕禄》和《为了周总理的嘱托》两篇人物通讯语言风格。在《县委书记的榜样——焦裕禄》中，主人公焦裕禄不仅有与农民交谈时那种生动的口语，还有向干部群众作报告时富于鼓动性的语言，以及同人们说理时带有一些哲理的语言。作为领导干部，他很注意语言逻辑的准确、严密。在这篇人物通讯报道中，记者所用的句子一般比较长，有不少是结构复杂的复句。在语言上也比较正式，在不少地方还带有政论的语言色彩。而在《为了周总理的嘱托》中，因为主人公吴吉昌的语言是很生动的农民语言，明快、简短，有时还很幽默，因此该篇通讯的语言尽量接近吴吉昌的风格，多用农民的口语，句子要简短，多用单句，少用或者尽量不用那些带有修饰语、附加语的复句。

②新闻语言风格取决于新闻事件本身的基调。不同内容、不同题材的新闻事实，它的基调是不同的。例如有的新闻题材是严肃的，有的新闻题材是活泼的，有的新闻题材是华丽的，有的新闻题材是平实的，有的新闻题材是欢快的，有的新闻题材是凝重的，等等。分清新闻题材的基调，准确地把握新闻事实，对一名记者在写作中选用恰如其分的语言表现新闻事实有着重要的作用。也就是说，在确定了报道题材基调的时候，也就确定了撰写这篇报道时的新闻语言风格。

③消息与通讯对于语言的要求有所不同。一般来说，通讯的语言比消息更形象，更丰富，有更多的感情色彩。消息比通讯更惜墨如金，消息的语言是一种具体陈述与抽象概括相结合的语言。而通讯承担着展开事实、描写事实、再现事实乃至

解释事实的任务，它比消息报道的内容更详细、更深入，它是对消息提供事实的进一步必要的补充，或是对消息所报道的全部事实或某一部分事实“放大”的作用。同时通讯报道的范围也比消息更广泛，因此，它可以也必须更多地调动各种修辞手法，更多地借鉴文学写作的技巧。

（4）“白描”是新闻语言的主要特征

在新闻写作中，白描是指文字描写的具体方法，即不尚修饰，不用或少用形容渲染，以质朴的文笔，力避浮华、做作，简练而直接地勾勒出事物的特征。白描虽然是描写，但如果从形式上看，白描与直接叙述没有很大的区别。可以这样说，白描是直接叙述和描写的高度统一。它洗尽铅华、质朴平实、透明度高，有利于把复杂的问题用简单的方法来处理，进而突出事物的特征，即突出新闻价值，便于受众在快速交流中接受。

61. 新闻语言忌讳什么毛病？

1. 忌含糊

语言含糊笼统，让人不得要领，这也是新闻语言的大忌。《湖南发现“妇女文字”》一文，就有这样的毛病：

湖南省江永县举世罕见的“妇女文字”，已由中南民族学院宫哲兵整理成书，即将由中国展望出版社出版。

“妇女文字”是当地瑶族妇女都会写的一种奇特文字，属表音文字，有600多个字形，有些与甲骨文、篆书相似，有些与楷书相似。它记录的是当地瑶族群众使用的一种“土话”。由于这种文字只在妇女中流行，当地称为“妇女文字”，简称“女书”。一些学者认为，这是一个惊人的发现，将引起人类学家和语言学家的关注。

1982年到1985年，宫哲兵曾六次到中国南方进行民族风情调查，其间发现了这种奇特的文字。

发现了一种只由女性使用的文字，这新闻确有惊人之处。也正因为它的惊人之处，人们便有更多地了解它的愿望。根据文中介绍，这种文字记录的是当地的一种土话，那么这种土话不可能只在妇女之间使用，为什么只有妇女会书写它们呢？男人们对它究竟是不得习用还是不愿习用？这其中必定有一些传统文化或习俗上的原因。另外，作为一种人类文化史上罕见的独特发现，它的发现过程也是读者关心的。宫哲兵是男是女？他（她）是怎样发现这一奇迹的？对此作者也没作任何介绍。总之，读了这篇新闻，感觉是作者也很糊涂，对所报道的事实所知有限。如果真是这样，那就应该调查清楚再向读者报道。

2. 忌矫饰

有一篇人物特写，这样描写一个女诗人：

所以，熟悉或不熟悉××的人，都感觉到××身上那种早晨般的清新和傍晚般的浑浊。这，正是诗人在自我和世界之间构筑的最佳对应关系，有识之士预言，××的世界是一片晨雾，一片永远不会散尽的晨雾。

……是从人的本质构成，准确地说是从一个女人感觉的深处，去对生命原动力的把握和体验。……是一种神秘化的自然，是心灵更广阔的时空的冲撞……

……她以恬淡而优美的诗篇，使自己的灵魂挣脱肉体的躯壳而获得了独立的存在方式，她以定向不定量、内涵十分丰厚的诗的语言为媒介，再塑了自己傲然独立、超凡脱俗的“内在生命”……

不要说在新闻中，就是在文学那种强调语言的“陌生化”“反常化”的语境中，这也是雕琢过甚的败笔。别说新闻事实杳无踪迹，连抽象的概念也被撕扯成一堆玄虚朦胧的文字碎片。只觉一片华丽而混浊的浓雾遮蔽了一切，真让人“不识庐山真面目”了！

3. 忌堆砌

在阅读新闻时，有时能见到这样一些句子：“天空的彩霞映照得场上格外通红”，其中“格外”和“通”都是强调程度的副词，语意重复了。“胜利凯旋归来”，其中“凯”就是胜利，“旋”就是归来，等于把相同的意思说了两遍。这样的废话说多了，篇幅大了，信息却没有增加。

除这样简单的语意重复之外，有时还会有不厌其烦地罗列细节和数字的现象，同样也是语言的堆砌。有一段文字这样介绍一位农民勤劳致富的事迹：

×××种承包地55亩，去年收小麦1.25万公斤，稻谷1.15万公斤，黄豆1000公斤，赤豆、绿豆等500公斤，山芋干1000公斤，花生2000公斤，共2.85万公斤，收入1.22万元；同时他利用余粮和稻谷，饲养耕牛9头，出售小牛4头，收入2500元；出售6头肥猪，收入1400元；出售100只家禽，收入300元；小四轮跑运输，收入1800元；利用板桥火车站一个货位（三人合伙）出售砂石，自己净得1800元。全年总收入达2万元。

简直是一笔流水账，材料缺乏整理，语言更是缺少概括和提炼。这样写数字虽然很精确，主人公的事迹却很模糊。

4. 忌混乱

一位伟人曾经提醒我们，说话和写文章都要注意语法、逻辑、修辞。这里所说的混乱，主要是指违背逻辑。逻辑混乱的文章，读者很难看得明白。下面就是一段逻辑混乱的文字：

为达到赚钱目的，竟私刻杂技团公章，从××市少林武术培训中心带走6名少年到南方“走穴”，谁知原定返校期限成了一纸空文。1月底，记者从××市区公安分局了解到，6名被当成“摇钱树”的武校少年终于被救了回来。

这是一篇消息的导语。劈头一句话就漏掉了主语，让人搞不明白事件的行为主体是谁。经猜测，行为主体应该是犯罪嫌疑人——是他为达到赚钱的目的，私刻杂技团公章，骗走了6名武校学生。但接下来的一句是“谁知原定的返校期限成了一纸空文”，这很让人摸不着头脑。“谁知”表示没有料到，难道是犯罪嫌疑人没有料到吗？当然不是。这真是“你不说我还明白，你越说我倒越糊涂了”！那么到底是谁没有料到？读者只好再猜：是武校方面没有料到竟被人骗了。

这段文字的主要问题是叙事角度的混乱。在一句话中，作者一会儿站在犯罪嫌疑人的视角上说话：“为了达到赚钱的目的”，一会儿又站在武校的视角上说话：“谁知原定返校期限成了一纸空文”。读者因此找不到观察事物的立足点了，感觉自然是一片混沌。另外，“期限成为一纸空文”的说法也欠斟酌——期限是文书吗？

5. 忌空洞

在极“左”路线横行的时期，报纸广播上空话、假话连篇累牍，人们在学习、讨论甚至在生活中，也大量使用一些言之无物的公式化的套语。下面是××××年第6期《新闻业务》转载了一篇题为《万能表》的讽刺短文：

在______以来的大好形势下，在______会议精神的鼓舞下，______厂党委认真贯彻执行______精神，组织党委一班人围绕______专题，反复认真学习了______文件。通过学习，深刻认识到______的重要性，进一步明确了开展______的重要意义，从而大大增强了贯彻执行______的自觉性。在提高认识的基础上，他们针对本单位______的特点，狠抓了______的工作，做到了______，从而有力推动厂里的生产。到______为止，全厂已超额完成______计划的百分之______，总产值达到______，比去年同期增长百分之______，群众高兴地说：______。目前______，厂里的干部群众正在成绩面前找差距，为争取______作出新的贡献。

［注］本表结构严谨，层次分明，段落清楚，主题突出，适用所有工矿企业的新闻报道。大、中、小学文化程度的同志均可使用，使用时稍加填写就可成为一篇正规的“新闻稿”。

又过去十几年了，这篇短文中所讽刺的现象，在新闻中仍时时能看到一些痕迹。例如最近的一篇会议新闻：

发扬民主　加强团结　坚定信心　继往开来

××××三次会议胜利闭幕

本报讯××××三次会议圆满完成各项议程，×月×日上午在××胜利闭幕。

省党政军领导×××、×××、×××、×××……到会祝贺。

会议通过了××××、××××、××××……

省××主席×××在会上作了重要讲话。×××指出……

上午×时×分，大会在代表们雄壮的《国际歌》歌声中闭幕。

跟《万能表》又有多大区别呢？这样的报道，谁会浪费时间和精力去阅读？

6. 忌语病

或许是由于新闻写作讲究出手成章，在语言的推敲上无暇过细的原因，目前在报刊广播中出现的病句实在太多，应该引起新闻界的注意。例如下面这些句子：

××国艺术家的演出，博得了各界观众热烈的欢迎，对这次成功的演出给予很高的评价。

……像一阵春风吹遍了全县的每一个乡镇，开遍了每一个村庄。

他们在全厂推广了技术革新。

“演出”可以博得欢迎，但不能对自己给予评价，因此可见第一个例子犯了句子成分残缺的毛病，它的后一个分句缺了主语。第二个例句中的“春风”，可以“吹遍”但不能“开遍”，主语和谓语明显搭配不当。第三个例句中的谓语“推广”，只能带名词性宾语，而“技术革新”是主谓词组，带有动词性，属于动宾搭配不当。

62. 如何将古诗词恰到好处地运用于新闻写作中?

语言是新闻写作的细胞，新闻报道的成败不仅取决于采访的成功与否，更取决于语言的应用。记者采集到了好的新闻事实，只是成功了一半，还需要用好的语言把它表现出来。

我国是一个诗的国度，古人留下的许多诗词佳句，不仅论述精辟、富于哲理，而且文辞优美，描绘生动，音调铿锵，语句凝练，如果恰到好处地引用于新闻作品中，势必会使新闻作品语言多姿多彩，起到锦上添花、引人入胜的效果。

综观新闻界的名家名篇，借用古诗词恰到好处地表现新闻内涵，凸现新闻主题的作品不乏其例，他们或通过引用古诗词表达对人物的评价和赞誉，或烘托环境气氛，渲染背景，点染意境，或刻画人物的心理活动并升华主题。

例如 1992 年 4 月 22 日《工人日报》发表的题为《时代弄潮儿——记全国劳模、国营红光电子管厂厂长李铁锤》的通讯。作者在结尾写道:“结束采访，走出红光厂区时，我们发现 1992 年的春天似乎比往年来得更早。望着潮水般奔涌的满目春绿，使人又想起宋人潘阆的那句诗‘弄潮儿向涛头立，手把红旗旗不湿’。我们相信，面对滚滚而来的改革大潮，李铁锤又在准备新的搏击、新的‘冒险’。他一定会带领红光人取得新的成功。”

这里作者用宋代潘阆《酒泉子》中描绘弄潮儿在惊涛骇浪中所表现出来的惊险绝技的名句，赞誉企业家李铁锤勇于探索，敢于实践的精神，又熔铸了对主人公的评价和称颂，言简意赅。

又如 1981 年 4 月 17 日《解放军报》上新华社记者采写的《中南海的春天》一文的开头:“九尽冬去。春天，又来到了中南海。三月的风，是那样轻柔，吹拂着中南海湖滨千万条低垂的柳丝，袅袅飘逸。大概是‘春江水暖鸭先知’吧，成群的水鸭在清澈碧透的湖中追逐嬉戏，溅起层层细浪，悠然地向着岸边荡去。

……我们走进中央书记处的办公室，感到那蓬勃奋进的朝气，炽热旺盛的活力，更胜似窗外的春天。”

在这段文字里，作者引用了宋代苏轼《惠崇春江晚景》诗中“春江水暖鸭先知”和唐代贺知章《咏柳》诗中描写柳树的意境，从中南海自然景色的春光转到书记处生机盎然的情形，“意”与“境”互为衬托，熠熠生辉。情随景生，词以情发，体现了党的十一届三中全会以来中国政治上的勃勃生机，读了使人倍感亲切。

再如 1996 年 6 月 13 日《人民日报》上《唐古拉山的风云赤子——记敬业创业的气象人陈金水》，写陈金水从 22 岁到 61 岁，有 33 年工作在青藏高原的事迹:“杭州，是陈金水的老家，八百多年前的南宋都城。那个朝代著名诗人陆游曾赋诗抒怀‘僵卧孤村不自哀，尚思为国戍轮台，夜阑卧听风吹雨，铁马冰河入梦来’。中国知识分子崇高的爱国主义精神，至壮至美，千百年来一脉相承。告老还乡的陈金水在自己的小小斗室，吟诵起这首抒怀言志诗句，我的心还留在那山之宗，江河之源的地球之巅……”

陆游《十一月四日风雨大作》的诗句，抒发了强烈的报国之情。文中用它有力地衬托出陈金水坚定不移之志向和报国的耿耿之心，使通讯的主题一下子升华到了一个新的境界，给人以强烈的感染力。

写人状物的通讯是如此，短小精悍的新闻报道中也不乏恰到好处引用古诗词名句的佳作。如《长江大桥上车水马龙》这篇新闻，用江面白浪滔滔与桥上车水马龙的情景对比后，又写上了这样的背景：“今天的长江面上，再也不是唐代诗人李白所说的‘白浪如山那可渡，狂风愁煞峭帆人’的那番情景了”。作者用李白的诗句反衬今天长江上百舸争流的新闻事实，拓展了新闻的意境，不由得使人浮想联翩，感到生动形象，品之有味。

在笔者的新闻实践与写作中，也不乏引用古典诗词名句的尝试。如《三月鲜花四月桃》一文，写的是农民李永田巧打季节差，种植大棚桃的事。文中作者这样描述棚内棚外的情景：“嗬，好景色，棚外依稀白雪，棚内春色满园，嫩绿的树叶簇拥着一朵朵、一串串粉色的桃花，真好比吴承恩老先生笔下的王母娘娘蟠桃园：‘夭夭灼灼花盈树，花盈树上簇胭脂’。”这里的引用，简洁而形象地表现出李永田大棚内桃花竞相开放、满棚春色的景致，寥寥几笔就使彼情景跃然纸上，达到事半功倍的效果。

“万古骚人呕肺肝，乾坤清气得来难。”当然，新闻作品中恰当地运用古诗词名句，不是随手拈来几句现成的话塞进去，而是在新的社会条件和语言环境里对原诗词句的灵活运用，是一种创造性的劳动；有时运用古诗词名句可灵活多变，适当增删词句。运用古诗词名句，还要考虑让读者能看得懂，晦涩就等于给读者设置障碍，结果弄巧成拙。运用古诗词要“牵强”得巧，“附会”得妙，提炼出独特而又典型的思想感受，不能人云亦云，呆板地移用。只有运用得恰当，自然而又贴切，才能成为表达的需要而不是累赘，万不可为卖弄学识而凑上几句附庸风雅。要做到这一点，就要求记者博览熟谙古典诗词，融会贯通，运用起来才可能游刃有余，得心应手。

第三节　新闻写作格式与稿件要求

63. 提炼新闻主题时应注意哪些问题？

一个新闻采写人员思想水平越高，写作技巧越熟练，越能体会到提炼新闻主题的重要。新闻每天大量出现，除突发性的新闻外，必然出现不少新闻主题的重复或雷同，怎么办？同一个新闻事实，不同新闻采写人员写出的新闻效果可能完全两样。诗人刘希夷有两句诗："年年岁岁花相似，岁岁年年人不同"，何况新人新事，更不会是年年岁岁一样的。

因此，在新闻写作上一定要做到精心提炼主题，全力表现主题。确立一个新闻主题并不是轻而易举的事。一般来说，提炼主题宜小不宜大，善于以小见大，像一滴水见太阳那样。选取新闻主题还要尽量新颖，给人以新意，使人得到启发。写技术性较强的新闻事例，要力求加强针对性，要从群众角度表现主题，这样才能引起读者的兴趣。主题一经提炼、确定，就要选用有说服力的材料把主题表述得完整无缺，如同众星托月一般，让主题突出，使读者一接触就了然于心。

提炼新闻主题，一般应注意两点。

①文学作品可以有副主题，新闻不同于文学作品，一条新闻，只能有一个主题。否则，稿子的内容必然繁杂，头绪纷杂，篇幅越拉越长，或出现多主题，实际上是成了无主题了，这是新闻报道之大忌。新闻的主题好似一条"红线"，必须贯穿始终。

②新闻主题一定要从新闻事实中挖掘、提炼出来，不能凭主观先想好主题，找事例硬套。提炼主题要以事实为依据，不能任意夸大，如果任意拔高造成失实，再好的主题也是白费。主题确定后，就要紧紧围绕这个主题进行写作，要一环扣一环，使每个段落、每个事实，甚至是一句话，都要为表现主题服务。这样，才能做到主题明确，观点鲜明，中心突出，宣传效果好。

总之，提炼新闻主题，要抓住事物的本质。使主题有深度，善于从现象中找出事物的本质。一篇好的新闻，与其正确的适当的提炼主题有关。

64. 把握新闻体裁的特点应注意的要求有哪些?

所谓新闻体裁，是指新闻写作的表达形式。在新闻写作时，由于表达主题手法不同、选择材料的角度不同、组织材料的结构不同，等等，所以新闻报道的体裁是多种多样的。古人说，文无定法。新闻体裁也并不是一成不变的，而是不断发展地。目前，我国报纸、电台和通讯社常用的新闻体裁，一般有消息、特写、通讯、调查报告、记者来信、人物专访、工作研究、采访札记等。消息这种体裁，是大量使用的“常规武器”，而且消息又有简讯、短消息、长消息之分。怎样做到在写稿时把握住体裁的特点，以适应报纸、电台、电视台的宣传需要，应注意以下三点。

1. 要做到“量体裁衣”

写什么样的新闻采用什么样的体裁，内容决定形式。动笔之前，应当分析自己掌握的题材内容如何，再确定选用哪种体裁合适。如果报道的内容只能写一条消息，却硬写一篇长通讯。因材料不典型，写出的稿子，只好堆积事例，添些空话、废话。其原因除了盲目追求写通讯之外，主要是没有做到“量体裁衣”。许多有经验的新闻采写人员的写作实践证明，一篇稿件要运用体裁得当，只有“量”（即确定报道主题和选择题材）得准，才能“裁”（即选用体裁）得巧。这就要求在选择新闻体裁时，先在“量”上下功夫，再在“裁”上显本领。

2. 要“抓住时机”

在采写各类新闻及运用体裁的时候，要抓住报纸、电台、电视台根据党中央一个时期宣传重点所提出的报道中心。就是所谓的抓住宣传时机。只有根据这个报道中心，去采写稿子，选用恰当体裁，才能达到“适销对路”。可见，新闻写作时运用什么样的体裁为好，既要“量体裁衣”，又要抓住宣传时机，否则，难以得到最佳的宣传效果。

3. 要有针对性

做到有针对性。一个报道题材要不要写成新闻，该写成什么样的新闻？既要考虑到报道的具体内容及其新闻价值，又要考虑到报纸、电台、电视台的不同需要，以及应当宣传的范围。这样写出的稿子，才能避免盲目性，做到有针对性、提高用稿率。

65. 写好新闻导语需要从哪些方面下功夫?

所谓新闻导语，就是指消息的开头，通常是消息的第一个自然段。它把新闻中最重要最新鲜的事实提炼、概括，通常展示在开端部分，以吸引读者注意。如此一来，写好新闻导语，对整篇新闻来讲是相当重要的。

俗话说："万事开头难"，写文章亦如此。新闻导语与文学作品的开头自然不能等量齐观，但就其重要性来说，新闻导语更加应该讲究开头，导语是新闻采写人员展示其杰作的橱窗，读者和编辑都会自然地设想，如果新闻采写人员未能在导语中表现出水平，那么，他就是没水平。所以，一些新闻采写人员，都在新闻导语的写作上刻意求新，各显神通。

具体地讲，写好新闻导语就要从以下几方面下功夫。

1. 要明确新闻导语写作的基本要求

新闻导语在写法上存在一定的灵活性，但也有一些公认的准则：最好用经过提炼的、简洁精彩的文字表达最主要最新鲜或富有趣味的事实，做到简明扼要，开门见山；要把通篇新闻所报道的中心思想加以突出，事物的实质内容往往是最有特色的，把事物特点紧紧抓住，就能起到提纲挈领的作用；善于运用生动而又朴实的语言来润色导语，表现形式上要不落俗套，新颖别致，讲究文采。

2. 要有鲜明的主题思想

导语要有文采，具有鲜明性。许多导语常常是突出"为什么"这个新闻要素，形成了概念化的语言，新闻的思想性主要在事实本身的分量上，而不在普遍性的尽人皆知的口号上，应尽量避免那些空泛的套话。

3. 要占有丰富的新闻素材，善于突出细节描写

形象化的东西容易吸引人，但是，导语毕竟是新闻事实的核心和精髓。新闻导语中要写出形象，需要抓住事物的特征，截取新鲜的画面，也要讲究表现的角度。大体可以运用以下几种表现方法使新闻导语形象化：一是通过群众的嘴说出新闻的形象；二是抓住最能体现事实本质的形象写；三是抓住新闻事实中新鲜而又有具体感觉的形象写。要写好新闻导语，还要在深入采访上下功夫，只有这样，才能写出深刻、鲜明、形象的好导语。

4. 要学语法、修辞和逻辑学

写起导语来很容易冗长繁杂、眉目不清。由于导语要求简洁明快，一般要求只有几十个字甚至十几个字，这就必须字斟句酌，反复推敲。

总之，做好上述四点，是写好新闻导语的基本方法。有些经验丰富的新闻工作者，在写一条新闻时，往往写出几个导语加以比较、研究后，再选用其中最精彩的一个。难怪有的老新闻工作者说，写新闻时，先把导语写好，通篇新闻就可一气呵成了。

66. 写新闻导语应做到哪“五要”与“四防”?

俗话说：好的开始是成功的一半。导语的写作，在新闻中有着引领性的功效：它既是新闻稿标题和主体部分的衔接，在整体的结构中承上启下，导出主体内容的完整信息，又是新闻稿的“广告栏”，如一道明亮的风景线，牢牢地抓住读者的心。

导语的写作既要从新闻事实的实际情况出发，又要有创造性。写法因事而定，因人而定。但是无论采用什么写作方式，都必须照顾全篇的统一、完整、和谐。导语要突出观点，点明主题，力求生动，尽可能写得简要明确，使读者知其要领。总之，写新闻导语时，要尽可能做到“五要”与“四防”。

五要：

①要事实新；

②要事实最重要；

③要有新闻根据；

④要简短扼要；

⑤要文字生动。

四防：

①防公式化、概念化，不能用空洞的议论代替事实；

②防一开头就用很多的名字、机构和衔称，一连串枯燥的数字，难懂的技术名词；

③防不分主次、轻重，把太多的事实塞进导语里；

④防一开始就写旧闻，孤立地写历史背景。

67. 新闻结尾的写作应注意的事项有哪些?

结尾，特指能深化报道主旨的消息最后一部分，但新闻的最后一部分不一定都称得上是结尾。

新闻结尾的写作，一般要注意四点。

1. 要紧扣主题

结尾是新闻的组成部分，要紧扣主题，起到表现或深化主题的作用，不能游离于主题之外 画蛇添足。

2. 新闻的结尾要有内容，切忌空谈空论

它要力求精练，力避重复、啰唆，因此结尾的内容要安排适当，防止用公式化、概念化的语言。

3. 新闻一定要有结尾

有人认为有的新闻不必有结尾，或不重视结尾，这种看法是不正确的。问题是，新闻的结尾，不一定是单独成段。就是一条简讯，乃至“一句话”的新闻，也是有头有尾的，否则读者就看不清楚，听不明白。一个句子也有开头，就是主语；也有结尾，就是谓语。往往有的句子因缺主语成了错句；又有的句子缺了结尾（谓语或宾语）也成了残缺不全的错句。至于一句话的新闻，如何把这一句话写得有头有尾，是要花力气，认真对待的。

4. 新闻的结尾宜自然，忌生硬

有时候，与其勉强地写出一句结束语，不如听其自然地将新闻收住，这也是结尾。有时正文部分把事情讲清楚了，首尾圆妥，也算是有结尾。有一位美国新闻工作者就结尾问题说过一段话：“当你坐在打字机前，眼盯着稿纸，为想一段漂亮的收尾文字而搜索枯肠时，很可能文章的结尾已经写出来了，你在那儿刹住就行了。”可见，新闻写作不可能没有结尾，但不是任意加上去的“尾巴”。这就好像豹子的尾巴不是由人接上去的，它既不是狐狸的尾巴，更不是蛇的尾巴。

68. 新闻采写人员将新闻写快要做到哪几点？

1. 须具备新闻敏感

具备较高的分析事物、洞察事物的能力，以便能够迅速抓住采访所得材料中最新鲜、最有价值、最本质的东西，这是写快的先决条件。

2. 要有熟练的新闻写作技能

熟生巧，巧生快，这是一条规律。

3. 要有争分夺秒的精神

不要等采访完了，四平八稳地坐下来写，应该在采访的同时就构思写，甚至是边访边看边写。动态性报道应该是采访完了，稿件也基本写出来了。

4. 事先酝酿

对于一些预发生事件，可以在事件发生前根据已掌握的材料写好初稿或片段，等新闻事实发生时，再到现场边访边修改。例如一些重大庆祝活动、外事活动，乃至一些体育新闻，常常采用这种方法，但必须注意实事求是，不能不顾实际。

5. 要学会写短新闻，短才能快

1984 年新华社记者高殿民仅用 10 分钟左右就采写了我国运动员许海峰在美国洛杉矶第 23 届奥运会中以 566 环的好成绩获男子自选手枪冠军这一好消息。

我国选手获得奥运会第一块金牌

新华社洛杉矶 1984 年 7 月 29 日电（记者高殿民）中国在奥运会历史上“零的纪录”的局面在今天 11 时（北京时间 30 日凌晨 2 时 10 分）被中国射击选手许海峰突破。许海峰以 566 环的成绩获得男子自选手枪冠军，夺得了本届奥运会的第一块金牌。

中国体育代表团副团长陈先在许海峰获得金牌后对新华社记者发表谈话时说，这对中国运动员是极大的鼓舞。这是中国在奥运会历史上得到的第一块金牌，实现了“零”的突破，在中国体育史上具有深远的意义。他表示感谢运动员和教练员作出的艰苦努力。

许海峰今年 27 岁，是安徽省供销社的职员。他在获得金牌后对新华社记者说，这还不是他最好的成绩，只不过是正常发挥了技术。他最好的成绩是 583 环。他表示要不骄不躁，继续努力，争取今后取得更大成绩。

69. 新闻采写人员具体写作新闻时需要注意哪些问题？

新闻采写人员写作新闻时除了注意到新闻事实新鲜、角度新颖以外，行文时还要注意做到形象生动，让读者如闻其声、如睹其物、如临其境。具体写作时要注意以下几点。

1. 抓好细节

下面这则消息，尽管作者没有展开详细描绘，但是这个 3 岁小娃娃边吃早餐边看通知，以及最后声明“我不去”时的神态表情，还是跃然纸上，令读者忍俊不禁。就是这两个小小的细节，把整个消息带活了。

三岁娃娃将被征入伍

（合众国际社纽约电）（原电日期不明）谁也搞不清楚这是怎么一回事儿——本星期五，居住在纽约市约克城高地的 3 岁小女孩皮丽·夏普洛收到了应征入伍通知书。

昨天，她像平时那样吃早餐，她边吃边看一张华盛顿征兵处寄来的通知单。根据这张通知单，她得在“从 18 岁生日那天起 30 日内报到入伍。”

尽管小皮丽仍有许多年时间考虑这件事，但她已明确表示：“我不去！”

2. 写出人情

要想写好事，先要写好人。而要想写好人，就必须写出他的人格、性情。

3. 扣人心弦

如果能让读者看不完不愿撒手，不管怎么说都是一种成功。这首先来自事实本身的魅力，其次还要看作者组织材料和表达的功力。

要想扣人心弦、引人入胜，仅靠事实本身的魅力还是不够的，还要讲究笔法。

例如下面这则报道的事实就很有魅力，但在笔法上稍有欠缺。

澳机历险记

乐民

悉尼警方最近披露了一则令人惊异的消息：一位从未摸过飞机操纵杆的乘客竟能在飞机驾驶员因病昏厥的情况下，驾驶飞机飞行了20多分钟，机上全体人员均安然无恙。听到这则消息的记者们莫不称奇叫绝并为之庆幸。

3月30日，晴空万里，澳大利亚的一位20多岁的飞机驾驶员精神抖擞地驾驶一架双引擎小型飞机从墨尔本飞往新南威尔士。飞机一直平稳地向前飞行着，乘客们也悠闲地看着电影。飞行了30多分钟后，驾驶员突然满头冷汗，因头部剧痛而晕倒。

除驾驶员外，飞机上还有三男一女共四位乘客，但他们谁也没有驾驶过飞机。得知驾驶员昏厥后，乘客们不觉心头一震。在这千钧一发之际，乘客中一位戴眼镜的男士挺身而出，立即机智沉着地充当起“飞机驾驶员”来了；正巧另一位男士熟悉电讯业，他立刻发出了国际无线电求救信号；而其余的两位乘客，则全力以赴地抢救那位年轻的飞机驾驶员。这几位乘客在这险象丛生的危急关头，显得秩序井然沉着冷静，这就是他们后来奇迹般脱险的关键。

墨尔本机场飞航管制员收到飞机发出的呼救信号后，当即通过电台发出了“如何使飞机保持平稳和正确的航向”的重要指示。同时他向上司报告了这架飞机的险情。机场当局马上举行紧急会议并当机立断派出一架直升机和一架飞机跟随那架正在历险的飞机以便及时给予引导和指示。“新驾驶员”得到及时的指导，感到激动万分，心里也充实多了，于是便聚精会神地继续驾驶着飞机……

大约过了20多分钟后，那位得急病的飞机驾驶员奇迹般地清醒了，他立即接替“新驾驶员”，重新掌握起飞机的操纵杆，机上的全体乘客们禁不住大声欢呼起来。又飞行了10多分钟后，这架历险的飞机便安全平稳地降落在丹尼利昆机场上。

这真是绝路逢生，可谓奇迹。

——××××年××月××日《工人日报》

第四章　新闻采写人员如何采写各类通讯

第一节　通讯素材的选取与表达方式

70. 什么是通讯及其通讯的特点？

1. 通讯的含义

通讯，是运用叙述、描写、抒情、议论等多种手段，具体、生动、形象地反映新闻事件或典型人物的一种新闻报道形式。它是记叙文的一种，是报纸、广播电台、通讯社常用的文体。

2. 通讯的特点

（1）叙述的直接性

通讯写作“不需文乞巧，只有直如弦”，即通讯的写作一般以开门见山和顺叙的叙述形式为主。但通讯中也不排除采用倒叙、插叙、夹叙夹议等表现手法。叙述的直接性具体表现在如下几个方面：直接交代事件（何事）、当事人（何人）、时间（何时）、地点（何地）、原因（何因）和如何发生（如何）六要素；直接写出采访过程；通讯内容中故事直接的过渡、场面的转换、开头与结尾的照应也要用直接叙述方法。

（2）描写的直观性

即描写时要注重对人物动作形象和场景进行直接而具体的描摹，而不能有过多的形容或雕琢。描写的直观性具体表现在如下几个方面：对记者亲眼看见的现场进行如实描写；对事后采访到的事件情景进行重现场景的描写；以记者出场形式对记者见闻进行直观描写。

（3）议论和抒情的实在性

通讯写作的议论和抒情常常是结合在一起的，有不少文字既是抒情，又是议论。议论一般是在叙述事实的基础上，紧密结合事实，起画龙点睛之用；抒情通常也是紧密结合事实，简短精要的语言表达个人的观点和感情。通讯中的议论和抒情有时也采用比兴、对比等手法，采用这类方法时，一般也力求简短扼要，与新闻事实密切联系。

（4）对话的实录性

通讯写作中，经常使用对话形式。通讯中对话写作的特点就是不加修饰地记录对话。具体而言，通讯的对话实录性特点表现在以下几个方面：直接引用新闻人物的原话，突出真实感、现场感；在选择新闻人物的原话时，要突出人物语言的个性特点。

（5）说明的直白性

通讯写作中，经常要简明扼要地说明事物的形状、性质、特征、原因、关系、功用等，也经常需要说明人物的经历、特征等。对通讯写作中说明的一般要求是通俗明了，其目的是使读者一目了然，使听众一听就明白，使观众一看就清楚。

71. 通讯与消息在文体特征上的区别主要有哪些？

从文体特征来看，通讯与消息的区别主要有以下几点。

1. 通讯报道的事实比消息详细、完整、富于情节，可以满足读者知详情的需要

通讯是一种详细、深入的报道。一个事件发生了，消息往往是将事件的几个新闻要素报道出去：何事、何时、何人、何地、状况、原因等，使受众尽快了解到最重要的概括性信息，而通讯则往往在消息之后，将这个事件的来龙去脉、前因后果等读者渴望知道的详细信息加以整合，然后完整地报道出去。它满足了读者在知晓新闻事件大致结果后探求深层原因和获知详细过程的衍生兴趣，也有利于人们较完整、较深入地了解新闻事件或新闻人物。

2. 通讯报道的事实往往比消息更形象、更生动

通讯报道以感性的素材还原生活的原生形态，使这种文体更具感染力。它把人们熟悉的生活和不熟悉的新闻现场推到读者眼前，使读者去认识，去感知，并在感知中形成自己的体验。

3. 通讯文体比消息文体自由

消息的结构尽管也是多种多样的，但毕竟有一个较为固定的结构方式：导语+主体。而通讯的结构没有消息，没有导语和主体之分的固定结构，文体比较自由，有些类似于散文体，在表现形式上给予作者很大的创作舞台。各种笔法，各种结构，各种风格，都可以容纳在通讯这种文体中。可以从头到尾顺叙事实，也可以从尾到头倒叙事件；可以用白描手法再现人物、再现现场，也可以触景抒情、缘事议

论；可以用序数将报道分为几个大段来写，也可以用小标题来分割段落；可以写对话体，也可用日记体；可用第三人称，也可用第一人称。总之，通讯文体在表现形式上相当自由洒脱，它给记者建构了一个可纵横恣肆、飞转腾挪的创作舞台。

4. 通讯的主题鲜明、结构完整

消息是信息型文体，要求速报。有些消息，如简讯，甚至无须提炼主题。通讯则不然。主题对通讯来说是必不可少的。因为通讯是作者有意识组织起来的文体。将各种各样的、大大小小的、有粗有细庞杂的事实材料组织在一起，没有一根主线把材料串起来是不可想象的。而主题的残缺、含混，也正是许多通讯失败的通病：中心不明、杂乱无章。因此，每篇通讯都必须有主题来统领素材。

从主题的角度来讲，文章中的每一素材——无论什么样的事实材料都是对主题有用的，都是文章的有机组成部分。通讯一旦完成，其结构是完整、严密、不容任意拆散的；有头有尾，环环相扣，其功能是以“整篇”为单位发挥作用。消息的“段落”在排版时可以根据版面的要求进行裁剪。而通讯的开头和结尾与全篇构成一个整体，一般不能任意舍弃，那样将使通讯的结构支离破碎，难以卒读，因为它破坏了通讯结构的完整性。

5. 通讯体现出作者较强的主体意识和个人风格

从理论上讲，无论消息还是通讯，都是作者有目的的写作，都表现了作者的主体意识。通讯内容丰富、题材广阔，它需要作者对素材的强有力的把握。选择什么事实，不选择什么事实，如何表现这些事实，完全受作者主体意识的支配，即思想的支配。在一篇具体的通讯作品中，作者的主体意识一般体现在两个方面，一是作品有鲜明的主题；二是作者常常以真情为文，以情动人。

采写一篇通讯时，作者面对的往往是复杂的、多层次的事实，如一个人坎坷的一生、一个事件的大小情节、一种社会现象的层层叠叠的因果链条。作者要向大众传播这些复杂的事实，必须经过一番周密的调查研究，即通过采访对事实有一个“去粗取精、去伪存真”的认识过程。达到了对事物的较深层的认识之后，就要考虑到如何表达的问题——根据时代背景、大众兴趣和媒体报道方针确立自己的主题，然后紧紧围绕主题选择素材来结构文章。因此，一篇通讯的主题，选材和结构方式，都不是简单“搬运事实”的工作，都需要作者的思考。

在阅读消息的时候，读者常常在一瞥之间就能辨别出最重要的信息，因为最重要的信息常常在导语中凸显。同样，在阅读通讯的时候，读者也可以一眼就看到作者的价值判断、观点和主张。通讯中作者的主体意识表现得非常鲜明，读者或者通过标题，或者通过作者直截了当的议论就可以感知作者鲜明的是非、爱憎和褒贬。

作者的主体意识还表现在“以情入文”，就是将强烈的情感写进通讯，而不像写消息时那样注意“客观手法”，于情感方面比较含蓄、不动声色。多彩的世界感染着作者，作者再将自己的爱憎、感受传达给读者。一切优秀的通讯，特别是人物通讯，无不是作者有感而发的产物。它们或者是在文章中直接倾诉，或者在叙事状物的字里行间间接流露。

通讯主体意识鲜明的特点还表现在作品常有鲜明的个人风格。人常说“文如其人”，写作通讯时亦然。因为通讯中融入的作者主观的成分远比消息多。这不是说作者可以虚构事实，而是作者要用自己对世界的理解，即自己的思想、人生经验和认识能力去把握复杂的现实，通过表现事实来表现作者的个人认识，那些读者熟悉的资深记者，已经形成了鲜明的个人风格。

6. 通讯素材较消息详细

消息文字要求简练明快，因此，常用概括叙述的方法，而通讯的素材比较详细，因此多用详述、白描手法再现事实，强调事实的生动性和可感知性。

7. 通讯时效性较消息稍差

对于重要的事件，人们通常用消息在事件发生后最短时间内抢先报道。随着现代化的报道手段和先进设备的普及，电视、广播所做的对重大事件的现场报道，更是将事实与报道之间的时差缩小为“0”，实现同时空转换。即消息的时效性特强。

通讯的时效性往往不及消息。通讯发稿较慢，是因为它对材料的要求比较严格，如说理更详细、更深刻、更生动、更典型，作者需要有一个采集选择和认识的过程。另外，通讯事实多、篇幅长，写作上也需要比消息更长的时间，同时，通讯强调报道的完整性，有时还必须等新闻事件有一个较充分的展示过程或等事物的发展有一个阶段性结果时，采写通讯的时机方成熟。

通讯中发稿最快的是体育赛事特写，往往和赛事消息同时发稿。因此重大体育赛事的采访往往是对作者功力的一种考验，既要抓住重要信息写消息，又要盯住关键性的现场采写通讯或特写，这需要作者做充分的赛前采访准备和具备相当高的写作速度。

从功能来看，通讯与消息的区别主要表现为：

通讯的可感受性往往比消息强烈。在这一点上，通讯这种载体在传播过程中更类似文学作品，即它有两条传播的信道：既像消息那样传播信息，还有一条看不见的信道——情感的传播。

72. 选择通讯题材的着眼点主要体现在哪些方面?

通讯的题材十分广泛，涉及政治、经济、文化、科技、体育、司法、社会、生活的各个方面。世界每天发生的事件千千万万，不可能都写，因此，写什么，不写什么，要根据事件所包含的新闻价值的大小来选择题材。通讯写作选择题材的着眼点概括起来有三个方面。

1. 抓重大题材

所谓重大题材，就是当前及今后相当长一段时期内，我国人民在建设有中国特色的社会主义事业中创造的伟大业绩和所面临的重大问题。重大题材最能体现时代的动向，体现生活的特色和主流。重大题材是时代的焦点，包含着生活中的主要矛盾和矛盾的主要方面，决定和影响着生活的方方面面。作者在通讯写作中选择现实生活中重大题材来报道，就为他们表现当今生活的主流和时代脉搏的跳动，提供了更多的可能性，就能迅速地、充分地揭示生活的本质，记录时代前进的轨迹，更直接地推动社会前进。如果不这样，生活的主要面貌、时代的主要特征就很难在通讯作品中得到充分而有力的再现。这就要求作者把社会当作大课堂，投身到改革开放的前沿和火热斗争生活的第一线，抓取重大题材，使通讯作品能够成为时代的画卷、英雄的赞歌和人民的心声。

2. 抓平凡中见精神的新人、新事、新风尚

我们的时代是英雄辈出的时代，但并不是每天都有惊天动地的英雄人物和重大事件出现。现实生活中，大多数事件都是凡人小事，这也应是通讯题材的一个重要方面。“一滴水可以映出太阳的光辉”，一个平凡的人做出不平凡的事，尤其是长年累月默默地做奉献，同样反映出时代的精神；他们的所作所为、思想境界和人生价值观，同样体现着时代的光辉。

3. 发人深省的事件

这类事件是生活中的阴暗面。以正确的新闻导向，适当报道这类事件，有振聋发聩或者引人深思的作用。例如《羊城晚报》关于弃婴的报道，发表后引起了强烈的社会反响。

73. 通讯所选取的素材主要有哪几种?

无论表现事件还是人物，通讯所选取的素材主要是骨干事例、细节材料和一般叙述性材料三种。

1. 骨干性材料

一篇通讯必须有能够支撑主题的骨干性材料，也叫骨干事例。也就是突出的、较有分量的典型事例，否则，通讯的主题根本就不能成立。

所谓骨干事例，就是那些事实过程比较完整、事实意义比较突出又有代表性，能够说明主题的事例。一个大的骨干事例，如果情节丰富，通常可以独立写成一个新闻小故事或一篇事件通讯。

2. 细节材料

几乎在任何新闻写作教材上，细节材料都被列为通讯写作最具特色的要素。细

节材料是再现型的材料，是指骨干（或典型）事例中细致的情节、细致的现场画面，或者富有个性化的对话。它们是通讯中最有灵性、最富有感染力、最易吸引受众的部分。

文字报道中的细节材料虽然比不上新闻图片直观和电子媒体声画一体的原生态效果，但通过白描手法“再现”事实，也可使这种再现的材料通过读者阅读中的想象力触动读者的感官，使人仿佛听到、仿佛看到了新闻事实，从而产生一种心灵的体验。

通讯中大量细节在传播典型事例中的画面、声音、对话和情节的同时，也传播着记者的深切体验，传递着人类共同的情感。人们阅读信息，一般是了解了就行，不需读第二遍。但是，人们阅读优秀的通讯时，却常常被感染、被感动，虽然读懂了，了解了仍不忍释卷，因为人们阅读通讯不仅要了解信息，更是享受一种人生的体验。

（1）详细的情节事实

情节事实的特点是：比较完整地再现了某一事态前因与后果之间的行为形态演变环节，就像一个个故事。那些行为形态环环相扣的变化，包含着明显的情节悬念和变化着的人像物像，适合大众的阅读口味。

情节事实可分为完整性情节、片段性情节和言论性情节。

完整性情节事实是指完整表现行为形态演变环节的事实。它具有明显的事态起因、中间变动环节和结果。

片段性情节事实是指一个完整故事的每个阶段中行为形态演变环节的事实。比起完整的情节事实，这种有外部形态特征的演变反映的事实过程更短暂，是典型事实的一个侧面。

新闻人物在采访过程中与记者的对话，新闻人物之间的对话，内心独白，常常呈现出带有个性特征的感情材料。另外，报告、演讲、会谈中都可以摘取大量生动的语言情节片段。既然叫语言情节，一般不是只取一两句话，而是将围绕某个问题的谈话环节较完整地记录下来。这里有两点需要注意：一是引用一段有新闻价值的连续对话或谈话，内容要求环环相扣；二是全部用直接引语，即引用原话，要尽量显示个性语言、群众语言的特点，甚至包括有个性的语气词，有特点的方言词汇。这样新闻人物谈话中的信息、观点、语气、情感就容易活灵活现在读者眼前了。

（2）特写镜头

通讯所选的最富有表现力和个性色彩的细致的画面和瞬间的特写，正如摄影中的特写镜头，可以使人产生特别的关注并能使读者借助想象力体味其中的意义。

细致的画面分为场景画面特写、人物特写和人物个性语言特写。

3. 一般叙述性材料

一般叙述性材料可以对人物、事件、风貌的背景和现在状态作概括性介绍和解释，使人了解一个大致的事实框架，“织”出通讯的一个基本背景和舞台，让骨干事例和细节材料有赖以展现的场所。

74. 如何获得通讯的写作素材？

1. 现场观察

现场材料很多来自新闻采写人员的悉心观察和记录。是否及时地赶到事发现场，目睹新闻事件或等待新闻事件的发生，取决于现场观察能力，更取决于现场意识。

对于新闻采写人员来说，对较重大突发性事件的现场采访，是可遇不可求的。能够在事件发生的第一时间赶到事发地点采访的概率是很低的。新闻采写人员大多只能“闻风而至”。而对于大多数预知事件，如某种特殊天文现象的出现，某些重大活动，如运动会、大型会议等，新闻采写人员完全有可能在事件发生之前做好充分准备，并及时赶到现场。

2. 记者的体验式采访

体验是人们认识事物的一种方法，“纸上得来终觉浅，绝知此事要躬行”。体验式采访可以促使新闻采写人员加深理解和感受，增强记忆。有经验的新闻采写人员，常常会千方百计地深入社会，接近采访对象，与采访对象共同生活，参与采访对象的工作，在现场访问中体验，在体验中观察记录，所得的不仅是详细的事实、材料，而且有新闻采写人员因体验而获得的感受，因感受而引起情感的变化，又因情感的变化与事实的融合而达到对客观事物更深刻的认识和对细节材料的敏感捕捉。

3. 访问

新闻采写人员要得到生动的材料，如果已无现场可访的话，靠访问当事人来获取材料便是必走的途径了。访问不仅要求记者有较强的观察和现场捕捉能力，而且要求记者有较强的交往能力。

在访问中获取感性材料是一项艰巨任务。第一，与很多人打交道，双方开始都有陌生感，与陌生人谈话很难放开，也难深入；第二，采访对象在接受采访时，所做的事已经成为过去，激动的细节已时过境迁，而且很多人并非懂新闻规律，不懂得什么样的材料才是感人的、才是新闻采写人员需要的。因此，许多采访对象在回答提问时，第一喜欢概述，泛泛介绍事情梗概，表明自己的态度，至于细节，当时说的话，当时谁在现场，是什么状态等，因为缺少回忆的情景气氛，很少在主动表述之列，而这些恰恰是最好的感性素材。

为了克服这个难点，有些新闻采写人员常用的方法，就是“触景生情”，即把对象带到曾经历过的地方去采访。写什么事，最好在新闻发生地采访，如采访售票员最好在公共汽车的售票台边上，而采访体操运动员最好在运动场旁。这在人物访问中特别重要。见证人到了现场，思维记忆都被周围场景激活，细节较容易回忆，情感较容易流露，睹物思人，睹物忆事。有时，一张照片、一幅图画、一个旧物品、一种景色、一个熟人的名字、一段旋律，都可以引起当事人或美好或痛苦或酸或涩的回忆。

75. 如何对材料进行加工剪裁?

1. 通讯的内容之所以翔实具体，生动感人，基础在于有丰富具体、真实入微的材料，这些材料要靠艰苦深入的调查采访去开掘搜集。

2. 面对一大堆调查采访得来的材料，怎样才能把它加工制作成为一篇完整的通讯，哪些材料有用，哪些材料没用，各种有用的材料之间彼此是一种什么关系，在这些问题没有理清楚之前，是不能盲目下笔的。要厘清这些材料，就要认真分析材料，对材料进行一番“去粗取精，去伪存真，由此及彼，由表及里”的工作，找出众多材料本质的东西，也就是从分析材料中提出明确的主题。

3. 通讯，主要是人物通讯、事件通讯，需要精心剪裁，运用多种表现方法，写好典型材料和扣人心弦的细节，以增强真实感人的力量。

76. 通讯的典型情节的特点主要表现在哪些方面?

通讯的典型情节主要有以下特点。

1. 典型情节反映了人物的个性和职业特征

存在决定意识。一个人的个性特点受其身世、生活、生理、教育等的影响和制约，特别是在长期的社会实践和工作中受到陶冶，趋于定型。这就造成各个不同的性格特征：有的豪爽、活泼；有的精明、谨慎；有的坚强、纯朴；也有的变得残酷、毒辣，或者软弱、虚伪……因此，注意从人物的职业特征着眼选取和写好典型情节，往往一下子就打开了通向人物个性心灵的窗扉。

2. 典型情节是人们最难忘怀的突出事件

典型情节往往是一个人的一生中印象最深的事情。情节应注意从人物最难忘怀的经历中去选取，这样就能感人肺腑。

3. 典型情节还可以从有意义的“生活小事”中去选择

“观人于微”是前人总结的重要经验。这就是“伟大总是寓于平凡之中”的。

一个人的性格特征，经常从一些生活小事中自然流露出来。先进人物的个性以至气质和精神境界，往往表现在日常有意义的“琐事”之中。因此，在着力报道人物的主要事迹的同时，作者应该写好能说明主题的“琐事”。

77. 处理通讯中写人和写事的关系应如何下手？

人物通讯的主题，就是通讯中所表现的中心思想。有的人写出事情与主人公的主要特点不一致。往往不是通讯找不到一个生动感人的事例，就是通篇不见人的活动。这类“有人无事”和“有事无人”的通讯，其共同之处在于不具备人物通讯的基本特征，也就是说，通过再现特定形象反映现实生活。

所谓“有人”是要塑造人物形象、人物性格，并不是有个人名而已；所谓“无人”，并非要出现人名，而同样是没有人物形象、人物性格；所谓“有事”，只不过是有生产的技术经验、工作的方式方法，而不是有人物事迹；所谓“无事”，就是干脆没有人物事迹。出现这种情况的原因，主要是新闻采写人员对人物事迹发掘得不深不细，手头上没有多少材料。其次是所报道的内容不适合于用人物通讯这种形式来反映。因此，写人物通讯必须掌握关于人物的具体的典型的素材。

其实处理好写人和写事的关系并不难，只要做好以下几方面：

1. 故事越简单，越要下功夫展开细节描写

很多人误认为通讯没有写出人物形象的原因是没有引人入胜的故事。其实完全可以通过一些真实的简单的故事情节，来再现人物形象。

简单的故事，同样可以写得生动感人。其关键是运用细行描写，再现人物的形象，使读者感受到该形象的人就出现在眼前。

2. 事件越平凡，越要揭示人物的内心世界

有的人认为写通讯没有“冒尖”的事件，人物形象就写不生动。其实，报道平凡的事件，并不等于就写不出生动的人物形象。写雷锋的通讯，并没有“冒尖”的事迹，而是由于揭示了一名共产主义战士的内心世界而获得成功的。

由此可知所报道的事件即便很平凡，如能充分揭示人物的内心世界，也会收到很好的效果。切不可因为采访对象所做的事不太突出就放弃采访，而应进一步挖掘人物的内心世界，着力表现他的心灵美，才能写出较好的通讯来。

3. 不论故事简单与否、事件平凡与否，都要写出支配人物行动的思想感情

通讯中要写的故事也好，事件也好，都离不开人的活动、人的思想所指导的行动。这些活动、行动反映着人的思想、感情、爱好、脾气等。如果放弃写人的活动，就只能把活的人写死了。再出奇惊人的事迹，也不会感人！如果抓住人的思想、感情来写，就会感人至深。写通讯不能以单纯记录故事、事件梗概为满足，而

应该写出支配人物行动的思想、感情的故事和事件才有感染力。

78. 怎样运用各种描写手法表现通讯生动的形象？

通讯反映的事实比较完整、详细，也比较曲折、复杂，写作上自由、灵活，表达的方法也多种多样。它以真实性获得读者的信赖，又以生动的形象感动着读者。通讯真实而生动的形象是怎样表现出来的？主要是运用各种描写手法。

1. 运用新闻人物个性化的语言来刻画人物形象

这里说的语言，是人物说的话。它要求选用有个性的语言，去表现新闻人物的精神面貌和性格特征，才能使人物栩栩如生。

2. 通过人物具有的特别的行动来表现人物形象

以事实说话，以行动感人，这是通讯的一个显著特点。对人物行动的描写，目的是反映人与事的个性特征。它要写得逼真，形象才能生动。

3. 通过恰到好处的外貌描写，能使新闻人物形象生动、深刻，使人物富有个性

外貌描写，并不是非把人物写得如何之美，才做到形象生动。通讯不是“美人篇”，人们衡量一个先进人物是否可敬、可学，并不着眼于他的外表如何，而是通过外貌的描写，让读者对先进人物的个性特征有深刻认识，鲜明印象。

4. 通过心理描写来刻画人物形象

通讯中的心理描写是揭示新闻人物思想的基础，是表现人物的精神境界的重要手段。它能使通讯写得扣人心弦，反映出有血有肉的人物形象。

79. 要写出通讯的传神有味需注意哪些问题？

通讯属新闻体裁，不同于历史著作，也不同于文学作品，它的内容和消息一样，必须具有新闻性，不仅要真实，而且要新鲜。但新闻采写人员无论写什么文章，都是给读者看的，只有文笔好，传神有味，人家才乐意看下去。苏东坡曾说，一篇好文章使人“为数日喜，寝食有味”。味从何来？有情有理才有味，味在情理之中。

通讯要写的传神有味，确需注意如下三点。

1. 要从宏观上统筹全篇

从材料搜集、主题确立、腹稿构思到动笔写作的全过程，要吃透消化，烂熟于心，才能从宏观上驾驭全局，找到最适合的基调、结构、形式及语言，写出“绝

活”，自然就有味了。如果稿子写完，不能用一句极简单的话回答出写的是什么，那么这篇文章是很难有味道的。

2. 要抓住特点写

凡事物皆有其自身的特点，抓住事物的特点写，就能写出味来。一种意思，可能有许多表达方法，写作时应该避免出现“套话”。比如拿写桃花来说，不管什么情况下，都一律写成“桃花似火”。这不仅是“套话”，而且也是不真实的。其实，在不同的情形下，桃花的形状、色彩是不同的，并不一定能“似火”。在三月艳阳的春光中，满坡盛开的桃花确实“似火”。但如果在潇潇春雨中呢，风雨之中的桃花呢，那句简单的“套话”显然不能够贴切、形象地描述出桃花的色彩与外形。

3. 要简洁含蓄

简洁、精练、明快、朴实、厚道、实在，本身就是美的，再下功夫做到篇无“多”段，段无“余”句，句无“废”字，让每字都“活”起来，发挥“效益”，稿子质量自然高，味儿肯定浓厚了。还要注意运用含蓄这个技巧。

诗圣杜甫有这样一首诗：“黄四娘家花满蹊，千朵万朵压枝低，留连戏蝶时时舞，自在娇莺恰恰啼。”诗中并没有什么艳丽奇谈之词，朴素得简直像一条新闻，连小学生都能读懂。但这首七言绝句却描绘出了一幅有声有色、美不胜收的图画，进而你甚至可以推测出黄四娘这个育花人的音容笑貌，使人人可以感到这不仅仅是诗人的文字技巧，更重要的是使我们领略到诗人在文字技巧的后面，隐藏着的更精深一些的东西。诸如诗人对生活体验、奇巧的立意和构思等，当然，写通讯不同于写诗，但通讯的写作也是一种创造性的工作，需要作者充分发扬创造精神，付出艰苦的劳动，才能写出好的通讯。

80. 通讯写作的叙述方式有哪些?

用“事实说话”的这种介绍和交代事实的表达方法就是叙述。叙述，一般包括顺叙、倒叙、插叙、详叙、略叙。

1. 顺叙

顺叙就是按照新闻事件发生、发展、结束的时间先后叙述。在广播通讯中由于传媒的特殊性，一般都采用顺叙的方法，听来线索清楚，不致造成听者的混乱。

2. 倒叙

倒叙是先叙结果，然后再按事件发生、发展的时间先后依次叙述。倒叙手法，是设置悬念的方法之一。采用倒叙法，结构也显得有起有伏，比较生动。凡是采用倒叙手法的，要注意前后呼应。

3. 插叙

插叙又叫追叙、补叙，就是在叙述中心事件的过程中，暂时中断主线索，插入与主题有关的背景或其他相关的材料，如一个情节，一个场面，一段谈话等。插叙可使结构避免平铺，富于变化。

4. 详叙

详叙，又叫细叙，就是详细叙述事物、人物、观点等，新闻写作中的详叙，主要也是叙述事实的。

5. 略叙

略叙又叫概述，就是粗线条地、概括地叙述。

概括叙事，不同于概括抽象。后者属于理性概括，运用的是逻辑思维，通过推理、判断的思维过程，把事物的本质抽象出来，表达出来的是概念。它的认识过程是从个别到一般，从具体到抽象，通过对诸多具体事物的分析、综合，抽象出其共同的本质属性。

81. 写作通讯的描写手法有哪些?

1. 白描

白描本是中国画的传统技法，墨线勾勒，不着色彩，或者只用淡墨渲染，不加烘托，不用背景。用这种方法画的画叫“白描”。白描这个概念借用到写作中，就是指文字质朴的简单勾勒，不用烘托，不加修饰，很少用形容词，有时和具体化的叙述差不多，但它是一种形象的勾勒。

2. 细描

运用比喻、比拟、夸张、引用等多种修辞手法，对人物或事物进行细致入微的刻画，好比绘画中的工笔手法。新闻作品，多采用白描手法，但是需要加以特写的细节、场景、形态等，又往往要借助细描。

3. 直接描写

直接描写又叫正面描写，就是记者直接正对描写对象进行描绘。新闻写作中，更多采用直接白描。这是新闻的真实性原则所决定的。直接描绘出的形象，实在、真切、可信度高。

4. 间接描写

间接描写又称侧面描写，如绘画上烘云托月的手法。它不是正面直接描绘对象，而是通过描写与对象有关的人或物来烘托对象。间接描写比较虚，描绘的形象不够确定，但正因为它不够确定，能给读者留下充分想象的余地，读者可以运用自己的想象，根据自己的审美观，进行再创造。

82. 通讯写作的抒情方式可分为哪几种?

抒情就是抒发记者对通讯所写人或事的褒、贬、爱、憎之情。抒情可以分为直接抒情和间接抒情两种。

1. 直接抒情

直接抒情，就是直抒胸臆。

2. 间接抒情

间接抒情是依附于事、依附于理、依附于景的抒情，也就是融情于叙述、议论和描写之中。

抒情，无论是直接抒情还是间接抒情，无论是含蓄凝重，还是奔放热烈，都要抒真情。真切自然才能打动人。

83. 议论表达方式在通讯的写作中有什么作用?

议论，就是记者对所写人或事发表的意见、评价，或者分析本质，或者指明意义，以帮助读者理解事件或人物，提高其认识。

随着通讯中思辨色彩的增强，议论这种表达方式在现代通讯写作中的作用也就更为重要。它有时候独立成段；有时和叙述结为一体，夹叙夹议；有时候又和抒情糅合一起，融情于理。

议论力求精辟。所谓精辟，一是要有深度，要揭示事物的本质，昭示人、事的时代精神。一是要精练，确实像画龙点睛那样，用极简练精粹的语言，揭示事物的内在意义。

议论，切忌空泛、冗长、离题。

第二节　通讯写作的基本知识

84. 通讯的结构有哪些类型?

通讯的结构是指通讯的组织方式和内部构造。

“文无定法”，通讯作品没有也不应该有一个固定的模式。但是，任何事物，都是按一定的方式组合起来的，都存在于一定的时间、空间里。反映事物这种内部联系方式和时空存在方式的通讯结构，也就大体分为三种类型，我们称之为纵式结构、横式结构、纵横式结构，下面我们逐一介绍。

1. 纵式结构

（1）时间顺序式结构

时间顺序式，就是按照新闻事实发生、发展、结束的时间顺序，安排层次。这种结构，条理清晰，便于读者掌握事情的来龙去脉。但要注意材料安排得当、富于变化，避免形成流水账。所以必要时在前面要有个引人注目的开头，在后面有个好的结尾使主题升华。

（2）逻辑递进式结构

按照事物发展的顺序或作者对所报道事物认识的递进顺序来安排层次，这种结构具有理性思维的特征。采用这种结构，需正确把握各种材料在表达主题思想时的地位。如主与次、深与浅、因与果等，使层次安排递进式，一层比一层深。

（3）悬念式结构

在通讯的开头设置疑团，布下悬念，然后展示事情的真相，释消疑团。运用这种结构形式，要有完整的情节，还要注意使布下的悬念与释消疑团各部分对应相顾、融为一体，形成悬念式结构的完整统一。这种结构在纵向安排上是高潮在前，先倒叙、后顺承，对读者有吸引力。

2. 横式结构

（1）空间转换式结构

空间转换式就是根据新闻事实发生地点的变化组织结构。围绕一个中心，把不同地点发生的不同事情联系起来成为一个整体。这种结构又叫“移步换形”式结构。

这里要指出的是，空间转换要注意方位之间的有机联系或承接性。否则，结构就松散了。

（2）并列式结构

按照新闻事实各个侧面之间的关系安排结构。这里有两种情况：一是先主后次的并列；二是同等重要的并列。无论哪种并列，都是围绕主题展开事实。

（3）对比式结构

将正反两种人、两种事并列，并列中含对比，对比中见主题，这种结构使事物矛盾对立的两个方面，形成鲜明的对比、强烈的反差，给读者留下深刻的印象。

3. 纵横式结构

（1）纵横交叉结构

这种结构又叫复式结构，就是综合运用纵式结构和横式结构的方式来安排材料。这种结构，一般以纵式为主，横式为辅，纵横交错，将题材布局好，以便更有力地表现作品的主题。这是一种处理错综复杂事物时所采取的结构形式。

(2)“蒙太奇”式结构

这是借用电影镜头的组合关系和连接方法，即“蒙太奇”法，运用到通讯写作中的一种特殊的结构形式。

85. 通讯的主题在通讯中扮演着什么重要角色?

主题是文章的中心思想，有人称之为“主脑”“灵魂”。通讯的主题就是通讯的灵魂。这有两层意思：一是主题决定着通讯的社会价值；二是主题支配着通讯写作的全过程，即材料取舍，谋篇布局，表达方式，语言运用，都围绕主题进行。因此，正确地选择主题，深刻地提炼主题，完美地表现主题，应成为通讯写作的基本问题。

通讯的主题酝酿和形成过程，与文学作品有许多相似之处，先立意后动笔，才能成竹在胸，这是通讯写作必须恪守的原则，是写作成败的关键环节。只有选定了主题，选对了主题，才能围绕主题选择新闻事实，选择组织素材、谋篇布局的结构，选择恰当的表达方式。

通讯的主题，是人们评价一篇通讯时首先的评价标准。一篇通讯的质量高低、价值大小，主要看其主题正确不正确、深刻不深刻，思想意义和指导作用大不大。

主题是文章的灵魂，材料是文章的血肉，情节是文章的骨骼。在一篇通讯中，主题、材料、情节之间的关系，是相辅相成，缺一不可的，但主题却显得更为重要。

通讯的主题就是通讯要表达的中心思想。也可以说，是作者通过自己所描述的人和事，宣传一种什么思想，说明一个什么问题。主题一经确定即要像一根红线，贯穿于全文，成为通讯的“灵魂”。

选择好主题，是写好通讯的前提。懂得摄影艺术的人，在照相的时候，都很重视选择角度，掌握好镜头。不同的角度拍出来的照片，效果显然是不同的。从镜头化为笔端，同样也有个选择角度的问题。主题的针对性，常常就是同适当的角度分不开的。列宁提出选择主题的基本原则，重要的是选择政治上重要的主题，也就是对贯彻党的路线、方针和政策有推动作用的，能代表事物发展方向的，对全局工作有影响的积极的主题。这样的主题，能够抓住现实生活中的主要矛盾，引起人们的广泛注意。

强调要选择政治上重要的主题，并不是说，只能是直接反映方针、政策和思想政治方面的问题。日常工作生活方面的许多题材经过精心提炼，也能成为政治上重要的主题。

提炼好主题是写好通讯的关键。一篇通讯的主题选择好之后，只是主题形成的第一步，还必须进行提炼，挖掘出事物的本质，使主题得到深化。

主题思想不是从天上掉下来，也不是凭自己的头脑臆造出来，更不是简单地照搬照抄党的一些政策、条文就能随意获得的，真正能反映时代精神的重大主题，只能从现实生活中产生。因此，必须提炼通讯的主题。

86. 新闻采写人员在提炼通讯主题时有哪些要求？

1. 主题的真实性

新闻采写人员在提炼通讯主题时，第一个要把关的就是主题与客观存在的实际情况是否相符的问题，就是主题的真实性问题。在这方面应当强调的是，记者要有“质疑”意识，即凡事都不要“轻信”，一切结论都应该产生于深入调查研究之后。特别是对那些来头大、有背景、社会上众口一词争相炒作的热点事件、新闻人物，一定要在确认其事实、事迹的真实性的基础上考虑如何评价其人其事。

有时，同一个事件，同一个人物，可以从不同的侧面提炼出不同的主题。例如：

一个原本性格内向的女工下岗后，为生活所迫先后干起了家庭保姆、建筑工地油漆工、街头卖报人，最终办起一家红火的主食加工店。她本人也历经磨炼，从胆小怕事的女工到麻利、果敢的女经理。这一事实过程可以用来说明几个方面的主题：

①市场大潮对人的陶冶和磨难是造就企业家的途径，市场对社会进步的作用；

②一个下岗女工的顽强精神；

③“从一而终”的就业观念应当转变。

但哪一方面更能反映生活的本质，哪一方面的主题经传播后可获得正面的社会效果，则可根据不同新闻采写人员的认识、不同媒体在不同社会背景下的报道需要做出选择。

2. 深化主题

新闻采写人员应当善于透过现象看本质，善于将丰富的感性材料去粗取精、去伪存真，进行一番由此及彼、由表及里的深入分析，抓住事物深一层的本质，深化主题。

一般来说，深化主题有以下三条经验。

（1）深度来自历史感

很多新闻采写人员都知道，看问题离不开全局意识。但是很多人的全局意识仅仅局限在“空间”的概念，即把新闻事实放到更广阔的空间和一定的高度来认识，从而深化主题，而“时间”这个思维的角度常为人所忽略，有人称这种现象为“时盲”。很多事情如果只从当前的状态来看，往往感觉不出它的意义所在，一旦把它放进流动的历史长河中来考察，历史的逻辑便赫然显现。

（2）深度来自展示人的心灵

一个新闻采写人员，若能将他的笔游弋于人们心灵的海洋，探索人生课题，抚慰受创伤的心灵，启迪心智，往往可以在读者渴求的心田中激起回响，使人感到震撼，从而产生精神上的动力。因此，凡是写人或与人有关的通讯，都要在开掘人物思想深度上下功夫，方能取得读者的回应。

下面这则人物通讯写的是昌平县房管局器材供应站站长赵继义带头苦干、攻克难关的事迹。

“拼命三郎”

××××年××月××日讯　赵继义，一个土生土长的昌平人，与共和国同龄，昌平县房管局器材供应站站长。当站长7年，只有七八个人的供应站由亏损20多万元，一举成为年创纯利30多万元、银行存款200万元的富户，他也光荣地被评为北京市爱国立功竞赛优秀工作者。

赵继义调任昌平县房管局器材供应站站长时，摆在他面前的是一个穷摊子：十几间破烂平房，一辆130汽车，一辆东风三轮摩托车，亏损20多万元，七八名职工人心涣散。他最怕穷，却偏偏调到了一个穷单位。他知道，怨天尤人没用，只有靠拼靠干，才能把穷字变富字。他确立了在保证本系统房修材料供应的前提下，面向社会开展建材经营活动的方针，立下了一个规矩，器材站每个职工，哪忙去哪，什么急干什么，不养闲人。

北京的5月，已似流火，为在汛期之前从六里屯抢运一批红陶瓦，赵继义让司机和装卸工人由每天跑两趟改为每天跑三趟。两人连装带卸，一天两趟已经够累的，听说还要加一趟，不免面露难色，赵继义二话没说，撇开那个装卸工，跳上汽车，毫无商量地对司机说：“走，我去试试！”汽车很快就钻进了滚滚热浪。司机是个大高个壮小伙子，红陶瓦一捆接一捆地递上来，瘦弱的老赵就一捆接一捆地接来码齐堆好，汗水沿着脑门淌下来，滴滴落在他那近视眼镜上，可他连擦都顾不上擦一下。不到半小时，两个人硬是装满一车瓦。他这种拼命苦干劲头，一下就震动了全站职工，从此，器材站七八名职工个个像赵继义一样，老是使劲苦干。

××××年春节前夕，昌平公园建设拆迁任务迫在眉睫。半个月之内必须将昌平镇一街地区260户居民全部拆迁上楼，实现“三通一平”。半个月的时间，七八个人，上千间房子要拆平、拆光谈何容易，赵继义没说一个难字，默默率领他那支小分队紧紧跟随在拆迁动员小组的后面，腾空一间，拆除一间，腾空一户，拆除一户。只要是今天腾空的，无论多晚，他决不让房子留到天明。长时间的劳累，加上心脏不好，他晕倒了，从墙上滚落下来，身上十几处受伤。当他醒来时，大家都劝他回去休息，他却死活不走，站起身来掸了掸身上的土，吃了几粒速效救心丸，贴上两块止痛膏，粘上几贴“创可贴”，又爬上了房梁，骑在檩条上，继续指挥大家拆房。当××××年新春第一下钟声敲响的时候，当万家团圆时，他和站里的同志才拖着疲惫已极的身子，带着完成任务的喜悦走出工地。

去年 3 月，北京市百个大商场之一的昌平商业大厦即将开业。而西侧停车场还是废墟一片，要用 20 天时间，清运上百万立方米渣土，铺出 400 平方米的停车场。真是急难险重，这活老赵接了。他调用了十多台机械，通宵作战，五天四宿没睡觉，愣是提前两天完成了任务。

正当器材站事业逐步红火时，赵继义遇到了新的考验。××××年，器材站改为自主经营、自负盈亏的企业单位，走计划供应的建材经营业为主，兼营拆迁服务、建筑施工等业务的多种经营之路，先后开办了兴昌水电拆迁咨询服务公司、昌房建筑工程公司和昌房建筑工程队等分支机构。

去年 5 月，赵继义听说昌平城区镇意欲在八街开展旧城改造，引资建造农民住宅楼，便主动为北京市水泥厂筹建处与昌平城区镇牵线搭桥，促成了双方联建玉虚观住宅楼，并主动承担了从拆迁安置、规划设计到建筑安装的全部工程任务，七八个人的单位要承办 11000 平方米的住宅工程，真是天方夜谭。其实，盖楼建房是赵继义的拿手好戏。他既当经理，又当业务员、材料员，还是工长，跑规划、跑设计、跑施工，一个人干几个人的活，一天当几天用。为保证施工质量，每个关键部位，他都要亲临现场监督施工。由于长时间劳累和生活不规律，心绞痛、神经衰弱等疾病日趋严重，救心丸、安定丸已成为他案头、卧室必备的应急药。

然而，大楼在一天天长高，工程主体已到五楼，10 月底即可竣工。赵继义用“拼命三郎”精神，写就了新的天方夜谭。

（3）深度来自全局意识

新闻采写人员要对那些乍一看没有什么新鲜之处，影响似乎也不大的新闻，确定其题材的通讯主题的深度，必须把这些题材放到全局的高度去衡量，深入研究其在全局中所占的地位，它是否有利于或者有害于社会发展的根本问题，它们的代表性、典型性如何等。

87. 写作通讯的标题有哪些方法？

消息的标题要直接揭示新闻事实，写法比较固定，形式有单标题、引题式双标题、正副式双标题、引题正题副题俱全的三标题等模式，只需套用其中一个模式即可。通讯的标题跟一般记叙文的标题比较接近，它可以直接揭示新闻事实，也可以曲笔达意。在写法上，通讯的标题可实可虚、可直可曲、可长可短、可庄可谐，没有规定，作者可以充分发挥自己的创造性。在形式上，通讯一般只有一个标题，也可以用破折号引出一个副标题来，副标题大多是实述的写法，主要是交代报道的对象和新闻的来源。

1. 直述新闻事实

这样的写法不事雕琢，符合“最高的技巧是无技巧”的说法，写好了有“大巧若拙”的大家风范。

2. 提出问题，引人思考

用一个问题做标题，这个问题也是时常让读者感到困惑的社会现象，这就很容易引起人们的关注和思索。

3. 设置悬念

在标题中制造悬念，更能引起读者的强烈关注。

4. 比喻双关

在标题中适当运用比喻双关等修辞手法，可以使文字更生动优美，形象更鲜活动人。

5. 引用口语

直接引用新闻当事人的口语做标题，也是一种活泼新颖的写法。

6. 相反相成

把矛盾状态和谐地组织在一起，叫作相反相成。标题的相反相成，可以增加思维的广度。

88. 写作通讯的开头有哪些基本类型？

通讯的开头也是多姿多彩、不拘一格的。记叙文的开头有直起式和侧起式两大类型。直起式包括开门见山直述其事其人，直接抒发感情或者直接发表见解等等。侧起式是利用铺垫的方法，远远说起，娓娓道来，到适当的时候才进入正题，如先讲故事、传说，先引诗词、谚语、名人名言等。归纳起来，有下列几种基本类型。

1. 开端进入情节

在一些事件通讯和人物通讯中，常常有开端就叙述事件的写法。处于开端位置的可以是整个事件的开端，也可以是事件的结局或某一个精彩段落。这样写可以强化通讯的情节性，用生动的故事吸引读者。

2. 起笔刻画人物

一开始就展开对人物形象的刻画，在人物通讯中很常见。先让笔下的人物给读者一个清晰的印象，有利于下文的展开。

3. 场景描写在先

人物、情节、环境，是记叙文的基本内容。通讯当然也可以从环境着手切入，然后铺展开事件和人物。在风貌通讯和工作通讯中，在开头之处先作一番场面描写或风光描写的，不在少数。

4. 先作抒情议论

入篇先作一番抒情或议论，给读者以情绪的感染或理性的启迪，为下文叙述的新闻事实定好一个基调。

5. 落笔先用比兴

比是比喻，兴是由一物引出另一物。比兴是《诗经》的基本表现手法，对后世的文学技巧影响很大。在通讯的开头使用比兴，可以大大强化作品的文学性。

6. 引经据典开篇

引用典故、诗词、谚语、名人名言来做开头的通讯，有较强的文化意味。

89. 写作通讯的结尾的基本类型有哪些?

通讯的结尾大致有三种基本类型：自然收束；卒章显志；补上一笔。

1. 自然收束

这是一种客观化的结尾。新闻事实说完了，通讯就自然地结束了，严格地说起来，并没有一个专门的结尾。但仍不失为一种很好的结尾方式，特点是干净利落。

2. 卒章显志

在文章的最后揭示主题思想或写作目的，使整篇文章有一个思想的落脚点，这种写法在其他类型的文章中也是经常见到的，符合从物质到认识、从现象到思想的认知规律。

3. 补上一笔

有意将一些新闻事实留到最后再作补充交代，当事实似乎已经说尽的时候补上一笔，可以使文章“清音有余”，韵味无穷。

第三节 常见通讯类型的写作

90. 什么是人物通讯？

人物通讯就是写人物的通讯，就是用通讯的笔触写的人物报道。

人物通讯是报刊、广播、电视中常见的、影响广泛而深刻的一种新闻体裁。

人物通讯所写的人，都是社会上具有特殊意义的人，他们的精神、观念、业绩，对群众有着特殊的教育作用；即使是反面人物，其经历、言行也对社会有特殊的认识作用。

91. 人物通讯的写作要求有哪些？

人物通讯以写人为主，要反映人物的时代特征，展示人物的精神风貌；要抓住人物的特点，选好角度，不要面面俱到；要用事实说话，以事显人，不要罗列事实，只见事不见人；要在冲突中深化主题，表现人物的个性特征和崇高思想。具体要求如下：

（1）人物通讯要表现时代精神

什么是时代精神呢？时代精神就是在一定的历史时期里所显示的人们的整体意志、整体愿望、整体呼声、整体的审美意识和价值取向。例如通讯《为了六十一个阶级兄弟》所显示的一方有难、八方支援的精神；通讯《人民的好医生李月华》所展现出的为人民的高度奉献精神，这些都是时代精神的具体体现。

人物通讯不能简单地写成一部“好人好事录”，而要高瞻远瞩地提炼出能够反映时代特征的主题，并且从这个高度来表现英雄人物的革命精神和思想风貌。

（2）人物通讯的教育作用在于真实

用事实说话，这是新闻报道的原则。人物通讯所报道的内容，必须完全真实。一篇优秀的人物通讯之所以具有强烈的教育作用和感染力，就是因为它所写的是真人真事，是人们看得见、摸得着、学得到的榜样。正因为如此，人物通讯绝不可有任何虚构。若有虚构，人们会对整个通讯产生怀疑，容易引起“信任危机”，会产生像《红楼梦》中一副对联所说的“假作真时真亦假，无为有处有还无”那样的副作用。

如何才能使人物通讯写得真实可靠？实践经验告诉我们，要使人物通讯写得真实可靠，新闻采写人员必须深入实际去采访，充分占有第一手材料，然后分析选择，这正是“涉深水者得蛟龙”的道理。

（3）人物通讯要在矛盾冲突中表现人物

人物通讯写得深刻，必须在充分展开的矛盾冲突中表现人物。人物通讯所反映出来的矛盾冲突是多种多样的：有人物与自然界的矛盾；有特定的人物之间的矛盾；有人物自身思想上的矛盾。要注意写人物在矛盾冲突中的表现，通过矛盾冲突写人物才能将人物的思想境界、个性特征充分地表现出来。

92. 怎样通过人物反映时代精神来表现主题？

时代造就英雄，英雄模范人物身上凝聚着时代精神。不同的时代有不同的英雄模范，不同时代的英雄模范人物身上表现着不同的时代精神。

人物通讯要通过先进人物的精神风貌反映时代精神，就必须把所写的人物放在时代的宏观背景下观察、认识、表现。只有这样，才能准确把握主人公的先进思想的本质，才能正确估量主人公先进事迹的社会价值；也只有这样，先进人物的精神风貌、崇高思想，才能在当代人的心中撞出火花，引起共鸣，才能收到感染人、教育人的良好作用。

通过人物的精神风貌体现时代精神，就是要反复地提炼和确定能够反映时代特征的主题。主题的提炼，关键是，要善于把报道的人物本身具有的特点和现实斗争的需要结合起来。若能找到它们之间的联系，就能提炼出既能反映人物的本质特征，又能解答现实斗争中广大群众迫切要求回答的问题的深刻主题来。

主题确定之后，还要着力选择典型材料来充分地、深刻地表现它。凡是有利于突出主题的材料，都要有效地加以利用；一切游离于主题之外的材料，不管它多么生动，都要果断地将其舍弃。

93. 怎样才能将人物通讯中的人物写活？

通讯是对具有新闻价值的人物和事件的详尽报道。人物通讯是以人物为中心的通讯。那些以事件、经验、风貌为中心的通讯，也不可能完全脱离人物。栩栩如生的人物形象对于任何通讯都是有重要意义的。那么，怎样才能写活人物呢？

1. 通过行动刻画人物

通讯中的人物是行动着的人物，人物的思想、性格，都要靠行动进行刻画。高尔基关于文学创作曾说过这样的话："为了使艺术作品有说服力，有教育的力量，要尽可能地使人物多行动，少说话。"这段话对于通讯也同样适用。一个不行动的人，也许有他的"心迹"，却没有"事迹"，没有"事迹"也就没有新闻。可以通过对主人公所做的某件事，即通过刻画他的行为举止，展示其内在精神。

王进喜在井喷发生时为了抢险跳进泥浆池里搅拌水泥的行动，焦裕禄带着县委干部们到火车站去看外出逃难的乡亲们的行动，吴吉昌被打成残疾仍用捡来的棉籽在自家房后偷偷试种棉花的行动，都给人留下了终生难忘的印象。同时需要指出的是，通讯中人物的行动不一定都是英雄式的壮举，也不一定都惊天动地，但是却可以深深的打动人心。

2. 精选细节展现性格

选好细节是写活人物的一个关键问题。有时，一个有典型意义的细节，就能写出一个性格鲜明的人物来。吴敬梓的《儒林外史》中严监生的吝啬性格让人过目不忘，主要是得力于作者写他临死时因家里的油灯点了两根灯芯太费油而不能安心闭眼一个小小的细节。在通讯写作中也有一些相似的例子。《把一切献给四化的人——访全国劳动模范、爆炸大王陈火金》中有这样一个细节：有一次，陈火金家被小偷盗窃了。陈火金得知后，马上跑了回来。他一进门，首先钻到床下查看，然后又翻他桌上的东西，看到他积累的资料、计算的数据，还有书籍杂志、计算工具，样样都在，就告诉在场的警察："没丢什么！没丢什么！"他爱人在一旁急了："怎么没丢？钱不见了，箱子里的几件新衣服没了。"……

这细节活化出了一个一心只在科研上的知识分子的形象。虽然不免有些"迂"，终因真诚而感人至深。

除此之外，还有自我展示法、他人评价法、以景写人法、矛盾冲突法等。

94. 什么是事件通讯？

事件通讯，就是详细报道社会上发生的新闻事件的通讯。这种通讯重在记述和再现新闻事件发生、发展的相对完整的过程，显示事件的内在逻辑和社会意义。

95. 事件通讯的写作方法有哪些？

事件通讯的写作，要准确写出某一事件发生的缘由、开端、发展、高潮和结果的全过程，让读者了解事件的来龙去脉。在写作中，要处理好写人与叙事的关系，即以叙事为主，以写人为辅，写人为写事服务。事件通讯的结构较为灵活，可以顺叙，可以倒叙，也可以运用插叙和补叙。在表达方式上，为了增强文章的生动性和形象性，除了叙述之外，还可以综合运用描写、议论等手法。

96. 写作事件通讯的要求有哪些?

所谓事件通讯，就是指报道事件发生和发展过程的通讯。它既可以是反映现实生活中发生的重大的、振奋人心的典型事件和突出事件；也可以是从某一新闻事件中截取一个或若干个片段，进行细致详尽的描述，揭示事件的深刻含义；还可以是若干事件的综述。事件通讯的写作要求如下。

1. 事件通讯要找准“聚焦点”

事件通讯主要报道具有重大社会意义和新闻价值的典型事件，这些典型事件，不论是反映形势的发展变化，还是重大的政治事件，都有其特定的新闻价值和历史价值。这些小事件，直接关系着广大群众的切身利益，是群众所关注的焦点。生活中发生的事件是复杂的，充满着矛盾和斗争。因此，事件通讯应从多侧面、多角度、多含义来寻找最本质、最富有个性特征、最富有现实意义的那个“聚焦点”，以此来确定通讯的主题。

事件通讯是否有新闻价值，关键在于事件本身是否有价值，即新闻事实本身含有的社会意义，是否关系党、国家和广大群众的切身利益，是否深刻触及了贯彻党的路线、方针、政策上的重大问题，是否代表了群众的要求和呼声，是否抓住了群众普遍关心而又是当前实际工作迫切需要解决的问题。正是从这个意义上说，事件通讯要下功夫瞄准“聚焦点”，提炼主题，增强其新闻价值。

2. 事件通讯要以写事为主

事件通讯是报道新闻事件发展过程的通讯，以写事为主。这类通讯，比较详尽而形象地报道事件的真相，显示事件的意义，要求相对完整地再现新闻事件发生、发展的过程，以及其前因后果、来龙去脉，也就是要把事情如实地反映出来。在这一点上，它不同于人物通讯。写事件通讯时，切忌把事件的过程写得平铺直叙，毫无悬念。因此，事件通讯写作，要紧紧抓住矛盾冲突的形成、围绕这一线索展开；要写矛盾冲突的高潮，也就是写矛盾冲突的关键时刻。如果把矛盾冲突的高潮写出来，就可以使事件的本质，人物的内心世界得以展现，这样的通讯才生动、形象，事件就会悬念丛生，引人入胜了。

3. 事件通讯中的人物描写

“事因人生，人以事显”。人是事件的主宰，事件所蕴含的时代精神、先进思想，是通过事件中人的活动、人的言行表现出来的。没有人，就没有事件的新闻价值。因此，写事件通讯，就要通过描写人物活动，刻画人物形象，使人物和事件交相辉映，各放光芒。

事件通讯写人，不像人物通讯那样，比较细腻地、多方位去刻画一两个人物形象。在一起重大事件中，涉及的人物可能很多，不可能人人都写到。要写那些事件发展进程中，在事件发展的各个阶段上，能够推动事件发展的关键人物，写他们的行动、写他们的语言、写他们的内心和外貌。但一般都是简笔勾勒，是速成式的，白描式的。

事件通讯写人，也应注意写人物在特殊的场合、在矛盾斗争尖锐对立的状态下的各种情绪，通过人物的语言、行动展示人物的个性和精神风貌。如《人民日报》1979年2月26日发表的通讯《一场捍卫党的原则的伟大斗争》，详尽报道了“文化大革命”中的所谓“二月逆流”的真相。通过写发生在京西宾馆的那场斗争，来刻画老一辈革命家的形象：叶剑英同志愤怒警告妄想搞乱军队的阴谋家。他气愤地用拳头敲打桌子，以致小手指都震得骨折了。徐向前同志也愤怒地站起来说：我们搞了一辈子军队，人民的军队难道就叫他们几个人毁掉吗？他一气之下，推倒了跟前的桌子，恨不得跟林彪、江青之流拼个你死我活……这些描写充分反映了老一辈革命家可贵的献身精神。

97．什么是工作通讯？

工作通讯就是报道工作中的新鲜经验、探讨工作中的新鲜问题的通讯，是深度报道重要的体裁之一。

工作通讯是我国新闻报道的特有体裁，它直接干预生活，指导工作，有很强的政策性、针对性，因此，有人称它为政策性通讯。但是，它不同于政策性文件，不具有指令性。它通过总结经验，探讨问题，从思想认识上给人以启发和诱导。

98．工作通讯的组成部分有哪些？

工作通讯一般由开头、主体、结尾三部分组成。

（1）开头

工作通讯开头通常要概述事件的基本情况，简要介绍人物、交代中心思想或提出问题等。概述部分一般不设小标题。

（2）主体

主体是通讯的主要内容部分。由于通讯的内容较多、篇幅较长，主体部分常常划分层次，并冠以小标题形式。

（3）结尾

工作通讯的结尾，可将事件作一小结，作一画龙点睛式的评论，也可以在文尾展望前程，描绘远景，发出号召，给人以希望和鼓舞。

99. 新闻采写人员写工作通讯时应注意的要求有哪些？

新闻采写人员在写工作通讯时应注意以下几点写作要求。

1. 要抓住主题

要注意选择那些在贯彻执行国家方针、政策中碰到的问题，选择那些人民群众普遍关心的问题，把着眼点放在推动工作的开展上。

2. 要用事实说话

要选择典型事实，突出重点问题，多角度、多方面地选取材料，证明观点，否则，所谓的经验、结论就只能是空中楼阁了。

3. 要找出解决问题的出路和办法

暴露问题的工作通讯要提出解决问题的方法，报道成功经验的工作通讯也应同样如此。事实上，对成功经验的肯定，本身就是为同类的单位或企业指出可以借鉴的方法。

4. 生动活泼可读性强

生动活泼可读性强这本是通讯的共同写作要求，这里特意强调一番，是因为工作通讯比较容易让人产生轻视生动性的误解。也许工作通讯在情节上不如事件通讯和人物通讯那样引人入胜，但是不能因此放弃通讯的这一基本特点。缺少文学性、不能有效吸引读者阅读的工作通讯，不能算是成功的作品。

附：工作通讯的写作范本

“卧龙”何以腾飞

——化工部第二胶片厂成功之路探秘

记者　夏桂廉　新闻采写人员　恭永梅

“伏牛”出山，“卧龙”腾飞。70年代建在河南省伏牛山深处的化工部第二胶片厂，今天神奇般屹立在南阳市的卧龙岗下，成为我国印刷感光器材生产基地、河南省利税百强企业。在社会主义市场经济的大潮中，他们越战越强的秘诀是什么？

企业要有一种精神

记者在这个厂采访时，干部职工介绍了他们如何适应市场需求调整产品结构；如何狠抓产品质量促销售；如何狠抓科技进步……但更令人振奋的是，职工们高昂的精神面貌和他们经常提到的企业精神：艰苦奋斗、团结进取。

70年代初期，二胶厂的建设者们开进了伏牛山。他们住的是简易房，吃的是红薯面窝头，在人迹罕至的深山，万名建设者忍着冬天的奇冷，冒着夏天的酷热，硬是在4年中建起了一座座现代化厂房。二胶厂的许多职工经历了那段日月，创业的艰难磨炼了他们，艰苦奋斗、团结进取的企业精神也像刀刻石雕般印在了这一代建设者的心中。

进入80年代，电影胶片市场趋于饱和。二胶厂的领导们审时度势，决定转产工业用印刷胶片。新的生产线怎样建起来，是完全靠国家贷款引国外设备，还是主要靠自己的力量进行技术改造？二胶厂选择了后一条路。几年来，他们对关键设备拉幅机先后进行了4次大的改造，使其能生产0.175毫米厚的涤纶薄膜，填补了国内空白。对涂面机进行了多项改造，实现了微机控制、双机计量等，使生产的车速由18米/分提高到28米/分，控制精度由百分之一提高到千分之零点五。

对国外的先进设备二胶厂并不排斥，适于厂情的或技术改造中的关键设备也要买。他们分别从美、英、日引进了三条生产线和关键设备，这样技术改造的结果，产品质量上去了，生产成本降低了，同时还锻炼出一批技术过硬能打硬仗的队伍。

××××年，该厂被列为《三线企业单位“八五”调整规划方案》之中，开始了由山沟到南阳的搬迁工作，除山区暂设分厂外，主要生产机构全部搬出。在搬迁中，该厂只用了6000万元，还比原计划的40天提前了5天。拉幅机搬迁后一次试车成功，工人们精细地拆装，忘我地工作，为国家节省了大量资金，被国务院三线办评为搬迁的典型。

转入市场经济后，许多工厂的供销人员成了先富起来的人。然而二胶厂的供销公司仍然有一支不计名利、朴实能干的队伍。公司经理是个血气方刚的中年汉子，在二胶厂已工作20多年。他很为他的同事自豪。他说：“我们这80多人常年奔波在祖国各地，只要一说有任务，买张车票就走，出门在外吃住全不讲究，小旅店、小饭馆即可。当然，看到有的单位供销人员拿高奖金花钱大手大脚，我们也有想法，但我们这支队伍艰苦奋斗的企业精神一直没有丢。”

在二胶厂，一线工人勤恳耐劳，他们很为自己的工厂自豪。迁入南阳后电源不足，对生产有影响，今年春节，工厂决定避开用电高峰照常上班，大家没有怨言，高高兴兴完成了任务。

企业精神从何而来

二胶厂的成功，与职工们的精神面貌有重要关系，他们的企业精神从何而来？

二胶厂的多数职工都有一段在艰苦环境下创业的历史，他们对工厂有很深的感情，这是很重要的一条。但从干部职工的谈话中，他们十分信赖自己的企业领导，对他们充满信心，也是一条重要原因。

以“全国优秀化工企业领导人”李相权为带头人的领导班子，在工厂中深孚众望。李相权专业知识功底扎实，从企业基层干起，有丰富的实践经验，与二胶厂一起成长，又决定了他有较强的社会责任感和艰苦奋斗干大事业的气魄。

在二胶厂参观，厂房是新的，高水平的设备让行家们眼热，但厂领导的办公室则很普通，他们只是借用了厂科研楼的两层。为工人和科研人员创造最好的工作和生活条件，自己则决不讲排场。春节，工人们加班，李相权和其他领导大年初一的早晨也来到车间，和大家一起工作。

在从计划经济向市场经济的转化中，企业领导人正确的决策是十分重要的。李相权对行业状况、发展趋势、竞争对手的情况都了解甚深，因而有很强的市场驾驭能力。二胶厂的产品转向、技术改造、狠抓质量、开拓市场都渗透着他和领导班子的心血。一个能带领职工沿着正确的航向在市场经济的大潮中拼搏的厂长，自然会得到群众的信赖。当职工看到企业美好前景，个人生活不断得到改善时谁还会不努力工作呢？

100. 什么是概貌通讯？

概貌通讯，以报道一方一地的社会面貌、风土人情，特别是新成就、新变化为基本内容。

优秀的概貌通讯，仿佛是时代的风俗面，透着时代的气息，跳着时代的脉搏，甚至能从中听出时代前进的脚步声。

101. 概貌通讯的组成部分

概貌通讯一般分标题和正文两部分。

（1）标题

标题比较灵活，但一般要突出“风貌状况”方面的内容。

（2）正文

正文要求围绕主题，但不要求围绕一个人物或一个中心事件，最好涉及各方面风貌和特色。

102. 写作概貌通讯时应注意哪些要求?

新闻采写人员在写概貌通讯时，应注意以下几点写作要求。

概貌通讯是记叙某一地区、某一行业或某一事物的风貌状况以反映其整体变化的新闻体裁。概貌通讯的重点在于写“貌”，因而特别注重反映某些地方的山川景物、风土人情和世俗习惯。

概貌通讯比起别的通讯形式来，要求有更多的文学性。概貌通讯的文学性，主要通过描写、抒情的方法来实现。描写主要是写景状物，要把景色、事物写活。抒情则是缘景生情、借景抒情，努力做到情景交融。

附：概貌通讯的写作范本

神秘的海滩青皮林

张传宣　周朝霞

这是一条神秘的林带。宽0.4千米、长25千米、面积1.5万亩，生长在海南省万宁县西南海滨的沙滩上，它是全国独一无二的、世界罕见的青皮林保护区。

我们一大早就来到这片令人神往的林带。但见霞光映照下，大海波光粼粼，涛声呼啸，翠绿的林带蒙上了金色的外罩。这条生长在海滩上的青皮林带，平均树高10多米，胸径30多厘米，最大胸径56厘米。有趣的是，那些大树底下幼树密密麻麻，几乎难以插足，犹如祖孙几代围绕在老祖宗的膝下。保护区的陈忠泰站长告诉记者：这片青皮林始于何时、为啥能在海滩存活等等，这许多谜还没有被人们揭开。单说这树的繁殖吧，必须是从树上自行脱落的果实掉在沙滩上才能发芽生根，若是人工从树上采集下来的果实就不行，而且这里长出的树苗一旦移到别处就栽不活。

最奇特的是，这片青皮林会“呼风唤雨”。每年3~6月间，常常从凌晨4时到8时，这片林子内雷雨来势迅猛，轰隆震耳，暴雨倾盆而泻，很快又雨过天晴，骤然沉寂。因为它发生在契宁县城的西南方，所以被老百姓称为“西南雷雨”。陈站长解释，这可能是地域性森林小气候造成的一种奇特的自然现象。50年代，这片海滩青皮林茂密葱茏，“西南雷雨”奇观时常出现。后来由于乱砍滥伐，青皮林惨遭破坏，到70年代就很少再现了。科学的保护与开发是密不可分的，没有保护也就没有开发。如今，万宁县正是因为有这样一条十分珍贵的海滩青皮林带，才引起了国内外游客和投资者的极大兴趣。

103. 什么是集纳通讯？

集纳通讯，又称主题通讯、综合通讯，即围绕一个主题，同时报道一组新闻材料的通讯。分人物集纳通讯和事件集纳通讯。

人物集纳通讯，是以一个相同或相近的主题、意旨、身份、职业和性格特点等将有关的人物组合、集纳在一篇通讯里；事件集纳通讯，是围绕一个大致相同的主题、题材将有关的比较典型的事件集中写在一篇中的通讯。

104. 写作集纳通讯应注意的要求有哪些？

集纳通讯的中心思想十分突出，主题在对文章素材和结构的整合、归整上所起的作用非常大。可以说，没有十分突出的主题，就没有集纳通讯。当然，主题思想和中心思想对其他通讯也是很重要的，但对于集纳通讯而言，此点显得尤为重要。因为集纳通讯向读者要传达的主要是某一种观点、某一种建议等主题。在这里，人物和事件都是为说明观点、论证观点服务的。所以，从对读者的感受来说，留下最深印象的也是主题。从对材料的整合来看，正因为有了一个有力的主题，才使得表面上散乱无序的材料被归聚到一起。

新闻采写人员在写集纳通讯时，应注意以下几点要求。

1. 提炼主题注意指导性

由于集纳通讯主题突出、引人注目，所以在提炼主题时，要注意其指导性，看是否提出了社会上较为普遍的为人们所关心的问题，解决这一问题有怎样的意义。

2. 选择事实注意联系性

由于集纳通讯归并、集中了许多人物和事件，人多事杂，视野广阔，涉及面广，因此必须密切注意事实与事实之间的联系性，注意选好联系点。

3. 谋篇布局注意衔接性

①注意首尾呼应，如在开头提出问题，在中间叙议事实，在结尾提出建议，得出结论。

②注意事件的逻辑关系，如过程关系、递进关系。

③注意事实之间的搭配关系，如在开头讲最精彩的故事，在中间讲平淡的故事，在最后又讲精彩的故事，以调动读者的首因效应和近因效应。

105. 什么是幽默通讯？

所谓幽默通讯，是指运用幽默的表现手法报道新近发生的有趣、可笑而意味深长的事实的一种通讯形式。这种通讯形式能给读者带来信息，带来轻松、愉悦和会心的笑，更能带给读者启迪和教益。

106. 写作幽默通讯时应注意的要求有哪些？

幽默通讯篇幅不长，内容集中，长的千字，短的两三百字，最短的七八十字，能吸引读者站着读完，读起来愉快，是一种精神上的享受。这就要求作者在写作时，坚决摒弃套话、空话、废话；要求字斟句酌，再三推敲，字字顶用，句句简洁；要求以最简洁生动的语言将最能引人发笑的内容恰当地表现出来。幽默通讯作为通讯的一种，它也必须遵循新闻报道的原则，其内容必须真实、准确、客观，不得为了幽默而改变事实的本来面目而胡编乱造。

新闻采写人员在写幽默通讯时，应注意以下几点要求。

1. 眼观六路，耳听八方

幽默通讯是对一般通讯的补充，采写者一定要做有心人，勤跑勤看，多听多想。有些重要的会议，有些大型运动会，以及其他一些群众关注的大型活动，其里里外外、上上下下、方方面面、点点滴滴，都要尽量搜罗，作为写幽默通讯的素材。

2. 巧选题材，捕捉笑料

一要注意异常性事例，如一个人倒骑自行车周游全国。二要注意愉悦性事例，如一本正经的人踩上一块西瓜皮；新来的看门人拦住校长不让进。三要注意荒诞性事例。

3. 精心构思，妙句结尾

有了笑料，有了异常性、愉悦性、荒诞性的事例，并不一定就能写成耐人寻味的幽默通讯。这就需要作者精心构思，合理安排结构，注意设计好的结尾。结尾就像相声中抖包袱一样，要出人意料，让读者感到意外，用结句去解开导语中所留下的谜和悬念。

4. 文字活泼，语言幽默

幽默通讯离不开幽默、风趣的语言，离不开活泼生动的文字。要文字活泼，通常不能用长句、复杂句，应使用短句、简单句，用有动感、美感的句子。语言幽默，要掌握好尺度、分寸。幽默不足，不能产生喜剧效果；幽默过分，便是哗众取宠，又会让人生厌。

附：幽默通讯的写作范本

败了厂长兴，重来

前不久，湘潭某厂产品第一次获部优质产品奖。消息传来，厂长喜不胜喜，决定到时派两部汽车，请一个乐队，买50挂鞭炮，热热闹闹地去火车站迎接领奖归来的工程师。可工程师归厂心切，比原计划提前一天回了厂。全厂职工笑脸相迎，厂长却怒发冲冠：

“说好的明天回，为什么提前一天?”

“提前一天不好?”工程师不解。

“要去车站接你，这是厂里的决定。”

“有必要吗，这么近。”

“有必要。重新来。”见工程师仍有些茫然，厂长又补充一句，“你回车站去。”

工程师无奈，转身回火车站去了。

第二天，厂长再召集有关人员登上汽车，在乐曲声和鞭炮声中满脸喜气地开往火车站……

107. 什么是小通讯?

小通讯，是寓新闻于故事之中或以故事的形式报道新闻的一种通讯形式。它是反映现实生活中的一个片段，通常表现一人一事，线索单一而有故事情节，短小精悍，生动活泼。

108. 小通讯的写作格式有哪些?

小通讯的写作格式一般包括标题、正文、落款三部分。

（1）标题

标题要求精练，标题下可另起一行用破折号引出副标题，标题下可注明作者。

（2）正文

这是小通讯的主要部分，要求篇幅短小，但意义重大。

（3）落款

小通讯正文部分最后另起行注明作者，有的作者也可注在标题下。

109. 写作小通讯时应注意哪几点要求？

新闻采写人员在写小通讯时，应注意以下几点写作要求。

1. 要抓住有新闻价值和故事情节的事件

决定一则小故事的成败，关键在于它所揭示的思想和它所蕴含的现实意义如何。故事内容要有新闻价值，故事情节有头有尾，有高潮有冲突，要写得起伏有致，能以小见大，在平凡的小事中体现出重大的思想意义。

2. 结构要新颖别致

好的结构、好的情节，往往能引起人们的阅读兴趣。新闻故事的作者总是精心构思，或设置悬念、引而不发；或开门见山，一一道来；或推出冲突，再解决矛盾；或巧借对比，突出主体。

3. 语言要生动简练

由于新闻故事篇幅短小，事件集中，因此，在写作时要求使用生动简练的语言。

附：小通讯的写作范本

钱被风刮跑以后

1月20日，长春，北风刮得很猛，我骑自行车，只顾低着头，往前紧蹬。临近和平大路口，把一个边走边低头数钱的老大爷撞了个趔趄，他手中的一把人民币“哗啦”一声掉在地上。我慌忙跳下车，想赶紧把钱给老人家拾起来，可是来不及了，散落在地上的钱已经被呼呼的北风刮了起来，纷纷向四处飞扬。

正在这时，只见过往行人都不约而同地向钱飘去的地方跑去，有的还高喊着：“钱跑了，快抢啊！”霎时间，整个路口喧腾起来。

这突如其来的情况，使老人大为吃惊，随后便焦急地拍着大腿说：“风刮人又抢，这可怎么得了，钱又要没了。”我本想安慰老人几句，可说什么好呢？

没有多久，风似乎有些小了，“抢钱”的人们从四面八方陆续向老人走来，把“抢”来的钱一一交到他的手里。老人喜出望外，不停地向众人点着头。

人们聚集在老人周围，一再关切地要老人数数。看得出来，老人有点情面难却，便用微颤的双手数了起来，旁边还有人帮着数。数完，只见老人略为迟疑了一下，接着又数了一遍，还是26张。老人抬头用疑问的目光瞅着围在四周的人们，并自言自语地说："不对……"老人的话还没说完，一个戴红领巾的小学生抢着喊开了："谁还没把钱送来?"老人接着说："不是少了，是多了。""怎么会多呢?是您记错了吧?"有人诧异地问。老人肯定地说："没错，我在家数得清清楚楚，明明是25张，都是5元一张的。"人们不解地互相对视着。那个小学生又喊开了："谁又多送了?"话音刚落，只见一个中年妇女不好意思地说："是我的，我拿着一张5元的钱准备到商店买东西，刚才光顾帮老大爷'抢'钱，忘了自己手里还拿着钱，一起交给了这位老大爷。"说完，人群中爆发出一阵欢快爽朗的笑声。

我沉重的心一下子变得轻松了。

第五章　新闻采写人员如何采写各类消息

第一节　消息写作的基本知识

110. 什么是消息?

消息通常被人们称为新闻。“新闻”一词有广义和狭义之分。广义的新闻是指各种新闻体裁的总称，包括消息、通讯、特写、调查报告等，狭义的“新闻”指的是消息。我们这里所讲的消息，指的就是狭义新闻。

消息是报纸、广播、电视中最广泛、最经常使用的新闻体裁，它是报纸的主角，是新闻报道数量最大、最常见的新闻形式，据统计，美联社、合众社每天发稿300多万字，其中，三分之二是消息。新消息的定义：用简洁明快的语言及时报道新近发生发现的有价值的实事的一种新闻文体。

新华社的每天发稿中也绝大多数都是消息。

111. 消息的写作特点有哪些?

（1）反应迅速，简短明快

消息，应该在事件发生后最短的时间里见诸报刊等传播媒体。

行文简洁明了是消息写作的风格。

首先，是写一个扼要的、但却引人注意的导语；然后，顺着这条导语，在主体部分使用现实的或者背景的材料让事实更加清晰起来；最后，来一个戛然而止——或画龙点睛或余音绕梁的结尾。

整篇作品要干净利落、清清爽爽。

（2）准确无误，完全真实

真实是消息写作的生命。真实性的具体要求是：人物，地点，时间，事件缘由、因果、经过等细节必须有案可查；消息中引用的资料、数据、引语、史实等现实的和背景的材料一定要确凿无疑。

（3）寓理于事，叙述为主

消息是事实的综合。事实胜于雄辩，用事实说话，是消息写作的一大特点。

一篇理想的新闻报道应该把读者带到现场，使他能看到、感觉到，甚至闻到当时所发生的一切。

112. 消息可分为哪些不同的种类？

消息常被人们称为新闻，或者狭义的新闻。它是报纸、广播、电视新闻中使用得最广泛的一种新闻体裁。消息的具体特点不一，因此可分为不同的种类。

1. 简讯

简讯包括一句话新闻、要闻、快讯。即用三言两语，简要地报道新发生或新发现的具有新闻价值的事实。比如一些报纸上辟有“简明新闻”“一句话新闻”“标题新闻”“各地零讯”等栏目，刊登的消息都属于这一类。对这些栏目报道的内容要求单一，一般不分段落。既没有导语，又不必交代背景，只要求简单明了地告诉读者某地某时发生了某事。

2. 短消息

即用简洁的文字，把最新最重要而又有意义的事实报道出来。一般此类消息，由导语和主体两部分组成。有的短消息也没有导语，一气写下去。但是，它比简讯、快讯都要写得具体、完整些。

3. 长消息

即用较多的笔墨，详细地报道新闻价值较高的重大的事实。这类消息的写作有导语，还要交代必要的背景，有的写出事件的全过程或工作经验的主要内容。一般说来，长消息主要报道重要的会议、重大的事件或成就及介绍先进经验等。因为这些报道的内容重要又丰富，如果只写简讯或短消息就不能满足广大读者的需要。当然，有些重要的会议或事件，也可以先发一个短消息，然后写长消息或通讯做详细报道。

4. 特写消息

特写消息也称目击式消息或情景消息。即对事情的发生或人物活动的现场，给予准确、清晰、生动地描写，力求再现活生生的事实。这类消息用电影艺术的特写手法进行写作，可以单独报道某一重大事件或作为重要人物报道的一种补充。这类消息要写好的关键是，新闻采写人员既要深入事件发生或人物活动的现场，又要善于观察。用眼睛摄取富有新闻价值的一情景或一物，才能把特写消息写得有声有色。

5. 人物消息

以人物的活动或遭遇为内容的报道。如各行各业先进人物的示范工作或在各自工作岗位上取得了新成就，等等，都可以写成这类消息。有些人物消息，又突出反映人物的思想或精神风貌。人物消息的写作，要求文字较简短，选材切忌贪大求全，最好是抓住人物的特点或典型事来写。写好人物消息既要抓动作，写出人物的精神；又要抓表情，写出人物的心情；还要抓语言，写出人物的个性。

6. 述评消息

不仅报道事实，而且对事实进行评价。它也称为“新闻述评”或“记者述评”。这种消息不但告诉读者发生了什么事，还帮助读者分析、解释、评价来认识这件事的来龙去脉及其意义。其写作都以报道的事实为主，以评议事实为目的。从表达来说，往往是述多于评。从这一点来说，它又区别于评论。此类消息在叙述事实中进行评论，有的放矢，切中要害，才能起到画龙点睛之妙。

7. 图片新闻

即用新闻照片配上文字说明的一种消息报道形式。这种报道形式，主要是抓住典型的事件，或表扬或批评，做到图文结合，使读者一看便知新发生或新发现了什么事实，又能产生如临其境之感。近年来，这种图片消息受到报纸的重视，也受到读者的欢迎。

113. 消息写作的选材技巧有哪些?

写消息时，选取材料有以下三个技巧。

1. 努力掌握更多更好的材料

实践证明，不了解情况和问题，只翻简报，看看总结材料所写出的新闻报道，往往是堆积材料罗列事实，或者是写一些“体会到”“认识到”“坚决照办”一类的空话和废话，很难写得简短。在这种情况下，即使硬要写成短新闻，往往也是干瘪、枯燥，没有新鲜味。只有大量地占有第一手材料，才能写出既短又好的新闻报道。

2. 善于对材料进行剪裁和取舍

有些新闻所以写得长，就是缺乏筛选和剪裁的功夫，不善于去糟粕留精华。

3. 选择典型事实

在选材时，要选典型材料，做到“以一当十”，这也是把新闻写得精练的重要一环。如果抓到什么事例就写上什么事例，缺乏典型性，既难于阐明报道主题，也难于写出精彩的新闻。材料典型，新闻才能精练。典型的材料并非信手拈来，而是从采访到的大量材料中筛选出来的。

114. 消息结构的组成部分是怎样的?

消息结构的主要成分是：标题—导语—主体—结语。它有三种基本类型。

第一种是“倒金字塔”式，即把最重要、最新鲜的事实放在最前面，其他内容按事实重要与新鲜程度的大小依次排列。

第二种是“并列”式，即平行排列事实。

第三种是“金字塔”式，即开始设置“悬念”，将最重要的事实放在后面。

1. 标题

消息的标题可以归纳为下面三点。

（1）多行标题，容量很大

消息除了正题以外，还有引题和副题。

①引题又可称为“眉题”或者“肩题”，其位置在正题之上，字号比正题小。

它的作用在于或交代形势、说明背景，或揭示事件意义，或烘托气氛，以引出正题。

②正题又可称为“主题”或者“母题”。它是一则消息里最主要的事实和含义的概括与提要。正题是标题的主体，字号最大、最醒目。一条消息可以没有引题和副题，但一定要有正题。

③副题又称“子题”或者“辅题”，其位置在正题之下，字号也比正题小。

它的作用在于或补充正题的事实，或说明正题的来源和依据，或挑明意义，展示效果，往往起提要的作用。

（2）虚实相间，互为补充

在新闻标题的作用上，概括事实、揭示主要内容、说明结果，即昭示“谁”“怎么样”的标题称为实题；交代背景、说明形势、烘托气氛和表明作者倾向的标题称为虚题。制作多行标题，一定要使其互相配合、互相补充，做到各行题目之间虚实搭配、相得益彰。

（3）准确简洁、新鲜醒目

标题的写作必须精练贴切，新颖简洁，要引起读者注意，要生动活泼，具有感染力。

2. 导语

导语的写作方法多种多样，变化灵活。常见的有下列七种。

（1）概述式

用凝练的语言，扼要叙述出消息中最主要的事实。

（2）摘要式

摘取主要事实，对消息内容进行高度概括，也是导语常用的方式。

（3）描写式

对事实发生的环境、时间，或人物的态度作形象、扼要的描述。

（4）结论式

即先将从事实中得出的结论端出，然后再做进一步阐述。

（5）引语式

引用诗词、民谣、谚语、警句、格言，或人物的话语、各种条文等作为开头，然后引出事实。

（6）提问式

响亮地提出问题，引起读者的好奇或兴趣，促其将消息读下去。

（7）评论式

对导语中的简要事实明确表态，正确与否，表示鲜明的倾向。

3. 主体

导语后面是消息的主体。消息的主体承担的任务，主要有两点。

其一是进一步阐述导语中的事实，使新闻内容更加明确。

其二是运用背景等材料补充导语，使消息的根据更确凿、内容更丰满。要注意，在主体中不要再重复导语。

主体大致有两种结构：

（1）以时间为顺序

以时间的顺序来安排材料，即开始怎样，如何发展，怎么结束。

（2）依据事物的联系

也就是根据主次、因果等逻辑关系，或先重后轻，或有点有面，或并列安排结构层次。

4. 结语

消息的结尾是消息的尾巴，标志一条消息的终结，常常一两句话。如果事尽文止，就应自然收束。

115. 写作消息时要注意哪些问题？

1. 以记叙方法为主

把事实的前因后果、来龙去脉照实写下来的方法。消息写作主要采用记叙方法，是因为消息的任务在于向人们报告最新事实这样一个特点决定的。叙事的内容包括 5 个要素：什么人，什么事，什么时间，什么地点，什么结果。

2. 把消息的导语写好

导语居于消息之首，是消息的“窗口”；写导语要求“立片言以居要”，用简明的一两句话扼要交代消息的核心内容，先给读者一个总体的印象，吸引读者通读全文。

3. 主体部分叙事要分清主次，井然有序

主体是消息的基础，要展开叙述消息的主要事实。叙事要突出中心，主次分明，这是写文章的常识。因为消息不宜写长，一般是三五百字，所以在叙述事实时，尤其要注意集中笔墨写好事实的重要部分，以防没有主题。

4. 争分夺秒，事发文成

消息本身就是一种迅速及时反映现实及其变化的新闻体裁，因此写作消息无疑就要求雷厉风行，争分夺秒，力求做到事发文成。

此外，还有成就消息，也叫经验消息：即以生产、经营、工作、学习等方面取得的成就、经验和做法为内容的报道。事件消息：即迅速及时报道国内外发生的具有新闻价值的事件，故又称它为动态消息。会议消息：即以会议情况为内容的报道。背景消息：即以过去的有关事实作为新闻背景而编发的报道，一般是为了配合重大事件或新闻人物的活动才发表的。

116. 什么是消息的导语？

导语是一篇消息的先导，位于消息的开头，是紧接开头的第一句话或第一段文字（一般是第一个自然段或头几个自然段）。它或者用最精粹的文字，写出消息中最主要、最新鲜的事实，或者揭示题旨、制造悬念，唤起阅读兴趣。其主要任务是用最少的语言传达尽可能丰富的信息。

研究导语这一概念，以下几点是不容忽视的。

（1）它是新闻——消息体裁所特有的。

（2）它处于文章的开头部位。

（3）与任何文章的开头不同，它是新闻事件或问题的结果、提要，或高潮。

117. 导语的类型有哪些？

（1）直接导语

直接导语是导语的主要形式，就是直接叙述新闻事实的导语。它在新闻写作实践中被广泛运用。主要适用于时效性强的新闻和硬新闻，以及广播、日报等快捷的媒体。

直接导语的特点是开门见山，直奔要害，简洁明了。例如毛泽东亲自写的消息《中原我军占领南阳》的导语：

在人民解放军伟大的胜利的攻势下，南阳守敌王凌云于四日下午弃城南逃，我军当即占领南阳。

——新华社郑州××××年××月××日电

一般来说，直接导语叙述的事实，是非常单纯的，只包含一个明确具体的新闻事件，如：

集歌舞娱乐健身功能于一体的鞍山“皇家不夜城”开业不到7天即被责令关闭，目前仍在停业中。鞍山市委、市政府对此的解释是：它位于鞍山烈士纪念馆一层，“不能容忍在烈士头上跳舞”。

——××××年××月××日《工人日报》

直接导语也可以将两个新闻事实合并在一起叙述出来，但这两个事实必须有紧密的关联，如：

广州医学院疫苗科研工作取得了两项成果。一种治疗慢性粒细胞白血病的新药和一种预防幼儿肝炎病毒的疫苗相继研制成功，为癌症和肝病患者带来了福音。

——××××年××月××日《粤港信息日报》

直接导语也可以是综合性的。

农业领域有巨大的投资空间和发展机会，正逐渐成为越来越多的大中型企业的共识。一批先期进入农业的企业经过数年奋斗，已经硕果累累，更多的大中型企业正陆续制订计划、筹措资金启动项目，准备全方位参与农业的深层次开发。

——××××年××月××日《人民日报》

①用具体的而非抽象的事实概述。人们认识事物的规律是由具体到抽象。具体的事物不但容易理解，也容易引起人们的兴趣。写作中，应选择典型的具体的材料在导语中加以叙述。

②增强提炼与概括的能力。记者要在纷杂的材料中提炼出精华，以平实自然的

语言加以概括和直接陈述。

（2）评述型导语

夹叙夹议、有述有评的导语，称评述型导语。

评述型导语的优点：

①评述型导语中的评，可以发挥“深奥、玄妙”的作用。此处指新闻事件深层的、一般不易为读者所注意、所了解的含义。通过导语中的议论，在消息的开头就将其昭示给读者，可以使读者一接触新闻就获得某种启迪，从而对消息全文产生兴趣。

②评述型导语可以直截了当地发表意见，能够直接影响舆论。评述型导语可以引起共鸣，可以令读者对导语之后的“如何”以及“为何”产生兴趣。

A. 评述型导语中的评，应是言人之所未言，深刻而有新意。

B. 评述型导评中的评，应是少而精，点到为止，不宜展开。

C. 为了使导语中的评更具客观色彩、更有说服力，有时，也为了防止因新闻采写人员直接评论而招致被动，可以使用引语方式发表意见。

（3）延缓性导语

延缓性导语又可称为间接导语。它不直接叙述新闻事实，而是通过描绘场面、渲染气氛、解释概念、介绍背景、引用典故等方法，先作铺垫，然后再说出新闻事实来。这样写的目的是增强阅读的趣味性。例如：

> 直到最后一刻，丹尼尔·莫伊尼汉还在说，他不知道是否应该辞去美国驻联合国大使的职务。他说：“我下了30次决心”，“就像马克·吐温讲的‘戒烟容易得很，我已经戒了一千次’”。上周，莫伊尼汉最后下了决心：辞职。
>
> ——《时代》杂志

> 空军一号欢快地飞越中西部，午餐在途中进行。总统刚刚在他的座位上坐稳，麻烦事来了。“总统先生，有个不好的消息报告您，”白宫办公室主任理查德·查理报告说，“丹尼尔·莫伊尼汉辞职了。”福特抬起头来吃惊地问：“为什么?”
>
> ——《新闻周刊》

在应用中，要注意间接导语的适用范围。

①延缓性导语适用于时效性较弱的新闻和软新闻：快新闻和硬新闻无暇迂回，最好是直截了当，较慢的新闻和软新闻则可以从容地曲径通幽。

②延缓性导语适用于周刊、杂志等出版周期较长的刊物——因为出版周期长，报道的新闻一般都落在别的媒体的后面，就必须靠加强趣味性来赢得读者了。

（4）橱窗式导语

有如橱窗展示样品，由典型事例构成的导语，为橱窗式导语。

橱窗式导语多用于综合性新闻。其特点在于：它不是靠描写或议论，而是靠讲故事吸引读者。写入导语的具有代表性的故事，有如一只小小的麻雀，五脏俱全，可供解剖。通过讲述这个典型事例，读者可以了解事物的细微部分，获得具体的印象，受到感染，为之感动，产生兴趣，进而由感性认识转入理性思考。

写作橱窗式导语，关键是注意故事的典型性，人情味及趣味性。

118. 写作消息导语有哪些技巧？

1. 简练生动，突出情节

简练生动，突出情节是把新闻事件浓缩为一个相对完整的精短小故事写出来做导语。

下面这则导语虽不长，但情节相对完整，像一个微型小故事，生动，有魅力。

一个名叫品托的小男孩在委内瑞拉的加拉加斯城公共汽车上打了一个喷嚏，三天之后，坐在他旁边座位上的健壮的劳动者厄瓜多病倒了——他患的是可怕的曼谷型流行感冒。

——法新社曼谷1980年1月15日电

2. 提出问题，启发读者

在导语中提出问题，可以对新闻事实起到强调的作用，同时启发读者的思考。但是导语不能只单纯地提问题，问题必须和新闻事件结合起来。或者先用问题引起读者的兴趣，紧接着叙述新闻事实；或者先叙述新闻事实，接着有针对性地提出问题，促使读者思考新闻事实的根源和意义。

例如，下面这段导语就是先说出事实来，再提出问题引发人们的思考。

据哈尔滨市石油公司反映：目前全市有私人轻便摩托车5300多辆，而上半年到石油公司来买汽油的还不到70户，那么，天天在街上跑的5000多辆“轻骑”都烧谁的油呢？

而这则新闻则是先提出问题来，再由问题引出新闻事实。

美联社纽约电（原电发电日期不明）（记者：克里斯·安吉罗）假如你经营一

家旅馆，你怎样使房客把房间里的电灯自动关掉同时并不少收他的钱?

常驻新加坡的联合国开发计划署专家奥芬·巴尔发明了一种节省能源的装置。他说，你可以让房客把钥匙放到一个特别的锁孔里，就能达到节省电的目的。这个锁孔实际上是与房间里的电气系统联结在一起的一个小盒子……

前一段导语是先提出问题来，再由问题引出新闻事实。后一段导语则是先说出事实来，再提出问题引发人们的思考。

3. 略做描写，生动传神

消息是一种多用叙述、少有描写的文体，在导语中更不能展开精雕细刻的描写。但用三言两语，或者一两个生动传神的词汇略做勾勒，不违背简练务实的原则，又达到生动传神的目的，对于导语来说不失为一种可取的写法。

请看下面这则解放战争时期新华社电讯的导语：

新华社西北××××年××月××日电　西北联防军司令员贺龙将军20日赐见清涧战斗中放下武器的蒋军76师中将师长廖昂。会见时，廖昂垂手鞠躬，局促不安，贺龙将军与之握手。

在贺龙接见时，廖昂“垂手鞠躬，局促不安”八个字，活灵活现地表现了国民党降将廖昂在强大的解放军的威慑下内心惊恐，在被著名战将贺龙将军接见时又有些受宠若惊的姿态和神情，可谓有声有色，形神兼备。其实算得上“描写”的只有这八个字，其余文字都是叙述。

4. 运用对比，突出价值

把有明显差异的事物、行为或评价组织在一个导语之中，这样，彼此之间就形成了鲜明的对照。

下面这段导语，采用肯定的对比，写了人们对新闻主体人物的不同的评价和态度，也间接表明了作者的态度。

本报讯（记者孙凯）　35岁的回族中医马牧西现在在兰州可算是一个新闻人物。有人说他胆大胡整，给病人所下的药量之大像是治牲口，可是更多病人又是那么信服他——整夜整夜排队挂他的号。

——××××年××月××日《中国青年报》

下面这段导语，用当前前景来对比，表明现代科学技术的提高。

本报讯　鲁山县辛集乡由于盖房材料匮乏，多数农户不得不用土坯和麦秸垛成简陋的草房。然而，在160米的地下，地质学家们发现了大量的新型轻质建筑材料——石膏。

——××××年××月××日《河南日报》

下面这段导语，今昔对比，通过巨大反差来调动读者的阅读兴趣。

合众国际社伦敦××××年××月××日电（记者：格兰·布莱克蒙）阿瑟·弗洛莫过去以“5美元一天”的价格组织游客游览欧洲发了大财。而今天，一般游客在欧洲每天至少花费10倍的钱。

弗洛莫公司现在组织欧洲旅游，每天收费130美元。

5. 巧借典故，引出事实

在实际写作中，巧借一段与新闻事件有关的历史典故或传说故事，可以增强读者的阅读兴趣。例如：

山西古典蒲剧《蝴蝶杯》中，描写男主角田玉川有传家之宝“蝴蝶杯”，非常神奇，只要斟酒入杯，就有五彩缤纷的蝴蝶在杯中翩翩起舞，杯中酒干，蝴蝶也隐去。

6. 引用原话真实可信

这里所说的引用原话，是指将对方的语言原原本本地重述一遍。所引的原话，或者是对新闻事件的描述和介绍，或者是对新闻事件的认识和态度，或者是与新闻事件密切相关的富有个性的情感流露。例如：

市委书记×××今天在视察××乡××村的时候说：“一个一千多人的大村子，十几年来没有发生过一起刑事案件，应把这里普法教育的经验推广出去。”

7. 略加评议，点示主旨

导语写作的手法当然不会仅限于以上几种，而且在具体运用的时候，往往几种手法会同时出现。

119. 写作消息导语有哪些要求？

1. 导语必须有实质性内容，不能虚晃一枪、空泛无物

所谓实质性内容，即指新闻事实，或者事实中的要点，如某人讲话中特别值得关注的部分，等等。

既然导语的任务是开门见山，报告新闻事实、吸引读者，它就不能不按照这个要求来写，否则，读者从导语中一无所获，甚至感到莫名其妙，便会对整篇消息失去兴趣。

2. 将最具新闻价值、最有吸引力的事实写进导语

导语写作仅有明确、具体的事实还不够，新闻采写人员必须将新闻事实中的精华挑选出来，写入导语。

大体上有三类材料应在首选之列：

（1）最新鲜的材料

这类材料主要指：在时间上它们是刚刚发生、新近出现的，或者虽然不是新近发生的，却是至今为止人们尚未知晓的。

对于刚刚发生的事件，视情况而定，导语可突出“何时”要素。广播电视新闻常用“本台刚刚收到的消息”来显示时效，报纸上的某些快讯，导语中注明的事件发生时间，甚至具体到几时几分几秒。

有些事件错过了最佳报道时机，只好寻找与该事件有关的新变动，以此为由头，在导语中突出新意。

尤为重要的是，切记将最新的事实、信息置于导语，而不要让它淹没在一般性的事实之中。

（2）要选择最重要、最具影响力的材料写作导语

开始构思导语之前，不妨先将有关材料分解成若干独立的部分，比较、掂量一下，看看哪部分材料最有资格充当导语。

（3）选用最有趣、最富有戏剧性和人情味的材料写作导语

导语的基本目的是吸引读者。能够吸引读者的第一要件是新闻事实和信息的重要性、影响性；其次便是能够引起读者兴趣的新奇的、有故事性、有人情味的事实。在分拣材料构思导语的过程中，如果发现这类材料，不妨将其用来写作导语。

3. 炼字炼句，力求简短

导语不可太长。字数过多，一会淹没“亮点”，冲淡趣味性；二会导致沉重，令读者失去耐心。

4. 力求优美生动

导语应给人以美感，这是导语吸引读者的又一手段，也是导语写作的更高追求。

导语的美，来源于两个方面：

（1）开掘、反映出新闻事实内在的美；

（2）讲究文采，做到语言美。

120. 消息标题的作用主要体现在哪些方面？

消息标题的作用主要体现在以下方面。

1. 帮助读者尽快选择信息

人们总是根据自己的需要有选择地接收信息。哪些看，哪些不看；哪些先看，哪些后看；哪些粗看，哪些细看，各人不同。标题，由于它是新闻事实的浓缩，所以能够满足读者选择的需要。

2. 帮助读者理解消息主旨

标题透射着媒介对新闻事实的评价，凝练了报道的主旨，便于读者理解。

3. 强调和评价核心内容，吸引读者注意

消息标题的字号比行文的字号大，加之版面编辑常常给标题加上一些装饰图案，使标题显得很打眼，吸引读者去看。

同时，标题还对所报道的事实有评价作用：

雅安地委领导班子深入基层形成风气

——新华社××××年××月××日发

吓得鸟兽直跳脚　拔得孔雀羞见人

“人与动物同过年”活动惨遭夭折

——××××年××月××日《大河报》

4. 满足读者了解基本新闻事实的需要

有的读者时间很紧迫，不可能把一张报纸从头看到尾，浏览标题则可以使他们尽快了解一天中的大事，了解一张报纸的主要信息。一些完全式标题所陈述的往往是消息的核心，看一眼这样的标题，也就了解了消息的基本内容。

5. 突出重点美化版面便于阅读

标题是消息的“眼睛”，一则则消息的“眼睛”加上栏题、通栏题，构成了报纸版面的“眼睛”。倘若没有这些“眼睛”，整版文字黑压压一片，令人感觉沉重，分不清眉目。各种标题大小相应，疏密相间，错落有致，再加上文字符号变化，线条、图像以及色彩等手段的运用，使版面主次分明，富于变化，呈现动态，既能给读者以美的感受，又能方便阅读。

一般情况下，报纸的正文都是用五号或小五号宋体排印，显得洁净、庄重，阅读时的视觉感也比较舒服，不易疲劳。但是，如果标题也这样，就太死板了。消息标题的排印，字体字号和版式都十分丰富多彩。仅从字体上说，目前常用的就是标宋、黑体、楷体、魏碑、准圆、舒体、隶书、隶变、行楷、琥珀、水柱、综艺等，再加上字号大小的变化，版面显得十分活泼美观。

一个版面上如果有几个精彩的标题，马上就能吸引读者的注意力，使他迫不及待地开始阅读。

121．消息的标题写作有哪些要求？

1. 生动、鲜明

消息的标题要力求生动，像漂亮的眼睛一样能吸引人。要运用各种表现手法、修辞方法，把标题写得形象些，生动些。例如下面这个标题：

（1）〈主〉“凤凰”与“永久”齐飞

〈副〉常有人问：“凤凰”“永久”哪个好？在上海有一句话：“永久”是强壮的小伙子，“凤凰”是漂亮的小姑娘。

巧用动词，捕捉动态，也能增加标题的生动性，例如：

（2）〈肩〉夏利大降价，跌破4万元，下一轮——

〈主〉国产车可能集体“跳水”

（3）十米跳台燕衔金银　跆拳道虎啸扬威

“燕”隐喻我国跳水运动员田亮、胡佳；“虎”隐喻我国跆拳道运动员陈中。“衔”“啸”两个动词使他们在悉尼奥运会上摘金夺银的形象跃然纸上。

鲜明，指的是媒介对新闻事实的态度，就是鲜明的导向性。不是所有的标题都需态度鲜明。客观手法的报道，媒介的态度隐含在对新闻事实的选择、标题序次的安排之中。对一些具有鲜明政治色彩、是非色彩、情感色彩题材的报道，其标题也是非分明，爱憎不昧，敢褒敢贬，又有分寸。例如：

〈主题〉忍看朋辈洒热血　更将义愤化豪情
〈副题〉本报集会愤怒声讨以美国为首的北约血腥罪行
——《光明日报》××××年××月××日头版

北约野蛮轰炸我国驻南联盟大使馆，《光明日报》两名记者殉职。“忍看”表达了同人们的痛惜之情，感情强烈，又分寸得当。“更将义愤化豪情”则充分表达了中华儿女不畏强暴的心声。标题内含的情、义给读者以强烈感染。

2. 准确、凝练

消息标题的最基本要求就是准确，即准确地概括消息的内涵，或传达信息，或揭示题旨。

要注意辨析词义，切忌生造谁也不懂的词，也不得滥用简化，比如有这么一个标题：《不恋“天南海北”，主动申请到“新西兰”》。看了这个标题，谁也不知道这“天南海北”“新西兰”指的是什么地方。原来，前者指的是天津、南京、上海、北京，后者指的是新疆、西藏、甘肃。这就属于滥用简化，属于生造的词。

要避免歧义。有些多义词，运用不当会产生歧义；有时候，句子中省略了必要的修饰成分，也会造成歧义。例如：《盖俊和女儿结婚不收彩礼》，本来说的是“盖俊和的女儿结婚不收彩礼”，少了一个“的”字，就成了荒唐事。

所谓凝练，就是简洁明了地传达消息的内涵。恩格斯说：“标题愈简单，愈不费解，便愈好。”

标题是点睛之笔，用墨不需多，但需精。要剔浮词，去空话，以最少的字词传达尽可能丰富的信息。试比较下面两个标题：

(1)〈肩〉泄密受贿，罪恶严重，国法不容
〈主〉张常胜被依法判处死刑立即执行
〈副〉叶之枫被依法判处有期徒刑十七年
(2)〈肩〉泄露国家重要机密索受巨贿
〈主〉张常胜伏法
〈副〉叶之枫下狱

两个标题，内含信息量基本相等，但后者凝练，且融入传播者的爱憎之情，前者则比较冗繁。

122. 为什么要写好消息的结尾?

新闻要讲究写好导语，也要把正文写得充实，但如果能把结尾写得有力，耐人寻味，那么，更可以使稿件获得锦上添花的效果。

长期以来，特别是“倒金字塔”结构出现以后，新闻的结尾没有被引起重视和研究。有人把它看得无足轻重。有的新闻写作讲义把新闻的开头称之为“虎头”，把新闻的结尾看作“蛇尾”，这是不准确的。我们认为，一条新闻是一个整体，哪怕只有一段，一句话，它也是有头有尾的。一条新闻的开头以重要、新鲜的事实吸引住读者，固然是必要的，但还需要一个有力、耐人回味的结尾，把新闻写得更完整、更严密，更能烘托新闻主题。好的新闻结尾，能使新闻的感染力全部发挥出来。总之，好的开头与好的结尾是前后呼应、相辅相成的。新闻写作有它固有的规律与要求，这是报纸的特点和读者习惯、爱好、心理等条件决定的。新闻的导语、正文也是古今中外新闻工作者从新闻写作实践中摸索出来的规律和经验。同样，新闻的结尾也应给予研究、探讨和总结，绝不能轻视它。穆青同志在《关于新闻改革的一点设想》中写道：“新闻报道不仅要注意开头，还要注意结尾。”这就是说开头与结尾都要写好。我们写新闻不能“顾头不顾尾”，而是要首尾相顾。新闻采写人员费尽心血写导语是对的，若凑凑合合写结尾，是不可取的。我们写新闻应提倡“虎头”“豹尾”。即使是一句话或几句话的短新闻，也要努力写好开头和结尾。

123. 消息结尾的写法有哪些常见的形式?

结尾，特指能深化报道主旨的消息的最后一部分，但消息的最后一部分不一定都称得上是结尾。

由于消息的内容不同，报道的角度各异，结尾的写法也多式多样。常见的形式有：

1. 评论式

在消息收结的地方对所报道的事实加以评论。具体表达时，既可以是直接发表议论，也可以是借别人之口进行评议，或者转述有关的评价。

2. 总结式

一些内容较为复杂的消息，可以在结尾处来一个概括性的总结，使全文的内容最终归纳在一个点上。

3. 启发式

在新闻事实已表达清楚的基础上，再引导人们进一步联系现实、认清责任的写法，就是启发式。

4. 展望式

在新闻事实表达完毕之后，对其发展方向和结果做出预测，通常都是描绘乐观的前景。

5. 引用式

在消息的结尾引用相关人物的话来做收束，也是消息常用的结尾方式之一。

6. 背景式

前面已对新闻背景做了全面介绍。如果新闻背景出现在消息的最后，就是背景式的结尾。

7. 数字式

在结尾的地方列举一些数字，有时能使新闻事实更丰富、清晰。

8. 补充式

在将要收结的时候，又对新闻事实做适当的补充。这些补充的内容，一般不是核心新闻事件，但必须跟核心新闻事件有紧密联系。

第二节　消息的细节描写

124. 细节描写在消息写作中重要吗？

有人认为消息的字数很短，谈不上什么细节描写。其实，无论字数多少，细节写好了都能使一条消息“活”起来，可以提高新闻的质量。“细节是消息的血肉”，足以说明细节对于消息的重要性。要把消息写得生动活泼，这首先要解决两个错误的认识问题。

一是认为消息的功能就是给读者传递新信息，只要把事情写出来就行了。

二是认为消息有无可读性是消息事实本身所决定的，与新闻采写人员写稿没有多大关系。

其实不然。写消息不应满足于只把事情交代清楚。因为有的消息写得吸引人与否，其读者面是大不一样的。如果新闻采写人员写稿的表现手法高明，不仅能吸引关心新闻事实的读者，还能吸引不关心新闻事实的读者，关键是运用细节写出必要的形象来。

125．细节描写在消息的开头、主体和结尾起着什么作用？

写新闻并非一定要用细节，但是有些新闻，不用细节描写不能满足读者的兴趣。传递信息的消息报道，不写细节是无可非议的；如做深入的消息报道，就需要细节描写。运用好一个细节，报道出来，胜过大段的议论，它的作用是以一当十的。那么，细节描写在消息的开头、主体和结尾究竟能够起到什么作用呢？

1．细节能够使导语引人入胜

导语是消息的开头，导语的作用就是引导读者把消息读下去，在导语中巧妙地运用细节，不但可以使导语增色，而且能够达到引人入胜的效果。

2．细节能够使主体血肉丰满

消息的主体是消息的展开部分。它的任务就是进一步展开、阐述和解释导语，导语中所提出的最重要的和最有吸引力的事实，都必须由主体中的事实予以支持。尽管主体的写法也是多种多样的，但是，无论运用什么样的写法，都需要善于运用细节。

细节是有人有事，有情有景，实实在在的，有这样的细节充实在主体里，主体才显得体态丰满。由于有了详尽的细节描写，使整篇消息都显得那么有血有肉，从而生动地表现全篇的写作特性。

3．细节能够使结尾回味无穷

多数消息不会有单独的结尾。在主体部分里把新闻事实说完，消息也就结束了。但是，从新闻写作的实践来看，消息还是有结尾为好。有些消息的意义需要进一步引申的时候，就安排一个结尾，这肯定不是画蛇添足的；有些按时间顺序写的消息，有一个结尾，也显得圆满一些。不过，凡是好的结尾，总是有着具体、实在、让人回味无穷的特点。

126．进行消息描写的写作方法有哪些？

一般情况下，消息是以叙述为主的，但也可适当用些描写，描写景、描写人、描绘声、描绘色，表现场景名胜或环境、气氛等。实际上，以描写为主的新闻，是相当少见的，比如关于某些风景区的报道。消息中的描写，可以增加新闻的现场感和形象感，给读者以视觉印象，从而使新闻报道鲜明、突出。因此，新闻中的描写必须是紧紧围绕新闻主题，为更好地表达主题服务的。在消息写作中，绝不可为描写而描写，不可使描写脱离新闻人物和事件，不可以使描写脱离于新闻的主题。

1. 运用白描手法进行描写

所谓白描，就是不用比喻，很少修饰，用简练的笔墨，抓住事物的主要特征进行描写的写作手法。其特点是文字朴实，不事雕琢，真切自然，清晰如画，主要靠事实、形象、人物的言行和内心活动来打动读者。鲁迅把白描手法归纳为“有真意，去粉饰，少做作，勿卖弄”。

2. 借鉴散文笔法进行描写

借鉴散文笔法写新闻，可以改变消息报道的死板形式。散文写法的主要特点是借事抒情，写作自由，不拘一格，寓意深刻，讲究文采，形象生动。运用散文这一写作手法，可以把消息写得生动活泼、清新明快，吸引读者。

3. 深入观察，抓住特点

由于消息的体裁和篇幅短小，内容也简明扼要，决定了消息中的描写要慎用。

127. 怎样选择有个性化特征的事物来作为细节?

细节并不在于文字的长短，关键在于有个性化特征。消息的细节个性化了，就能“以一当十”，这就要从消息的实际出发，选择那些具有典型性、个性化特征事物特点，作为细节。

1. 要选择具有典型性的细节

简言之，就是选择的细节要能代表方向，超出一般，反映事物的本质。有些细节深刻地反映了事物的本质，超出了一般，代表了事物的发展方向。写好的细节就能感动读者，虽然不一定要有惊人的壮举，但是却很有典型性。

2. 要选择具有特色性的细节

一篇消息是否有特色，关键要看所选择的细节是否有特色。如果一篇消息中有一两个有特色的细节做支撑，就会使满篇生辉。

128. 增强对细节的捕捉能力要做到哪几点?

高尔基指出：“世界事物，每个人、每件事、每件东西，都有它的特点、意义和形式。”这些特点和形式，蕴含着丰富多彩、形象生动的细节，其中有静态的，也有动态的。细节存在于生活之中，为了练就对细节的高度敏感，增强对细节的捕捉能力，要做到以下三点。

1. 要细致地“问”，培养发现力

人们把一件事情做了以后，新闻采写人员才去采访，看不到当时现场情况，就要通过“问”来补充。问，可以把那些眼睛看不到的经过和变化，重新了解清楚，从中发现事物的特点，发掘其中的意义，从而捕捉表现其特点和意义的形式。

2. 要细致地“看”，要培养感受力

通过观察可以获得事物的具体细节，为稿件的生动性增强色彩。生活本身富有立体感，有形、有声、有色、有味，如果缺少敏锐的感受力，就无法表现形、声、色、味，当然也就难以把富有立体感的事物细节捕捉到。

3. 要认真地“记”，培养判断力

仅靠问、看是不够的，还要记录下来。除了记“五个 W”外，要记录能反映人物特点、思想的精粹语言，被采访者对问题的认识、分析、看法，新闻采写人员采访中看到的东西以及自己想到的东西，然后加以分析、综合、判断，安排细节。

129. 进行消息描写时如何运用白描手法？

为了在写稿中更好地运用白描这一手法，下面提供三点技巧。

1. 选择和拣取最有典型意义的事实和细节进行描写

一篇消息文字有限，必须选择那些最能表现主题思想的典型细节和事实，精心描绘。

2. 文字要洗练

白描，既可以描写生动的细节，也可以粗线条勾勒事物的面貌。不论是细描还是粗描，都要文字精练，勾画出事物的主要特征；寥寥几笔，便描摹出人物、景物、场面的特点，给人留下深刻的印象。所以，写消息时，很有必要抓住人物的特征，用简练的白描手法，给人物画一幅速写式的肖像画，让人物的形象久久地留在读者的心中。

3. 白描语言要形象

古人说：“言为心声”。人物的语言要切合他的身份、经历，反映他的思想感情。抓住人物富有个性的语言进行描写，可以在消息中揭示人的性格，表现人的形象，使消息摆脱枯燥无味的陈述，显得生动活泼。事实上，人人都有各自的特征，没有两个说话口气绝对相似的人。就以性格而言，也不尽相同，有的开朗，有的孤僻，有的严肃。就是同一个人在不同的场合，说话的语气、姿态也不尽相同。所以，写消息就要尽量使用能代表人物个性，表现人物思想的语言。

130. 怎样把消息写短？

新闻报道多写精练的短新闻。新闻报道要及时，只有写短才能及时反映各个地区、各个行业不断涌现出来的新情况、新事迹、新经验、新人物、新问题和新信息。因而，新闻报道要短些，既是广大读者的呼声，也是客观形势的需要。若要把新闻写得短些，可以从以下几个方面进行考虑。

1. 主题要凝练集中，不能分散、庞杂

文章所说主题纷杂而不集中，这也想写，那也想说，那么，想短也短不了。这就要求简洁精粹，写得尽可能简短、明快。没有多余的话，更不应冗长。做到这一点，一是对报道内容要善于“剥核桃”。即削去事物的层层外表（即现象），去粗取精，挖出“核桃仁”（即反映事物本质的材料）。这也就是人们常说的“文贵精”的“精”字所在。二是对表达内容要善于“浓缩”。指挤掉“水分”，精益求精。本来需要三言两语表达的事，只用一句话或几个字就准确地概括出来。

2. 材料选择要严格

在选材问题上，最主要的是选择能说明主题的材料，主题材料要选择那些能体现主题的、最新的材料，避免贪大求全，避免选择观点和材料脱节的及陈旧的、没有特色的材料；要选择最生动的、最具体的材料，舍去那些空泛的、笼统的、概念化的材料。

3. 语言要做到高度精练

正如鲁迅所说：“力避行文的唠叨，只要觉得够将意思传给别人了，就宁可什么陪衬拖带也没有”，即“言简意赅”。

131. 借鉴散文笔法写作消息要注意哪些问题？

写消息时借鉴散文笔法，可以避免新闻语言的干巴，面孔死板，这样写就很有生气，可以使新闻增加现场感，增加生动性和感染力。语言要生动，语句还要有所变化，有所创新。要说明的是，新闻语言要生动，并非所有的报道都要做到这一点，这要从实际出发。

借鉴散文笔法写消息时，要注意以下五点。

①摆脱“新闻八股”，不拘一格写新闻。

②穿插一些必要的生动形象。

③进行细节描写，这样不仅可以活灵活现地表现人物的性格，而且有行动，有

声音，有心理状态，为消息添了血肉添了文采，使之细腻感人，同时也更生动地揭示消息的主题。

④要有恰到好处、言简意赅的议论和抒情。这样可以做到绘声绘色，画龙点睛，启发思考。

⑤讲究文采，使用新鲜、洗练、生动、朴实的语言。当然，新闻报道的文采，不是形容词的堆砌，而是质朴的叙述。

132. 写消息时怎样达到文字简练的要求?

老舍曾说过："文字要写得简练。什么叫作简练呢？简练就是话说得少，而意思包含得多。举两句做例：'小楼一夜听春雨，深巷明朝卖杏花'只不过14个字，可是包含多少情和景呀！"写新闻要做到这一步，就需要以简练的文字去表达丰富而深刻的报道内容，行文用字既不松散，又不拖泥带水，只有写出这样的新闻，才能实现短些再短些的要求。怎样达到这一要求呢？

1. 写作时要字斟句酌

托尔斯泰曾说过："语言艺术家的技巧就在于寻找唯一需要的词的唯一需要的位置。"要求写稿时要字斟句酌，也就是要找出"唯一需要的词"，找出"唯一需要的位置"，并且把这"唯一需要的词"安放在"唯一需要的位置"上，力求做到"锤字坚而难移"，达到语言简洁的目的。

2. 写出稿件还要精心修改

刘勰在《文心雕龙》里，也提到修改文章的问题："句有可削，足见其疏；字不得减，乃知其密。"他是从文章的结构方面来讲的。从这些经验之谈里，可以看到，新闻稿件的删削修改的重要。强调新闻稿件要反复修改，是为了把思想表达得更准确，为了使稿子更能为广大读者看懂，为了更充分起到宣传教育的作用。

3. 新闻语言要简洁

特意提醒新闻采写人员写新闻稿子尽可能用短句子，段落也要短。新闻语言要简洁，就是使用词语要紧凑、干净，避免拖泥带水的语言。

133. 怎样避免消息写作的空泛?

恰当的议论能够帮助读者进一步揭示新闻事实本身的逻辑力量；空泛的议论不仅揭示不出新闻事实本身的逻辑力量，还有画蛇添足之嫌，因为它不能把抽象的东西讲得具体而透彻。这样的议论就显得多余，这时候读者宁看事实而不愿听说教。所以，消息中的议论切莫空洞抽象、空泛含糊。那如何避免空泛呢？

1. 学会用事实发表意见

述评式的特征曾被许多新闻学教科书这样界定：“在迅速而简明地叙述新闻事实的基础上，揭示新闻事实本身的逻辑力量。”这就告诉我们一个定义，即用事实发表意见。譬如，毛泽东的《中原我军占领南阳》一共只有三处议论，第一处：“他是怕对了。我们在所有江淮河区域，不仅是树木，而且是森林。不仅生了根，而且枝叶茂盛了。”第二处：“这一策略，是明显的成功了，敌人已经完全孤立起来。”第三处：“王凌云如不再逃，康泽的命运是在等着他的。”这条消息一千一百六十字，却只有这短短五十八个字的议论，其他都是新闻事实的叙述和新闻背景的解释。从中可见事实叙述的力量了，田流同志曾说：“消息中的‘评’，主要是靠叙述事实，即通过安排、使用新闻背景材料来实现的，而不是靠作者直接发议论来完成的。”

通过叙述新闻事实，达到发表意见的目的，是议论的最好方法。

2. 深研究，发议论

鲁迅先生说：“无深研究，发议论是不对的。”议论就是实事求是，秉公直言；画龙点睛，发人深省。贾谊《新书》中《过秦论》一篇被世人传诵，就是因为很尖锐地指出了秦灭亡的原因，他是在深入研究分析了秦孝公任用商鞅，使秦国强盛起来；原文王、武王、昭襄王时期国势日强，各国诸侯“争割地而赂秦”；秦始皇暴虐到极点；陈涉起义，天下响应，迅速灭秦这些史实基础上得出的结论。离开对这些史实的周密考证和科学分析，所议之“论”就站不住脚，那这篇《过秦论》也不会被世人传诵。消息写作中的议论也是同样道理，要深入其中，抓住新闻事件的本质，进行周密考证和科学分析，“论”出独到的、新颖的、深刻的，又是本质的道理。

134. 防止描写消息“笔下生花”需要注意哪几点？

具体来说，为了防止“笔下生花”，需要注意以下几点。

1. 要深入观察

在写消息时，要使所描写的人和事具体、真切、生动、形象，就必须把打算描写的东西，看得清清楚楚，历历在目，如果没有搞清楚之前，是不能动笔的。

2. 要抓住特点

要在消息中运用好描写的手法，还必须在观察中抓住事物的特点。只有抓住要报道的人和事的个性特点，剪除枝蔓，才能使描写鲜明、生动，体现人和事物的本质，才能克服描写公式化、概念化的毛病。

3. 求实求真

真实是新闻的生命。无论是描写景物，或是人物，或是场面，或是细节，都必须严格遵守新闻真实性规律，按照事物的本来面目，是一说一，是二说二，不能为了生动而故意改变环境，编造情节，拔高思想。新闻的描写一定要真实，既不能添枝加叶，也不能张冠李戴，更不能夸大拔高。

第三节　常见消息类型的写作

135. 什么是动态消息？

动态消息是刚刚发生或者正在发生的事实的简洁报道，是消息诸体裁中报道量最大、时效最快的一种体裁，也是最受读者欢迎的体裁之一。这是最能体现新闻特征的体裁，有人把它称为“纯新闻”，初学新闻写作往往从这里起步，以逐步掌握新闻写作的特点，进而写别的新闻文体。

动态新闻比较单一，只反映一个动态。报纸上发的新闻，大部分是动态新闻。这种动态新闻的特点是文字简短，内容广阔，新鲜活泼，见报迅速。动态消息在各类新闻中占的比重最大，凡是新近发生的重大事件，包括重要会议，知名人物的活动，工农业生产中的新成就，科学技术上的新发现等，都要及时准确地向广大读者、听众、观众传播。

动态消息一般只有三五百字，有的只有几十个字，尽管很短，却仍然能够反映重大事件，表达重要主题，引起人们的注意。

136. 动态消息的写作格式是怎样的？

（1）标题

简明扼要，点明大意。

（2）“电头”

起首处一般要写“电头”，依次说明新闻的来源、时间和作者。

（3）完整结构

从正文结构上讲，新闻的完整结构包括导语、主体、背景和结尾四个部分，其中导语和主体是最重要的，不能缺少。

①导语。导语是新闻的先导语言，概述新闻最主要、最核心的事实和思想，引导读者看新闻的全文。

②主体。主体是新闻内容的基础部分，紧接着导语展开叙述新闻的主要事实和内容。

③背景。背景是新闻的辅助和衬托部分，一般穿插安排在主体之中，没有确定的位置。背景用来介绍事实发生的现实的或历史的环境，同事实相关的解释说明，以便于读者了解事实的来龙去脉，增加新闻的知识性、趣味性。

④结尾。结尾是新闻的尾巴，标志一条新闻的终结，常常一两句话。如果事尽文止，就应自然收束。

137. 动态消息的写作要求有哪些？

1. 观点鲜明，突出主题

一条新闻一般只说明一个问题或道理。

2. 要正确处理好“新”与“准”的关系

“新”指的是新的事实、新的成就、新的经验、新的见解、新的问题。但“新”必须建立在“准”的基础上。只新不准，会导致报道失真，对工作无益。因此“新”与“准”要和谐统一。

3. 文字简明扼要、精练

用事实说话，必要时可以适当发表一些议论，但要得体、精湛，有感而发。

4. 可适当交代背景材料

为了更鲜明地衬托出新闻报道所阐述事物的特征或意义，必要的时候，可以交代一下事物的历史背景，以及发生、发展的环境、历史条件和演变过程。但并非每条新闻都要背景材料，且背景材料应简明扼要，不宜太多。

5. 导语简要鲜明

新闻的开头通常有一段导语，简要说明全文的思想或主要事实，以唤起读者的注意和警觉，使读者在阅读全文前，有一个总的概念。起到开门见山、提纲挈领、统率全篇的作用。

6. 结构严密，层次分明，详略得当

新闻报道一般是按照事物的内在联系来写的，把最重要、最新鲜的事物写在最前面，然后再写次要的；也可以依照事物的发生、发展、变化的顺序来写，但要根据主题，突出主要的部分，详略要得当。

138. 动态消息的写作需要注意哪些事项?

1. 要发现有价值的新闻，特别是捕捉独家新闻。

2. 采访这类新闻要快，必须争分夺秒。

3. 注意在新闻事件中提炼出最有价值的信息。

4. 发表动态消息（播出）要快，要占领新闻的制高点，达到以快取胜的目的。

但以快取胜也不要求绝对化。凡涉及国家利益，一时不能公开报道的新闻事件，可先通过采访，掌握具体情况后，条件允许时再做报道。

139. 什么是综合消息?

综合消息就是把发生在不同地区或部门的具有类似性质的新闻事件结合起来进行报道的消息类型。它从不同侧面去表现一个共同的主题，报道面宽，可以给读者全局性的认识。

常见的综合新闻有两种：一种是横断面的综合，即把一些地区或一些单位开展各项工作所取得的成就与进程综合起来，做一个总的介绍；有时也综合群众对某些事物的反映，以形成声势。

另一种综合新闻是纵深度的综合。它主要报道一个时期以来某地区、某单位开展某一活动的进程、取得的成绩及其发展变化等。在写法上，通常采取倒叙的方法，先报道所取得的成绩，然后再分析成绩是如何取得的，层层深入加以叙述。

140. 综合消息的写作方法有哪些?

（1）标题要突出中心。

（2）消息从格式上讲，起首处一般要写“电头”，依次说明消息的来源、时间和作者。写“电头”，然后才写消息正文。

（3）从正文结构上讲，消息的完整结构包括导语、主体、背景和结尾四个部分，其中导语和主体是最重要的，不能缺少。

导语是消息的先导语言，概述消息最主要、最核心的事实和思想，引导读者看消息的全文；主体是消息内容的基础部分，紧接着导语展开叙述消息的主要事实和内容；背景是消息的辅助和衬托部分，一般穿插安排在主体之中，没有确定的位置；结尾，标志一条消息的终结，常常一两句话。

141. 新闻采写人员采写综合消息应注意哪些方面问题？

新闻采写人员在采写综合新闻时应该注意以下几个方面。

1. 充分占有材料，善于分析、概括

综合新闻报道面广、声势大、影响深远，但由于它不是一事一报，而是要反映全局性的情况，所反映的事实又不一定是发生在一个地区、一个单位，时间也不尽相同，所以我们要充分地占有材料，善于从丰富的材料中提炼新闻主题，紧紧围绕主题，精心选择和组织材料。也就是说要在全面地把握材料的基础上，对新闻素材进行认真的分析和综合，准确地把握新闻事实。

2. 详略有别

综合消息中的各个材料，不能占据同等的地位，作者在表达的时候，也不能平均分配篇幅。较典型较深刻的材料，可详写；略差一些的材料，则略写。这样不仅使行文富于变化，而且能够突出要点，强调重点，使读者的注意力能有效集中，从而把握住最本质的内涵。

3. 点面结合，精心组织材料

综合性新闻一般由概括性材料（面的材料）和典型性材料（点的材料）构成，所以在写作时，一定要把观点、概括性材料和典型性材料二者很好地结合起来，使综合新闻所反映的内容既有广度，又有深度，既全面完整又具有说服力。

作者的主要意图是让读者了解整体的情况，但整体情况是由许多局部构成的，没有“点”的合构也就没有“面”。因此在结合新闻的写作中选择哪些“点”，合构成“面”，是写作中的关键问题之一，为此可注意以下几点：一是所选的“点”数量要适度；二是每个点都要有典型性；三是组成的面要完整而且有深度。

4. 表现手法要多样化

综合消息是消息写作中难度较大的一种。它要求作者有较强的分析、概括能力，有较强的文字表达能力。除了用点面结合的写法外，还常常要用对比衬托与夹叙夹议的方法来反映人物的本质，突出报道的中心。

5. 言之有序，切忌混乱

多个材料组织在一起，哪个在前，哪个在后，互相之间怎样呼应，这些在动态消息中不需要多考虑的问题，在综合消息中就要花较多的精力进行斟酌了。具体地说，可并列，可递进，可对比，可总分。至于具体到某一篇应该如何安排，那就没有一个标准尺度了，只能是具体文章具体分析，找出其最佳方案。

142. 什么是人物消息?

人物消息就是以消息的形式报道新闻人物，突出反映人物的思想、事迹和精神风貌的新闻体裁。

人物消息报道的人物必须是新闻人物，而且是时效性很强的新闻人物，不采取消息形式尽快地报道出去就有失宣传效果，所以它在时效性上，显然比人物通讯要快。一般对影响较大的人物的宣传，都是抢先发人物消息，随后再采写人物通讯。在人物消息的写作中，不强调细节，不需要过多的描写，要抓住典型人物的最有特点的典型事例或某个侧面，用简练的概括的“消息语言”，报道其先进思想与先进事迹，因此，人物消息在篇幅上要求短。

人物消息可以写正面人物，也可写反面人物，实际工作中，以报道正面人物为主。

143. 人物消息的写作格式是怎样的?

人物消息是一种便捷、迅速而有效地报道新闻人物的手段。它不必像人物通讯那样有较多的具体生动的情节和细节材料，而只写一人一事，突出人物的某种行动或某个侧面，直截了当，短小精悍，迅速及时加以报道。

比起人物通讯，人物消息容量小，主题单一而集中，时效性强，因而更偏重于一个“新”字。报道一个突出的新闻人物，往往先发人物消息，然后再发人物通讯。人物消息没有必要也没有可能全面地介绍一个人，它的语言简洁概括，以叙述手法为主，且大多“以事写人”。

另外，人物消息刊登时，可通过标题处理使主题表达更为醒目突出，容易引人注目。而人物通讯的主标题往往比较含蓄，多属虚题。

人物消息写作格式如下。

（1）标题

标题是全文的眼睛，是内容的提要，因此标题一定要能引起读者强烈的反应。

（2）导语

用几句简短的话写出消息中最主要、最新鲜的事情，揭示消息的主题，吸引读者注意。

（3）主体

主体紧接着导语，对消息做具体的介绍。

（4）结尾

结尾，是对消息的内容进行概括，加深读者的认识。

144. 写作人物消息时应注意的要求有哪些?

新闻采写人员在写人物消息时应注意以下几点要求。

①在选材上，应抓取现实生活中人物活动的一两个场面，一两个镜头，充分地展示生活的横剖面，描绘要细腻，感染力强。

②在结构上，既不同于一般新闻，又不同于一般人物通讯，而是取二者之长，常常用一个概括性的导语开头，点出部分事实要点，或从生动的情节、场面、引语入笔，但不透露太多，真正最重要、最精彩的东西，放在后面，使读者看完全篇产生一种满足感。

③在角度上，选择一个特定的角度，仔细观察局部特征，选择一个侧面加以报道。

附：人物消息的写作范本

宫峰学成博士乐当“炉前工”
在炼铁实践中已解决多项难题
撰写的论文引起各国专家关注

我国屈指可数的冶炼工科博士宫峰，自愿到鞍山钢铁公司炼铁厂做“炉前工”，和工人一起把汗水和智慧融进钢花飞舞的铁流中。10月27日，到鞍山视察工作的中共中央总书记江泽民亲切接见了身着工作服、头戴安全帽的宫峰博士，勉励他走理论联系实际，同工农相结合的道路，为“四化”建设作出更大贡献。

今年34岁的宫峰15年前考入鞍山钢铁学院冶炼系。××××年，再度考取东北工学院攻读博士。去年11月，他终以14万字颇有建树的《高炉矿焦混装空气动力学技术研究》论文通过博士学位答辩，并荣获冶金部“科技进步二等奖”。不少科研院所和高等院校慕名向他伸出热情的双手，甚至以优厚的生活待遇吸引他去，宫峰却出人意料地选择了鞍钢炼铁厂炉前工。从此，历经沧桑的10号高炉有了位博士副炉长。

宫峰的选择令很多人费解。面对各种疑问，宫峰坦然地说：“我是为自己补课呢。一补对工人阶级的认识课，二补社会实践课。我从未参加过炼铁实践，研究冶金的不知怎样炼铁，理论如同建筑在沙滩上的高楼。在实践中发现问题去研究，效果会更好。”

和工人朝夕相处，宫峰时时受到工人阶级无私奉献精神的感染，思想感情发生了极大变化。高温季节，他每天都要冰上一箱汽水，逐一送到工人手中。他主动向工人阶级学习，脏活累活抢着干，不讲报酬。每当处理渣铁分离，需要人工制作沙口时，他总是跟班大干。工人师傅常拍着他的肩膀说："宫博士，好样的！"

宫峰以解决生产难题为己任。他看到操作工由于缺乏理论知识，操作不准确，影响生产，便随时随地给工人讲如何布料，矿石比重大小对煤气流分布的影响等问题，提高了大家的操作水平，对炉况能准确判断并及时调剂，提高了铁水的质量。宫峰在实践中发现，多年来我国高炉冶炼采用的层装布料，在一定程度上限制了高炉的强化，造成煤气分布以及炉料运动的不合理，影响降低焦化和生产率的提高。因而，他致力于矿焦混装研究这一目前国内炼铁界重要课题。他撰写的论文在美国波士顿国际冶炼学术会上发表，引起各国专家关注。现在，他正全力把这项重大科研成果往大型高炉上推广应用，已收到较好的节能增产提质效果。

（《××日报》××××年××月××日）

145. 什么是述评消息？

述评消息是一种边叙边评、夹叙夹议的消息类型，它介于新闻和评论之间，既报道新闻事实，又在报道的同时对新闻事实的性质、特点、发展前景等作出分析、解释、评价。

述评消息的内容，可以是政治、经济、军事、科技、文教等方面的形势和动态，可以是某一阶段工作的经验、情况或问题，可以是社会上出现的具有代表性、倾向性思想、思潮，还可以是变化发展呈现错综复杂的重要事件。

146. 述评消息的构成部分是怎样的？

述评消息由标题、正文、结束语三部分构成。

（1）标题

点出大意，让读者明白所要讲述的事件。

（2）正文

具体地描述记者所要讲述的人物或事件。

（3）结束语

表达自己的思想见解或希望。

147. 写作述评消息应注意哪些要求?

新闻采写人员在写述评消息时，应注意以下几点写作要求。

①述评消息政策性很强，要求叙述准确而概括，评论要观点鲜明，围绕所叙事实进行并切中要害，至少它应该能让百姓有所启发，让有关专家点头肯定，引起有关部门的重视。

②要具有一般新闻报道与新闻评论的两种作用。

③要用简洁的文字把事实交代清楚，评论紧扣新闻事实，分析透彻，虚实结合，不能离开事实，空发议论。

④既然它具有评论文性质，那么在评论时，提倡什么，反对什么，要旗帜鲜明，生动有力。

附：述评消息的写作范本

困难还在后面

——落实波黑和平协议第一月

4月19日，北约为主的多国部队取代联合国驻波黑部队整整一个月。到当日深夜，波黑和平协议最初30天的时间表得到大体遵守，各方基本履行了将各自军队从交火线后撤2公里、协助多国部队清除地雷等军事义务。尽管这一个月内也出了种种问题，释放战俘的计划表未能全部完成，但北约执行和平部队司令史密斯对各国与北约的“实质性合作”表示满意。根据北约提供的消息，到目前为止，已有3.5万人的北约军队进入波黑，1400个雷区被确定，近千名伊斯兰圣战者根据协议离开波黑，各方设在道路上的大部分“检查站”已被拆除。

舆论认为，落实波黑和平协议基本度过了最初的“军事考验”，和平进程今后的重点将转向落实协议的民事内容。如果说前一阶段的主要任务是在军事上隔离波黑各方，接下来将是把波黑重新统一起来。这是更富挑战性的阶段。在过去的一个月中，波黑出现的种种问题基本上不是针对北约，而是属于各方“彼此之间”的事。反映出波黑各方既不敢同北约军队正面对抗，但又对重新共同生活缺乏愿望，或信心不足。例如，在即将易手的萨拉热窝塞控区，塞族居民已开始外逃，国际社会能否把大多数塞族人留住，使萨拉热窝成为“多民族共同生活的样板”，至今无法确定。另外，克、穆族分治的莫斯塔尔在统一该市的规定期限前重新爆发了冲突，穆、克联邦出现新的动摇。最终解决或避免再发生类似问题不取决于北约再来多少军队，而是取决于落实和平协议民事内容的进展情况。

落实波黑和平协议的保障机制，实际上分为军事和民事保障机制两部分。前者即北约为主的多国部队，后者则由联合国、欧安会等国际机构负责，其核心力量是正在部署中的1500名联合国警察。北约方面本月以来多次批评和平进程民事负责人比尔特的工作进展“太慢”，比尔特则反唇相讥，说他的工作没有得到北约，尤其是美国的支持，一切“从零开始”。不少舆论认为，比尔特先生的工作要比北约将军的工作复杂得多，对波黑未来的影响更具有实质意义，但他的工作机制却是相对脆弱的。

今后几周内，和平进程的首要任务是解决萨拉热窝及莫斯塔尔的统一问题。根据协议，萨拉热窝塞控区下月初就应移交，3月中旬实现波黑政府对地区的完全控制，塞族至今日仍坚持该塞控区保持某种自治的要求，令比尔特颇感棘手。莫斯塔尔市内的克、穆族分界线本应于本月21日以前完全开放，但这是个两难问题，哪一城市的问题得不到及时解决，都将影响人们对波黑重新统一的信心。另外，联合国高级难民署日前宣布，解决波黑的难民问题需要两年时间。而波黑大选初步定在今年9月中旬。这些表明，落实波黑和平协议的许多困难还在后面。

148. 什么是简明消息?

简明消息又叫简讯。简明消息并没有自己独特的报道对象和特殊的写作方法，它其实就是篇幅特别短小的动态消息，通常只有一二百字，有时甚至只有几十个字。

由于人们对短新闻越来越重视，现在无论报纸、电台还是电视台，都特意安排一定的版面和时间专门发表简讯。

149. 简明消息的特点有哪些?

简明消息的特点一是精短，二是迅速，二者又是相互统一的。由于它的篇幅短到了极致，写稿时出手就比较快，编辑编发也快，所以简讯有时又被称为快讯。

简明消息常以“集束”的形式发表。电台和电视台常有“下面播报一组简讯”的说法。

150. 简明消息的写作要求有哪些？

1. 简明消息结构不必完整

它不必像一般消息那样具有标题、导语、主体、结尾等结构要件。如果一篇简明消息只有一个自然段，就分不出导语和主体来，或者说它只有导语没有主体，也可以说它只有主体没有导语，总之二者已经合二为一。它也没有单独的结尾，常常是事完文止。

2. 简明消息不必交代背景

简明消息不必交代背景。这并不是说所报道的新闻没有其发生的背景，而是不做专门的交代，但有一个前提是不专门交代读者也是基本明白的。如果有复杂的背景需要用较长的篇幅专门交代，那就不适合写成简明新闻了。

3. 简明消息文字应简明扼要

消息本来就是一种简明扼要的体裁，简明消息是简明中还要简明，扼要中还要扼要。可以先写出稿子来，然后进行删除和压缩，一直压缩到少一字就不清楚的程度，就符合简明消息的文字要求了。

4. 简明消息的要素不必完备

一些必要的新闻要素，简明消息当然也不能省略，但是，它为了追求简练，也无须将“何时、何地、何人、何事、何因、何果”全都具备。通常，何时、何地、何事三个要素是必不可少的。其他要素则可以根据情况略而不提。

151. 什么是经验消息？

经验消息，就是把某一单位或部门在工作上的成功经验报道出去的消息类型。所报道的，可以是贯彻党和国家的方针政策的典型经验，可以是某一方面工作的成功做法。

在写作中，一般只交代情况，让读者对报道对象有一个整体的了解，其次是介绍做法，让读者知道经验是怎样取得的，从而使读者看到取得的经验。

152. 经验消息的写作格式是什么？

经验消息一般由标题、导语、主体、结尾四部分构成。

（1）标题

常见的标题有三种：一是单行标题，即正题，如“长江巫峡溶洞发现古人类遗址”；二是双行标题，即除正题之外，配有引题或副题；三是三行标题，即正、引、副标题俱全，内容一目了然，颇具优势。

标题是全文的眼睛，是内容的提要。有一个好的标题，可以使新闻增色，对读者产生强烈的吸引力。因此，标题一是要能准确反映报道内容的本质；二是用别具一格的语句把消息中的新内容、新思想在题目中概括出来；三是标题的行数、字数不宜过多，要简练。

（2）导语

导语一般是指开头的一段，也可以是几句或一句精辟的话。写出消息中最主要、最新鲜的事实，揭示消息的主题思想，吸引读者的兴趣和注意。

（3）主体

主体是紧承导语之后，围绕主题对消息内容作具体叙述和说明的部分。主体的写作要圆满回答导语中提出的问题；要写得波澜起伏，生动、活泼、形象，内容丰满，具有可读性。

（4）结尾

结尾，是消息的最后一段或最后一句话。一般是对主题或主要内容的概括，来加深读者对主题的认识和对事物发展趋势的理解。结尾不是每篇消息都有的，要视文章内容和需要来定其取舍。有时主体部分叙述完了，意思也说尽了，自然收笔，就不必再写结尾。但有结尾的，必须注意紧扣事实，不空发议论，启发引导而不说教。

153. 写作经验消息时应注意的写作要求有哪些?

新闻采写人员写经验消息时应注意以下几点写作要求。

1. 捕捉新鲜的经验

跟专门表述经验的文体如总结和典型经验调查报告相比，经验消息除了用记叙写法、靠事实说话之外，还有一个重要标志就是内容新鲜。总结是定期必做的，其中的经验也许没有多少新鲜感，但是作为一个阶段的回顾，不能因为新鲜感不足就不做了。调查报道强调的是典型意义，新鲜感虽然也是追求目标之一，毕竟不是最核心的。作为新闻的经验消息，如果缺了新鲜感，马上就失去存在的理由。经验消息的写作首先必须发现新鲜经验，否则一切无从谈起。

2. 经验在事实中自然显现

除非被采访者自己有条款式的概括，经验消息中的那些规律性认识通常并不特地指点出来，是靠在对事实的叙述中自然而然地显现出来的。因此我们阅读一篇经验消息，常常看不到直接表述经验的文字，但是，经验又在字里行间无处不在，写作中要把握好这一点。

附：经验性消息的写作范本

学习南京市绿化经验要注意三点不足之处

周俊增

新华社2月18日　南京市绿化工作搞得比较好，近来到这里学习绿化经验的人越来越多。怎样对待南京的绿化工作？南京市园林设计研究所一助理工程师杨万金最近对记者说：“学习南京市绿化经验，要注意避免三点不足之处。”

南京市目前有大小400多条街道，有树木20多万株，为中华人民共和国成立前的100多倍，城市绿地面积达9万多亩，全市已基本绿化，并以“绿色城市”而闻名中外。但是，杨万金指出，从城市建设发展的要求看，南京市在绿化建设上暴露出一些缺点。了解这些问题，对于前来参观取经的人富有教益。

第一，五六十年代绿化的街道，树干定高一般为2.5米，太低了，影响交通安全。1978年一年，光是为行道树碰坏的车辆涂漆就花了4万多元。公共汽车为了避免与行道树相撞，不得不在离路边3米远就停车，这不仅有碍交通安全，也降低了道路利用率。杨万金说，今后大中城市行道树干应定在4米高左右为宜，最低也不能低于3.5米。

第二，行道树在栽植时打洞普遍偏小。由于打洞小，树根扎得浅，在大风袭击下南京市发生过四次大面积倒树。行道树的倒伏又造成了停电、停水、中断交通，给生产和人民生活都造成很大损失和不便。实践证明，今后打洞以长宽各两米、深一米为好。

第三，树的品种单一，法国梧桐太多。全市几百条街道绝大部分种的是法国梧桐。这种树有树冠大、遮阴好的优点。但由于新叶长出后，每半个月就脱一次绒毛，在空气中飘散，造成空气中悬浮颗粒超标。

154. 写作解释性消息需要掌握哪些要领？

解释性消息不仅报告新闻，而且着力于新闻事实的多方面解释。它必须在报道新闻事实的同时，运用多种类型的背景或其他相关材料，解释蕴含在新闻事实中的原因、结果、意义、性质及重心。要想写好解释性消息，就需要掌握以下要领。

1. 抓住要害

解释性消息以抓住要害、攻其一点的方法求得主题集中。

解释性消息的任务是揭示新闻事件的本质，而本质总是藏在现象的深处，而且往往是多方面的。这就需要对多方面的因素做一番比较、分析，抓住最主要、最能揭示新闻本质、最为受众关注的一点，集中笔墨予以解释，这样才能篇幅短小，剖析透彻。

2. 用事实说话

用事实说话是新闻写作的基本方法，对于解释性消息而言特别显得重要。“解释”比起“报道”带有更强的倾向性，因此也就更需要表达上的客观。越是客观，越是用事实说话，越令人信服，越易被接受。但事实不能虚构，务求真实，无论何种事实都必须是真实的，解释性消息的“生命”是由新闻的真实性和解释的真实性共同构成的。解释性事实必须和新闻事实有内在联系，这种联系越直接、越紧密，越能揭示新闻的意义。

3. 理由充足

逻辑有一条规律，叫充足理由律。解释性消息通过解释总是要说明某种道理，内中也含有推理过程，也必须符合充足理由这一条规律。理由充足，就要求背景事实和其他相关事实来支撑这一观点或道理，不可以点代面，以偏概全。

4. 讲究方式

解释什么，不解释什么，用什么方法解释，要根据党和国家的方针、政策认真研究。有些可以明示，有些只能暗示。特别是涉及国际关系的，更要讲究方式，注意策略，既达到揭示新闻本质的目的，又不授人以柄。

1983 年 9 月，中、英香港问题谈判正处在微妙阶段。英国人玩弄花招，造成港元比价猛跌，人心浮动，企图以此牵制谈判。如果我们公开揭露，不利于缓和谈判桌前的紧张气氛；如果听之任之，也不利于谈判斗争和安定人心。9 月 22 日《经济日报》发了一条解释性消息：《近日港元猛跌引人注目》，在报道了港元猛跌的新闻事实后，援引香港报界反映，指出：港元猛跌既不是由于美元上扬，也不是由于香港经济不景气，而是有人玩弄手段，以达到某些目的。“有人”指的是谁，没有点破，但一看就明白。

新闻解释是运用政策和策略的艺术。

5. 消除偏见

解释性消息有很强的倾向性，但并不是说可以主观、任意解释。新闻事件的本质、真相只有一个，它是客观的存在。倾向性的正确与否，说到底，就是是否敢于揭示新闻事件的本质，说明其真相。能揭示本质说明真相者，是科学的解释，它所体现的是进步的倾向；歪曲事实，掩盖真相，则是错误倾向，甚至是资产阶级的偏见。

155. 写作会议消息应怎样精选有价值的内容进行报道？

开会是我们研究问题、布置工作的重要形式，就全国来说，每天都有大大小小不同形式、不同内容的各种会议。这就为我们如何写会议消息提出了一个值得深思的问题——在诸多会议中是否都有报道的必要？什么样的会议可以报道？其答案只有从会议内容来看新闻价值的含量多少而定，即从众多的会议内容中精选出有新闻价值的内容进行报道。

①抓住会议提出或解决的主要问题选取对当前工作有指导作用的精华部分。

②从读者的角度出发，选取群众关心而又迫切需要解决的问题进行报道。

③发挥新闻的特长，会议中哪一点有新意，有启发，就抓住哪一点发新闻。

④可以打破会议程序的内容限制，利用新闻采写人员看到的，感受最深的，以及与会议相关的背景材料，使报道的内容超出会议主旨，告诉读者更多的东西。

156. 怎样通过会议消息写出会议特色？

在我国，天天有会议，日日有会议，会议很多，而且会议的内容也各不相同。因此，会议消息一定要写出会议特色，否则就吸引不了读者。所谓特色，就是这个会议与其他会议有何区别，有何独特之处，有何新情况、新问题、新变化，等等，只要能突出“独特”两字，会议的特点就抓到了，会议消息也就有特色了。

会议消息要写出特色，新闻采写人员的眼睛不能只盯着会议文件袋里装的那些死材料，而是要把注意力集中在会议进程中生动有趣的活材料，从中去发现有价值的新闻，所谓独特，就是别人看不到的，或者看到了没有当作一回事的现场新闻，通过你的发现和感悟，紧扣会议的主题写出来，那么，特色就出来了。可以这样说，要写好会议消息，没有发现就没有特色。

除此之外，还要注意发现会议以外的新闻，也是把会议消息写出特色的一个方面。“有心栽花花不发，无心插柳柳成荫，”有时候会议以外的事实，会产生意想不到的效果。如有的会议一开始就宣布：会议期间不会餐，不送纪念品和礼品，不留合影，本地代表不住会，等等，也能写出特色；讲成绩实事求是，不用溢美之词，讲缺点敢于揭短、露丑，通过转变会风来写出特色。还有一种情况就是通过新闻采写人员自己的努力，实在找不出特色的情况下，可以靠理性取胜。这就是根据会议的主旨，通过分析归纳，在观点的精辟和思想的深刻上下功夫，靠传播一些精辟的见解，使读者受到启发，或加深对某些事物的理解，这也是一种特色。

第六章　新闻采写人员如何采写各类专业新闻

第一节　政治、经济、科技和军事新闻

157. 什么是政治新闻?

政治新闻毫无疑问是关于政治的新闻报道。要弄清政治新闻的准确含义，必须明了“政治”一词的含义。政治，按《简明社会科学词典》的解释，是“经济的集中表现。政治归根到底是由经济决定的，同时它又反作用于经济，给予经济的发展以巨大的影响”。“处理阶级内部的关系、阶级之间的关系和民族间、国家间的关系等，都属于政治的内容。其表现形式为代表一定阶级的政党、社会集团、社会势力在国家生活和国际关系方面的政策和活动”。按照这种解释，政治新闻就是关于社会阶级斗争和各阶级处理阶级内部关系、处理阶级与阶级关系、处理民族关系和国际关系的报道，是关于某个阶级的政党、社会集团、社会势力在国家政治生活和国际政治关系方面的方针、政策和活动的报道。换言之，凡属于阶级、政党、社会团体的政治生活及它们之间的关系的报道，凡属于国家与国家、民族与民族之间政治关系的报道，都属于政治新闻。

由此可知，凡属于党和国家重大政治活动、政治会议、政治节日、政治事件的报道，凡属于国家与国家、党与党、民族与民族之间关系的报道，都属于政治新闻报道。另外，党和国家领导人的重要内政、外交活动，党和国家最高权力机构做出的重要决定和对干部的任免，党和政府的组织建设、思想建设和民主作风建设以及各民主党派和各群众团体的重要活动和组织、思想建设，统一战线工作、民族工作和侨务工作，等等，这些都属于政治报道的范围。

158. 政治新闻的特点有哪些？

按内容分类，新闻可以分为政治新闻、经济新闻、文化新闻。而政治新闻相较于其他新闻而言，有其独有的特点，政治新闻具有以下几个显著特点。

（1）政治性强

与经济新闻、科技新闻、文艺新闻相比，政治新闻的政治色彩更浓，政治倾向性更鲜明，政治性更强。政治新闻政治性强的特点，主要表现在以下几个方面。

①报道内容具有很强的政治色彩。政治新闻关注的是具有新闻价值的政治活动、政治事件、政治会议、党风党纪或事关全局的重大政治决策等。这些报道内容本身，其政治色彩就很强。

②报道的政治倾向性比较鲜明，赞成什么，反对什么，非常明确。政治新闻的政治立场往往比其他专业报道鲜明，无论是报道政治活动、政治会议、党风建设和政治事件，记者的立场都会通过不同的方式鲜明地表现出来。

（2）政策性强

政治新闻既然“是一定阶级的政党、社会集团、社会势力在国家政治生活和国际政治关系方面的方针、政策和活动的报道”（引语出自《专业采访报道学》第52页，蓝鸿文主编，中国人民大学出版社1991年5月第1版），自然具有很强的政策性。政治新闻虽然不是长篇累牍地集中宣传党和国家的某项政治政策，但它们通过报道党和国家领导人关于内政、外交政策的讲话，通过报道大量的政治活动、思想政治工作、政治事件，直接或间接地反映党和国家关于内政、外交的政策和方针。

（3）具有重要性和显著性

政治新闻所报道的内容，无论是政治活动和政治会议，还是政治事件、政治思想倾向，都直接关系到党和国家的大政方针和利益，关系到广大人民群众的根本利益，极具重要性。正因为政治新闻具有重要性和显著性，许多受众对它们十分重视，希望通过阅读和收视（听）政治新闻，来了解国内外形势，了解党和国家的政策走向。这就是政治新闻收视率高的根本原因。

政治新闻的重要性和显著性的特点，决定了从事政治新闻报道的严肃性和准确性。政治新闻必须真实地、准确地反映报道内容，丝毫差错都不能有，稍有不慎，就会酿成政治性错误，甚至会挑起国际事端，造成极为恶劣的后果。

（4）报道面宽，涉及范围广

政治时时有处处有。政治新闻涉及的内容非常广泛，除上面提到的政治活动等方面外，还有党政工团的思想建设和组织建设、民主法制建设、廉政建设，等等。

政治新闻报道所涉及的范围同样十分广泛。例如党风建设和人民群众行使民主权利这类政治新闻报道内容，无论是在中央领导机关，还是在工厂车间、农村村组，都会大量存在。在我国，这些组织和团体遍布城乡的每一个角落。因此，政治新闻的报道对象和范围无所不包，无处不至。这一特点，为我们从事政治新闻报道提供了广阔的天地和众多可供选择的报道素材、内容，同时，也为我们写好写活政治新闻提供了有利的条件。

159. 从内容上可将政治新闻分为哪几类?

从内容上划分，政治新闻可分为以下几大类。

1. 政治形势报道

即对一个时期以来国际政治形势、国内政治形势或本省、本地区的政治形势所进行的报道。这类报道涉及面较广，问题重大，需要新闻采写人员在充分掌握大量材料和进行分析的基础上，高屋建瓴地提出有见解、有新意的观点，对政治形势进行精当的阐述。在进行政治形势报道中，常见的新闻体裁有消息、通讯等，新闻采写人员述评则是报道政治形势时常用的一种消息类型。

2. 政治生活报道

即关于各级党组织、各级政府机构的民主作风建设、廉政建设和广大人民群众享受民主权利情况的报道。政治生活直接关系到人们所享有的民主自由权利，关系到党风党纪建设和廉政建设，因此，在党和群众的生活中占有重要地位。工矿企业中的职工代表大会、农村中的村民委员会选举、人代会、党代会、政协会等，都是我国人民政治生活中的大事，是我国广大共产党员和人民群众行使政治权利的重要场所，也是政治报道的重要内容。

3. 重大节日报道

“三八”国际劳动妇女节、“五一”国际劳动节、“七一”党的节日、“八一”建军节、“十一”国庆节等节日，都是重大的政治节日，也是政治报道的重要内容。抓好重大节日的报道，既可以总结过去的工作，又可以展望未来，意义重大。正因为如此，各新闻传媒对每年的重大节日报道都予以充分关注，投入的力量强，报道的时间长、版面（或节目时间）多。

4. 思想政治工作报道

政治思想工作极其重要，它是人们精神力量的源泉。向工人、农民进行爱国家、爱集体教育，向大、中、小学生进行正确的人生观、价值观教育，等等，都是属于思想政治工作。健康向上的思想政治工作，是取得各项工作胜利的重要保证。

5. 党的建设报道

党的建设是中国共产党的头等大事，直接关系到党的存亡和国家的兴衰。党的建设报道在我国新闻传媒的报道中也占有重要地位，一直受到新闻传媒的极大关注。许多报纸、电台、电视台还开办有“党的建设”“党的生活”专栏或专题节目，经常地、大量地刊登关于党的建设方面的报道。许多报道由于事实感人、思想性强，受到广大受众的关注，有的还成为新闻名篇，广泛传颂。

6. 重大政治事件报道

所谓重大政治事件，即在政治上有重大影响的事件。这些事件将给党和国家的命运和前途带来重要的影响。

7. 民族与民族关系报道

民族问题与民族关系问题，属于政治问题，因此，关于民族与民族关系的报道，属于政治报道范围。鉴于此，国内各新闻单位把民族与民族关系的报道划归政治部或政治文教部去负责采写。

160. 什么是经济新闻？

经济新闻，一般是对有关国民经济、生产建设、人民生活等方面的新近发生的有价值的事实进行的报道。

161. 经济新闻具有哪些特点？

一般来说经济新闻具有如下特点。

（1）实用价值明显，直接服务于现代经济生活

不管是经济领域的决策者，还是产品的生产者、经营者，以及商品的消费者，都把经济新闻看成现代经济生活中不可缺少的重要信息来源。比起其他新闻来，经济新闻有着明显的实用价值。

（2）政策性强，有突出的指导作用

经济是国家的命脉，它的兴衰，直接关系到国家能否强盛，人民生活水平能否提高。因此，党和国家的一系列方针、政策，都是围绕发展经济这一中心而制定的。经济新闻的一个不可推卸的责任，就是对党和国家经济政策的宣传和阐释，指导人们更好地贯彻落实。

（3）有一定的专业性，需要作者具有相关的知识

经济问题总是有一定的专业性的，有些领域的专业知识甚至很深奥，例如金

融、外贸、股市等。因此经济新闻要求作者应该是内行甚至是专家。只有这样报道才能准确，分析才能到位，解说才能深刻。

162. 经济新闻从内容上划分包括哪些方面?

经济新闻从内容上划分，主要有以下几个方面。

1. 广告

资本主义国家的报纸广告，往往占报纸版面的二分之一到三分之二，以便招徕顾客。

2. 金融贸易的报道

如国内外市场行情、证券股票市场动向等。

3. 关于萧条、景气的报道

类似于我国报纸上刊登的介绍经济形势的报道。

4. 关于社会大众经济生活的报道

如物价的涨落、消费时尚的变化等。社会主义国家报纸上的经济报道，是社会主义制度和社会主义经济的产物，是为社会主义经济建设服务的。

经济报道的宗旨，是为了搞活社会主义商品生产，发展生产，促进社会主义各种经济成分的发展，方便人民生活。经济报道在整个新闻报道中占有十分重要的地位。由于社会主义经济报道内容越来越丰富多彩，这就为我们搞活经济报道提供了更为广阔的天地。

163. 经济新闻的功能主要表现在哪些方面?

所谓经济新闻，就是指对有关国民经济、生产建设、人民生活等方面的新近发生的有价值的事实进行的报道。所以在指导经济建设和人民群众的日常经济生活中，经济新闻发挥着重要的、不可替代的作用。经济新闻的功能，主要表现在以下几个方面。

1. 传达经济政令

经济政令指党和政府关于经济工作的部署、政策和法令。这些部署、政策和法令是我国经济工作的指导方针。要把经济政令传达给广大干部群众，最快捷、最有效的方法是用经济新闻的形式在报纸、广播、电视和互联网上发布。

2. 传递经济信息

“开发信息资源，服务四化建设”——邓小平同志 1984 年 9 月为《经济参考报》所作的这一题词，既指明了新闻传播媒介在四化建设中所担负的重要任务，又揭示了经济新闻在传递经济信息、促进四化建设方面所具有的重要功能。

3. 监督经济行为

经济新闻既可以传递大量经济信息，又可以对经济工作的过程、结果进行监督，对各类经济行为进行评判，以激励先进，批评后进，指导经济工作。李瑞环同志指出："新闻舆论的监督，实质上是人民的监督，是人民群众通过新闻工具对党和政府的工作及其工作人员进行的监督，是党和人民通过新闻工具对社会进行的监督。"经济新闻对经济行为的监督，是舆论监督在经济报道领域的具体体现。这种监督，说到底属于人民的监督，是人民通过新闻媒介对经济工作的监督。

4. 传播经济知识

如果说新闻是社会生活的百科全书，那么经济新闻则是人们经济生活的百科全书。经济新闻在传播经济知识方面的功能是显而易见的。

从广义上说，都是经济新闻所传播的知识。

从狭义上说，经济新闻所传播的知识主要指以下两方面的知识。

①与经济活动相关的历史知识、法律知识、科技知识、地理知识和其他知识。这些知识一般作为背景性材料出现在经济新闻中，以便对所涉及的新闻事实进行说明和解释。这些知识涉及面广，内容丰富，启人心智，开人耳目。

②关于从事经济活动的业务知识。如：工农业生产知识、商品知识、经济政策与法规知识、经济管理知识，等等。

5. 指导经济生活

在指导经济生活方面，经济新闻的作用不可忽视。经济新闻对经济生活的指导，主要表现在促进经济生产（工农业生产）、商品流通和引导群众日常消费等方面。

164. 经济新闻大致可分为哪些不同的类型？

经济新闻按题材的不同，可以分出许多种不同的类型。新华出版社于1993年出版的《经济新闻学初探》，书中把经济新闻分为社会经济新闻、自然经济新闻、边缘经济新闻三大类。

社会经济新闻是人类参与各种社会经济活动的事实的报道，主要反映人与人及人与自然之间的经济关系。

自然经济新闻是关于与自然紧密关联的经济现象以及将影响经济的自然现象的报道。

边缘经济新闻是既涉及经济问题，又涉及其他领域问题的复合型报道。

在上述三大类之下，还可分出许许多多的小类，大致有：

①政策性经济新闻，用于报道最新的经济政策。

②分析性经济新闻，对新近发生的重要经济现象进行分析。

③述评性经济新闻，就是经济题材的记者述评。

④解释性经济新闻，侧重于对经济新闻事实的背景进行补充和解释。

⑤预测性经济新闻，侧重于对某一经济现象的发展方向和未来结局进行预测。

⑥信息性经济新闻，主要提供产品和市场的供求信息。

⑦经验性经济新闻，介绍经济领域里的成功经验。

⑧经济珍闻趣闻，报道经济领域里的一些奇闻趣事。

⑨人物经济新闻，报道经济领域中的主要人物如经济学家、企业家的言论和行动。

165. 什么是科技新闻？

科技新闻是对新近发生的有关科学技术的事实的报道，具体地说，它报道与科学技术有关的方针政策，新取得的科研成果和科技成就，已有的科学技术的普及应用情况，科技工作者工作、学习、生活情况，以及人们对科学的认识和反映等。

科学是对物质世界本质和规律的认识，是人们认识世界、改造世界和解放思想的精神武器。科技新闻所报道的内容就是报道科技事实。在现代化事业中，发挥着重要的作用。

166. 科技新闻的特点是什么？

1. 科学性和知识性

人们对客观事物的本质特征和基本规律的准确发现和把握，就是科学；对这些特征和规律的成功利用，就是技术。而科学和技术实践中不断积累下来的符合规律的认识，就是知识。从科技新闻的功能看，它一方面要报道最新的科学发现和技术创造，让读者了解最新的科技动态；另一方面要宣传现代科技知识，满足人们强烈的求知欲望。

2. 通俗性和生动性

新闻是大众读物，不是学术论文，可是科技新闻又有很强的学术性，这就产生了矛盾：既要讲究科学的深刻和准确，又要让读者大众能够接受、乐意接受。不管二者兼顾起来有多难，我们都不能放弃努力。科学家们能把深奥的科学知识写成通俗生动的科普说明文，专业能力强的记者也应该能够做到这一点。

3. 时代性和时宜性

科技新闻是最具有时代感的文体之一。新的科技发现永远处于时代的前沿，即使是旧的科技事件的解密性报道，也很能让人联想起时代日新月异的变化：当年尖端的科技成果现在已经显得陈旧了。这就像看一张当年的旧照片一样能够引起人们的时代对比。为此有人说，科技新闻其实有着很浓的体现人类进步的人文特色，这种说法是有道理的。

167. 科技新闻的作用主要表现在哪些方面？

概括说来，其作用表现在以下几个方面。

1. 传播科学思想，推动社会进步

科学不仅是一种知识体系和潜在的生产力，还是一种思想和文化。作为思想形态的科学，能对整个社会发生深刻的影响。在现代化建设的今天，科技新闻通过传播科学思想，可以增加人们对科学的了解、尊重和研究客观事实，促进社会进步。

2. 传递科技信息，推动生产发展

科技信息的开发、利用，成为现代社会进步的动力。科技新闻是最迅速、最广泛地传播科技信息的形式之一，在社会发展中起着越来越明显的作用。目前，衡量一个国家、一个社会的进步速度，一个重要的标志是信息的传播速度。

3. 普及科学知识，促进文明建设

科技新闻通过对各种科学现象的报道，以具体的事实宣传辩证唯物主义的世界观，可以促进社会的文明建设。举例而言对天体的演化、人类的起源、地震的发生等现象，科技新闻进行必要的报道和解释，可以冲破群众的迷信思想，帮助人们学科学、用科学、相信科学。

4. 报道科技活动，繁荣科学事业

现代科技发展的一个重要特征，是学科的高度分化和高度综合。科技新闻报道科技活动，可以加强学科间的横向联系，广泛地进行内部交流，有利于科学事业的发展。

5. 宣传科技政策，建设科技队伍

科技新闻通过宣传党和政府的科技政策，可以使广大科技工作者明确方向。科技新闻还可以反映科技人员的要求和愿望，反映实践中的新问题，便于领导机构及时掌握情况，修正和改善管理方法。

168. 科技新闻的科学性包括哪几方面的内容?

科学性是科技新闻的首要特点，也是科技新闻的生命。内容的科学性与态度的科学性是科技新闻科学性的两方面。

1. 内容的科学性

科技新闻以报道科学现象、科研活动、科研成果为主要内容，其报道内容与科学技术休戚相关。

人们对客观事物的本质特征和基本规律的准确发现和把握，就是科学；对这些特征和规律的成功利用就是技术。科技新闻既要反映科学现象，又要反映科学现象的本质，要着重写出科技事实的实质和关键价值部分。在科学技术不断发展的今天，各学科的新情况、新进展、新成果、新交叉，是科技新闻的重要内容。

科学是通过技术这个手段，转化为生产力，并为人类造福的，发展技术具有重要的科学意义。对技术成果及其有关事实进行报道，是科技新闻传播内容科学性的重要表现。

2. 态度的科学性

科学是老老实实的学问，报道科技新闻也必须具有科学严谨的态度。态度的科学性可以包括以下几个方面。

①科技事实是客观存在的，反映科技事实，真实的新闻报道必须做到事实确凿可靠，结果进程清楚。科技新闻在注意“新奇”和“时效”的同时，在真实性上也要确保不出现问题，比如把正在进行的研究和实验说成是取得了成果，把正在观察中的事实说成是最终结果。

②科技事实本身往往存在着质与量的规定。科技新闻必须做到准确，即科技概念、科学原理、科技事实以及数字运用、程度表述、意义评价等都必须表达准确，与科技事实相符。科技新闻对事实的评价必须坚持实事求是。

另外，科技新闻的科学性还表现在：科学研究是一个过程，而不是突发性事件，科技新闻要报道其中的全过程和全部情况，将某一科技现象或科技成果的正面和反面、优点与缺点同时都加以报道，而不要仅仅报道某一个方面。

169. 科技新闻的“新”包括哪几点内容?

科技新闻具有新闻性，这是科技新闻区别于其他科普作品的根本特点，是科技新闻赖以生存的基础。科技新闻的“新”，包括以下几点。

1. 事实新

科技新闻重点报道新近发生的新闻事实，如新进展、新理论、新现象、新纪录等。

2. 意义新

有些事情不是新发生的，但却是第一次报道或重新提起。报道对其意义有新的认识、新的挖掘，能给人以新的启示。

3. 作用新

有的事件或情况虽然是以前已经发生或今后将要发生的，但对传播对象有某种指导性和实用价值，能引起受众的广泛关注和兴趣。

170. 什么是军事新闻?

在报道内容上，军事新闻要求既要写出军事的特色，又要为中国共产党、为无产阶级、为社会主义政治服务。在具体报道时，还要注意做到立足人民军队而又面向广大人民群众，而且还要尽力拓宽报道题材，对军政、军民关系中出现的动人事迹以及这方面的新情况、新问题等都应及时报道。

171. 军事新闻的写作要求有哪些?

1. 注意在宣传中做好保密工作。在军事新闻的采访中尤其需要严密作风，服从宣传纪律，请有关部门做好审查，从内容到文字，尽可能地把住“关”，把好“关”。

2. 注意做到通俗化，尽量增强军事新闻的可读性。在采写军事新闻时，应把业务性极强的一些军事术语，换成群众都能看得懂、听得懂的语言。

第二节 社会、法制、卫生、会议和外事新闻

172. 什么是社会新闻?

社会新闻是以社会伦理道德为基础，反映当前社会生活、社会问题、社会风气

以及各种奇闻逸事的报道。

1. 取材广泛，不拘一格

在各种类型的新闻（消息）中，社会新闻的取材是最为广泛的，凡是能够触动社会趣味神经的，都可以被纳入社会新闻之列。

2. 生动形象，故事性强

大多数社会新闻不采取概括式信息报道手法，而是采用形象化、情节化的手法，向人们生动地讲述故事，以故事性强取胜。

173. 什么是法制新闻?

法制新闻就是对新近发生或发现的有关法制的事实的报道。具体涉及十分广泛，既包括立法、司法、执法等方面，也包括守法、违法、犯法等方面；既涉及公安、检察、法院等机构，也涉及所有单位和所有社会成员。

法制新闻是社会新闻的一个重要组成部分，人们通过法制新闻，可以了解当前社会的现状、特征、发展动态。

174. 法制新闻的特点有哪些?

（1）突出的政治性

法制新闻是对法律实践的及时报道，而法律是维护国家机器的正常运转和人民群众社会权益的武器，从根本上看，法制和政治是很难分开的，法制不管在什么国家都有着极强的政治性。

（2）以法律为准绳

法制新闻的内容，应以阐释法律、宣传法律、维护法律为原则。对遵纪守法的好人好事给以褒扬，对违法违纪的行为予以揭露，对复杂的案情进行分析，对种种有关法律的疑问给以解答，这一切都以国家的种种法律条文为依托，为准绳。可以说，法制新闻中所报道的人和事，都是经过法律的眼光测定过的。

（3）事实的确切性

法律是非常细致严谨的，事实差之毫厘，性质就有可能发生根本的变化。因此，法制新闻在对事实的报道过程中，特别讲究材料和数据的准确无误，以免出现差错。

（4）风格的严肃性

一般新闻为了增强可读性，可以写得轻松幽默、活泼风趣，但法制新闻很少有这种情况。受报道题材的限制，法制新闻一般都是比较庄严郑重的。

175. 法制新闻报道程序的严肃性主要表现在哪些方面?

法制新闻报道程序的严肃性，主要表现在以下两个方面。

①要掌握好报道时机，根据案件的审理程度与进展情况进行报道。

②对案件性质的评价要符合法律程序，要依据司法部门的结论，不能自行其是。

鉴于法制报道的特性，在组织、采写报道的过程中，一定要按以上几个方面的要求和规定办事。如果自作主张，把不该报道的内容或不到报到时机的案例进行报道，或对案件妄加评论，就会影响执法部门的正常工作并给新闻单位本身带来负面影响。

176. 法制新闻客观报道的手法表现在哪些方面?

在法制报道中，客观报道手法表现在以下三个方面。

1. 为了具体展开诉讼过程，如实报道各方面的意见，不能只介绍某一方的看法

在报道中要注意报道原告方、被告方、律师、法官等各方的意见，让读者去评判事实，显示记者不偏向任何一方的客观立场，这样可取得较好的传播效果。

2. 注意交代新闻来源

新闻来源即新闻事实的出处。新闻来源由新闻事实的参加者与目击者和知情者构成。作为新闻事实的报道者，所报道的事实除本人现场目击的以外，都是靠新闻来源提供。所以，一个高明的报道者，离不开新闻来源的帮助。在新闻报道中提供新闻来源，不仅可以增强新闻报道的真实性与可信性，而且使报道中带结论性的话出处明确，在遇到新闻诉讼时，可使报道者避免许多不必要的麻烦。

交代新闻来源的方法，就是在介绍关键性的、重要的结论、话语或新闻事实时，交代清楚它们的出处、来历，等等。

3. 在报道中少发或不发议论，让事实表达记者的倾向性

议论既是对所报道的事实所作的评论，也是作者倾向性的反映。新闻写作中不可能杜绝议论，但要慎重地使用议论。在法制报道中，更应慎重地运用议论手法。在某件案件尚未终审的情况下，不应使用议论，只宜忠实地报道新闻事实。

4. 用词要平和，不宜使用过分强烈的褒义词或贬义词

例如在介绍某犯罪嫌疑人时，要避免使用“气急败坏”“气势汹汹”等贬义词语。

177. 什么是卫生新闻？

卫生新闻的定义与卫生的含义密切相关。“卫生”一词有广义与狭义两种含义。

从狭义上理解，卫生指的是疾病预防、公共卫生、大众健康和生存环境保护等。《辞海》对“卫生”一词，做出了这样解释：“个人、集体的生活卫生和生产卫生的总称。一般指为增进人体健康，预防疾病，改善和创造合乎生理要求的生产环境、生活条件所采取的个人和社会的措施。在我国，还包括以除害灭病，讲卫生为中心的爱国卫生运动。”

在广义上，卫生还应包括医学知识、医疗工作和医学科研成果等。“卫生”一词，所指的内容十分丰富，其具体内容涵盖疾病预防、公共卫生、大众健康、环境保护、医学知识、医疗工作、医学科研成果等方面。所谓卫生新闻，也就是对上述领域所发生的新鲜、重要事实的报道。卫生新闻的定义，似乎应该这样来表达：卫生新闻是对医疗卫生领域新近发生或发现的重要事实的报道。

178. 卫生新闻的特点有哪些？

卫生新闻，是关于卫生方面的报道。总的来讲，卫生新闻有以下四方面的特点。

（1）报道范围广泛

与其他新闻相比，卫生新闻的报道领域更为广阔，除了医疗工作、医学科研、医学知识、疾病预防、公共卫生、大众健康、环境保护等领域外，还涉及心理学、社会学、体育学、法学等许多学科领域，构成许多边缘卫生新闻。而且，随着社会的发展和科学技术的进步，卫生新闻的报道领域呈现扩大的趋势，如人工授精、试管婴儿、安乐死、变性人等，都从不同的角度向医学事业提出了新挑战，也为卫生新闻的采写开辟了新的报道领域。广阔的报道领域，丰富的报道内容，为从事卫生新闻报道工作的新闻从业者提供了施展才华的天地，提供了取之不尽的新闻素材。

（2）报道内容具有较强的接近性

防治疾病、增进健康、追求美感、改善生活环境、提高生活质量，这是人们的

共同需要。卫生新闻所报道的内容，都与人们这些共同需要相关，因而具有较强的接近性，受到人们的关注。

（3）报道题材具有较强的知识性

卫生新闻所报道内容，无论是防病治病，还是强体保健，抑或是医疗科技发明，都带有较强的理论色彩和知识性。患病的原因、治病的医学理论、健康长寿的诀窍等，无不蕴涵着丰富的医药学知识。因此，从一定意义上说来，卫生新闻就是科技新闻。在写作卫生新闻时，不仅要报道最新的卫生新闻信息，还应注意对相关内容进行必要的解释和说明，讲明医学道理，让受众知其所以然。

（4）报道内容具有较强的趣味性

卫生新闻涉及人类的生理卫生状况、健康与长寿之道、人们的心理与遗传现象，这些容易引起读者的阅读兴趣和注意力，具有较强的趣味性。有些卫生新闻，会反映医疗卫生、人体生理方面的奇闻轶事，则具有更强的趣味性。

179. 做好卫生新闻的采访与写作要注意哪些要求？

卫生新闻所报道的内容，涉及人们十分关注的健康、长寿方面的问题，因而受到人们的广泛关注。那么，做好卫生新闻的采访与写好卫生新闻有哪些要求呢？

1. 从大卫生的视角着眼，开拓卫生新闻的报道领域

卫生新闻的报道领域极为广阔。卫生记者不仅应关注医疗卫生领域发生的新闻，而且应该跳出单一的医疗工作、防病治病、卫生工作的范围，把报道的着眼点投向更为广阔的领域。大众公共卫生领域、环境保护领域、计划生育工作领域、心理咨询与心理健康领域、医学与卫生法律等领域。这些领域蕴藏着极为丰富的卫生新闻源泉，其新闻的接近性和可读性往往比较强，产生的影响也较大。

2. 从卫生领域着手，从全局着眼，抓具有普遍意义的题材，反映带倾向性的社会问题

卫生界所发生的各类新闻事件或人物是卫生新闻报道的对象，这无可厚非。但是，卫生新闻不能仅仅报道这些事件或人物本身，而应立足于这些事件和人物，反映更深一层的、带全局性的社会现象或社会问题，以便引起全社会的关注。若只报道这些事件或人物，就会把卫生新闻写成单纯的“治病新闻”或“卖药新闻”，卫生新闻的价值将大大减少。而如果从全社会着眼来报道这些人物和事件，突出其“社会意义”和“共同价值”，所产生的效果就会好得多。

3. 把好真实准确关，切忌报道失实

卫生新闻直接与人们的防病、治病、保健相关，直接关系到人的生死存亡，真实程度十分重要。报道者和编辑都应本着对人民群众的健康负责的高度责任感，严

格把住真实准确关。

4. 认真做好解释和说明工作

力求把卫生新闻写得通俗易懂，因为卫生新闻的受众，既有卫生界的专业人员，又有非卫生界的人员，而且非专业人员在受众中所占的比重远远高于专业人员。同时，这点也表明卫生新闻在社会上受到人们的重视，也说明，要使这些受众看懂或听懂卫生新闻，从事卫生新闻工作的报道者必须认真做好解释和说明工作，必须把报道写得通俗易懂。

5. 多做形象性刻画，力求把卫生新闻写得生动些

卫生新闻也是新闻，它同样忌讳呆板老套，力求把卫生新闻的故事内容写得生动活泼。卫生新闻是丰富多彩的卫生生活的反映，只要记者认真观察生活，如实表现生活，定能把卫生新闻写得生动活泼。

6. 注意保密，做到内外有别

卫生新闻与科技新闻一样，要注意内外有别和保密工作。哪些内容可以公开报道，哪些内容不能公开报道，哪些内容现在不宜报道，记者、编辑都应该心中有数。如果不甚清楚，就应向主管部门请示，万不可自以为是。卫生新闻所涉及的保密内容，主要有以下几个方面：一是有关医药科技成果中的配方、工艺流程；二是涉及军事医学的有关内容；三是国内发生的重大疫情和灾害。这些内容有的属于国家机密，未经允许，不得公开报道，以免为我国带来经济损失、政治损失和军事损失。

180. 什么是会议新闻?

会议新闻，是报道会议上发生或与会议有关的新闻。通常也可把会议新闻理解成是报道会议的新闻。

181. 会议新闻的写作要求有哪些?

（1）抓会议中的重要内容

一般说来，每个会议都有一个或几个中心内容，在报道会议新闻时，应该从其中心内容入手。

（2）挖掘新闻背后的新闻

就会议新闻来说，会议本身的形式和内容的新闻价值较小，报道意义不大。在这种情况下，就不要把眼光盯在会议上，而应该从会议圈子里跳出来，通过会议所

提供的新闻线索去挖掘会议新闻背后的新闻。

（3）会场采访和会外采访相结合

会场采访和会外采访是相辅相成的，只是工作的侧重点不同而已。会场采访，就是在各种会议的会场上进行的采访活动；会外采访是指在会场以外进行的采访。

会外采访是会场采访的一种配合和补充，采访者们常常运用会外采访的方法来挖掘更多的会议新闻背后的新闻。采访者可在会外专访一些会议参加者谈与会议有关的问题、意见、要求、心得体会，以及自己参加会议的情况等；也可以采访会议组织者、工作人员谈会议日程、生活安排等；还可以围绕会议主题采访会外公众的反应。

（4）猎取会场上富有人情味的事件或镜头

会场上某些富有人情味的事件或镜头一旦被采访者猎取，这样的报道往往会成为会议报道的“鲜活货”。

182. 外事新闻与对外报道的区别有哪些？

外事新闻是关于中外关系、中外交往中有新闻价值的事实或事件的报道。外事新闻属于对内报道范畴，与对外报道有着明显的区别。

1. 报道的内容不同

对外报道的内容涉及我国政治、经济、文化、教育、卫生、外交、体育、科学技术等众多方面，只要是我国国内发生的有价值的新闻事物，都可入题，报道内容极为广泛。外事新闻的报道内容，只涉及我国与外国的关系和中外人士的友好交往，不涉及其他领域，因此报道内容比对外报道狭窄。

2. 报道的范围不同

对外报道的报道范围主要在我国大陆地区，不涉及国外与境外，其宗旨是把我国大陆地区发生的新人、新事、新气象、新风尚向世界各国人民和港、澳、台同胞、海外侨胞进行传播，让他们对我国增强了解。外事新闻的报道范围，除了涉及中外关系、中外交往的新闻事实外，还包括在国外发生的这类新闻事实。

3. 接受传播的受众不同

对外报道的主要受众在国外和港、澳、台地区，外事新闻的主要受众则在国内，是为了向全国人民介绍我国外事工作的成就和进展，形象化地介绍我国的外交政策以及与世界各国的关系。

183. 外事新闻有哪些显著的特点?

外事新闻不同于其他类新闻，它有自己显著的特点。现介绍如下。

1. 政策性强

外事新闻是我国外交政策的形象化和具体化，具有很强的政策性。我国的对外政策，因国家而异。对于兄弟友好国家，由于关系密切，我国往往本着积极支持、互通有无的原则；对于众多的第三世界国家，由于同处第三世界，除了少数敌视我国者外，我国都积极予以同情与支持；对于以美国为首的资本主义发达国家，我国则采取积极对话、增加信任、扩大交往的政策，既以积极的态度与他们加强交往，又不屈服于他们的压力。由于对不同的国家有着不同的外交政策，因此在报道与各国的交往时，要区别对待，报道的规格、报道篇幅的长短、用词的感情色彩的浓淡，都应区别对待。从事外事报道的人员，应了解我国与世界各国发展关系的情况，依据具体情况来进行报道。

2. 专业性强

外事新闻所报道的内容，往往涉及许多外交知识和国际外交惯例、礼节，具有比较强的专业性。如果不懂这些知识、惯例和礼节，就有可能在报道中出现常识性错误。外事新闻还经常涉及一些外交活动程序，这些活动程序也直接涉及国际惯例。我国外交部在安排各国外交官员的活动时，名单排列也有一定惯例。如排国家的顺序，按与我国建交的先后顺序排列；如将使节排序，则按递交国书的先后顺序排，最早递交国书的，就是各国外交使团团长。对于这些外交惯例，新闻采写人员也应了解，以免在采访与报道中出洋相。

3. 竞争激烈

外事活动由于涉及国与国的关系，往往备受人们重视，各新闻传媒也都予以高度关注。对于重要的外事活动，各新闻媒介往往竞相出动，派出精兵强将深入第一线进行采访。

184. 从内容上可将外事新闻分为哪几类?

外事新闻从内容上细分，可分为以下几类。

1. 我国的对外政策

对外政策是我国外事工作和进行对外交往的指导方针和理论依据。我们党和政府为了实现革命和建设的总目标、总任务，在各个不同的历史时期都制定有明确的外交政策。对不同的国家，我国也会根据它们对我国的态度，制定出不同的外交政策。这些外交政策，既是我们外事报道的基本指导思想，又是外事报道的基本内容。

2. 我国领导人接见外宾的活动

我国领导人接见来访的外宾，这是十分重要的国事活动。接待规格的高低，不仅可以反映我国与外宾所在国的外交关系的好坏，而且可以反映我国对该国的具体外交政策。因此，对我国领导人接见外宾的活动，新闻媒介都予以充分的报道。

3. 我国领导人的出访活动

这是外事活动的重要内容，也是外事报道的重要内容。报道我国领导人的出访活动，一定会涉及被访国领导人和国民热情欢迎我国领导人的情况，一定会涉及被访国舆论对我国的评价，这些内容本身就是对我国人民进行爱国主义教育的好教材。因此，对这类出访活动，我国的新闻媒介都格外重视。

4. 外国领导人访问我国的活动

外国领导人来我国访问，这是发生在我国国内的重要外事活动，也是我们向外宾展示我国两个文明建设成就、宣传我国形象的良好时机。详细报道这一活动，可以帮助我国人民了解两国的交往情况。

5. 中外民间交往的情况

这也是外事工作的一个非常重要的方面。中外民间交往的主体是各级人民群众。与国与国的交往相比，民间交往往往更深入、更持久、更能增加彼此了解。因此，中外民间的交往活动更值得新闻界关注和报道。

第三节　文化娱乐、体育新闻

185. 文化娱乐新闻报道有哪些表现形式？

文化娱乐新闻的表现形式也可以说是多种多样。下面我们结合示例仅对文化娱乐报道的形式中的个别访问形式和记事加访谈的形式进行一下介绍。

1. 个别采访形式

明星赵薇到场

导语：莫非真应了那句话：情场失意事业得意。今年赵薇失恋了，事业却上了一个新的台阶。和周星驰搭档主演的电影《少林足球》上映了，新专辑也一口气出了两张。日前，事业和感情发展得极不平衡的她，应邀来到《娱乐现场》接受我们的独家专访。演播室里的赵薇还是那个坦诚开朗的小燕子，面对失恋这个敏感话题也是毫不避讳。

主持人：今天我们演播室请来的，是大家非常熟悉的，但是现在已经给了我们许多新的感觉的赵薇。

赵薇：大家好，我又来了。现在已经是6月份了，我之前差不多半年都在做唱片的工作，从7月份才开始拍电影。哪样喜欢得多一些？拍戏、唱歌，对于我来说，这两个真的是缺一不可。

主持人：咱们聊聊那个《少林足球》，大家可能对这个也会觉得特别好奇，就是说一改你以往的那种很漂亮的外形啊。

赵薇：我们很少在银幕上看到不漂亮的女孩当主角，所以我想，那我要演一个不漂亮的女生，但是也可以让人家喜欢，这点让我觉得，替不是很漂亮的女孩子争口气吧。我觉得这种感觉我喜欢，包括我去演了以后就试妆，每次试完妆，真恶心，然后跑到周星驰那里，哎呀，不够丑，回去，回去，回去，就一直回去，回去，不够丑，后来他说，赵薇，我知道了，你的眼睛太大了，所以怎么化别人都知道是你，用胶布给它贴起来，就留个缝在外面。所以最后变得，前两次我去配音，哎呀我看完这个片子我觉得，观众你同情我吧，觉得赵薇一定勇气可嘉，变得这么丑。我觉得出来效果是蛮好的。

主持人：你最近拍的一些各种照片呀，杂志上面登的，总是觉得一下成熟了很多很多。

赵薇：其实我并不特别想当一个完全成熟的人，我特别珍惜我身上的孩子气，而且我希望它永远不要消失。我觉得这对我来说，我的质其实是没有变的，顶多是外在形式和包装上面，去多尝试一些以前不敢试的东西，就像我以前穿露背装，去你的，我怎么会穿露背装，但是，我现在觉得，其实没有关系呀，只要心无邪念那都是 OK。

主持人：说说你的新唱片。

赵薇：我觉得《情深深雨蒙蒙》那张呢，比较成熟一点，比较有感情一点，因为它随着你戏剧角色发生的变化，所以，这张专辑充满了一些成熟、哀愁的味道。我这张《最后一次分手》，也是还有点原来的风格，但是呢稍微成熟一点吧，因为最近确实分手了，所以这张专辑叫《最后一次分手》，希望不要老分手。还有我的主题曲那个主打歌《爱之玄》，听起来特别轻快，实际上全是失恋的歌，人家不看歌词，还以为是一首很开心的歌呢，但一看歌词，失恋了。其实给我写歌的朋友，像那首《爱之玄》，现在各个音乐台都打得很凶，实际它是一首失恋的歌曲，但是给我写的人是我的朋友，他们说赵薇这个就是我对你的印象，虽然你失恋了，但是你可能还是当着人去笑，然后会特别乐观。

主持人：实际上你是当着人笑呢，还是说自己也能够……

赵薇：我会把所有的眼泪都留在戏里面放出来，这是一个比较节省的办法，免得生活当中也要哭。人家说人的眼泪呀，跟人的感情啊，就像一个杯子里的水，是有限度的，倒光了就没了，所以失恋的时候我就会不哭，但是演戏的时候去想一想，就拼命哭拼命哭拼命哭。

（××××年××月，北京光线电视传播有限公司）

以上是《娱乐现场》里的一个小单元“明星到场”，采用主持人与来宾对谈的形式，也可以说是现场采访。这就是广播电视的独特之处，采访稍加剪辑，就可以传播出去，如果是直播，连剪辑也省去了。这种既方便快捷又生动形象的形式，何乐而不为？当然，谈话准备是很重要的，比如赵薇一上场说的问题，显然缺乏新闻性，主持人就说“咱们聊聊那个《少林足球》”，又引导性地要她谈在戏里边的造型。这就打开了话匣子，可以说赵薇谈得很好。然后主持人又由杂志上的照片谈到成熟问题，赵薇也有很多话要说。最后要她说说新唱片，都是很“新闻”的问题，至少是具有时代性的。

不仅可以把明星请到演播室里访问，在其他场合也是机会多多。

2. 记事加访谈的形式

片场追踪周星驰　戏里戏外两相异

导语：日前，在杭州的一个茶园里，我们见到了首次为内地拍广告的周星驰。周星驰的电影对于内地观众来说，是再熟悉不过了，可这回在拍片现场里看他拍戏却是头一回。

[同期] 出镜记者：观众朋友，我现在是在杭州郊区的一个非常大的茶园里。今天在这里，我们没有看到采茶的姑娘，却碰到了一个正拍摄广告的摄制组。和许多明星出现的场合不同，今天这里既没有追星族，也没有围观的群众，可能谁也没有想到，今天在这里正在进行秘密的广告拍摄的正是，香港演员周星驰。

[解说] 正如人们乐于谈论的那样，电影之外的周星驰完全没有了在镜头里的样子，拍片之外很少说话，只有在镜头前他才露出印象中的喜剧表情。

[同期] 周星驰：曾经有一瓶娃哈哈非常茶饮料，放在我的面前，我没有珍惜，等我喝完后才后悔莫及，人世间最痛苦的莫过于此，如果有人能再给我一瓶，我会对他说我爱你，如果一定要加上一个数量，我希望是一万瓶。

……

［解说］一天的拍摄下来，周星驰始终都是沉默寡言，尽管当天的广告拍摄工作强度很大，但想必这对于拍过几十部电影的周星驰来说应该没什么问题，少言寡语或许是他生活中的真我的表现，抑或是在现场养精蓄锐的招数。不管怎么说，能够看到电影之外的一个完全不同的周星驰，对于喜欢他的观众来说应该算是一个不小的收获。

导语：趁周星驰拍广告间隙，我们的记者采访了他。没想到周星驰这回敞开心扉，给我们说了好多他刚出道时的艰辛。让我们去听一听这位喜剧之王的星路历程。

［同期］周星驰：我训练班出来的时候，应该是1981年，我做龙套演员一年，然后就变成一个儿童节目的主持人，五年之后再出去，再做龙套演员又一年。

我当然有最辛苦的时候，就是为什么都没有机会？我只是要讲两句对白，都没有机会吗？就是没有机会的时候，感觉很难受，但是你还是有一个很明确的目标在前面，我一定要讲两句对白。

其实我真的没有想过，我会当大明星的。我是因为我真的喜爱演戏，对我来说有一点点的机会给我表现一下，我已经很开心了。

这个机会的实现是在一个电视台的电视剧，叫《生命之旅》，有一个电视剧是跟万梓良演的。它是我第一个演的电视剧。我终于有机会去演戏了，这样子虽然也差不多是龙套，对我来说已经兴奋得不得了了。万梓良对我来说，他教我很多演戏方面的东西。

没有什么红不红起来的，我就是认为我当儿童节目主持人这个经验是蛮重要的。那时候因为这个儿童节目，是非常空闲的，不是每一天都有工作，一个礼拜工作两天，还有五天我是坐在家里没事做的。那时候，我就去研究这个演出方面的东西，看书，看其他人，看其他演员，一些理论方面的书，我都看过，虽然现在我都忘记了。在那个时候，我整整五年的时间，每天都是在准备，如果有机会给我，给我演的时候，我就要怎么样怎么样去演，那时候想得最多。

（赵军歌）

这是一个类似报纸的“记事加访谈”的形式。记者本来是只准备做一般形式的报道的，但既然能抓到在一天的广告拍摄里都“始终沉默寡言”的周星驰袒露心扉大讲当年的机会，真是再妙不过了，于是就有了这段比较完全的周星驰出道自述实录，应该说是挺有新闻价值的。

由此可见，广播电视的文化娱乐新闻特别重视的是采访，有时候采访即报道。但是，不能因此就重采访而轻写作，广播电视新闻的写作也还是有讲究的，特别是报道的结构和语言。

186. 什么是娱乐新闻？

在报社内部机构设置上，综合性的报纸给从事娱乐报道的人员专门设一个部门，有的叫文艺（化）部，有的虽还叫副刊部，实际上是以报道文化娱乐新闻为主。

专门的娱乐报就直接是新闻部，这让文娱记者们特别提气。为了扩大销量，行业报也有文化娱乐版，也刊登娱乐新闻。因此可以说，没有娱乐新闻，几乎就不成为一张报纸。

187. 娱乐新闻的写作要注意哪些问题？

1. 不能违背新闻报道的基本原则

新闻写作不像文学写作那样可以随心所欲不受事实的约束，而且由于新闻以传播信息为其基本功能，无论如何创新，不能违背新闻报道的基本原则。

这一点，在娱乐新闻的写作上也一样。

2. 要具有可读性

从受众对娱乐新闻的要求看，其可读性是摆在相当重要的地位上的。一般的政治新闻、经济新闻、科技新闻枯燥一点，还是可以容忍的，但如果连娱乐新闻都不好看，那就让读者太失望了。

3. 娱乐新闻要好看

从娱乐新闻所传播的内容上看，一般只要选材没问题，好看是比较容易做到的。但是内容好并不就等于好看，好看的新闻离不开规范和用心的写作，这就要求记者们在写作时要多多把握了。

188. 什么是体育新闻？

以消息的形式反映有关体育人物和事件的报道，就叫体育新闻。

189. 体育新闻的特点有哪些?

体育新闻是以消息的形式反映有关体育人物和事件的报道。无论在哪一个国家，体育新闻都是广受欢迎的，那么体育新闻有何特点呢?主要特点如下。

1. 时效性强

体育竞赛，万人瞩目，谁的报道最迅速及时，谁就会在新闻竞争中争得主动。一般而言，体育赛事的结果发生在何时何地都是事先预定了的，人们在赛事开始以前就已经期待着结果的发生，而且伴随着强烈的情感倾向。比赛一结束，新闻界必须马上向受众提供比赛的结果。因此，体育新闻具有很强的及时性，要求在最短的时间内把比赛结果报道出去。各新闻传播媒介和从事体育报道的记者，都深明此道，争分夺秒抢发体育新闻。

2. 受众广泛

体育运动、赛场竞技是人类的意志、毅力、竞技水平和竞争精神的综合反映，它象征着人类向自身的体质和心理素质的挑战和超越，具有很强的人情味和观赏性。摄影家们认为，体育比赛“最能体现人性的一部分”“在这一系统世界里，我们可以看到人类的奇迹，也能看到人类的顽强、人类的精妙技能、人类的希望。当然，我们也能看到人类的失败……它诱惑着人们去通过它透视人的状况”。正因为这个缘故，各类体育比赛吸引着成千上万的观众，拥有数不胜数的体育迷。同样，以体育竞技活动为主要报道内容的体育新闻，拥有十分广泛的受众群。

3. 专业性强

体育新闻的报道内容涉及球类、田径、游泳、射击、举重、跳水、体操等数十个类别，每个比赛项目都有特定的技术要求和比赛规则，专业性较强。不懂得基本的体育专业知识，不仅欣赏不了体育比赛，也写不出像样的体育报道来。另外，由于体育竞赛规则的复杂性和技巧的专业性，一个体育报道者要想在各个项目上都成为内行，几乎是不可能的。为此，报道者都有自己的特长。

4. 以表现力量和竞争精神给人美感

体育新闻，特别是赛事新闻，在获得成绩的同时，都会有一种精神快感，也就是美感。这说明体育新闻有一定的审美功能。体育为何有美感?主要是来自体育比赛中表现出来的生命力。这种生命力通过两个途径呈现给观众。一是物理的力量；二是精神的力量。能够把这些力量传达给读者的体育新闻，就能使读者获得精神的愉悦。

190. 体育新闻主要包括哪些种类?

1. 综合新闻
即全貌性地综合反映某一时间或某一阶段、某一类别、某一范围的体育运动。
2. 比赛新闻
即反映体育竞技运动的情况。
3. 人物新闻
即反映人们普遍关注的体育运动优秀人物的报道。
4. 会议新闻
即有关体育方面重要或有特点的为人们普遍关心的会议的报道。

191. 怎样才能更好地进行体育新闻的采访?

体育新闻，是以消息的形式反映有关体育人物和事件的报道。我国的体育事业空前繁荣兴旺，出现了全国性的体育热潮，体育热促进了体育新闻热。体育是大众的话题，体育报道已经成为引起读者广泛兴趣的新闻品种。体育新闻的每一个环节都特别重要，那么怎样才能更好地进行体育新闻的采访呢?

1. 认真做好采访前的资料准备工作

采访前的资料准备工作做得充分与否，将直接影响到体育报道的成败。前期准备资料，是体育新闻的背景材料，对于丰富体育新闻内容、交代清楚相关事实的来龙去脉，有着重要的作用。所谓资料准备，指要提前掌握所报道的比赛项目的比赛程序和要求，了解参赛双方的实力状况，熟悉双方主要运动员的基本情况和过去的参赛成绩。

2. 懂得体育专业知识，成为体育内行

体育比赛具有较强的专业性。各种比赛项目都有自身的规则和程序，都有独特的专业术语和专业要求。体育报道者应该学习这些专业知识，使自己成为内行。只有对该行熟悉了，才能与采访对象找到共同语言，才能提出有质量的问题，才能写出有深度的报道来。

3. 抓住特点，找准报道对象和内容

赛场上涌现的新闻人物、新闻事件以及新的风尚，就是体育新闻的报道对象，因此，报道者的注意力应着重放在以上几个方面，努力挖掘有价值的新闻。

在报道赛场人物方面，记者应把主要精力放在比赛的优胜者上，报道他（她）

们获胜的经过和结果，以及他（她）们的成长经历。但是，对于那些落马名将，也应予以适当关注；对于落马不落志、认真总结教训不断提高自己的运动员，也应予以报道。还有，对为培养优秀运动员做出贡献的教练员、陪练员和运动员的家长，都应予以注意，条件成熟时应加以报道。

赛场上发生的有意义的新事件、新风尚，也是重要报道内容。

报道对象和内容确定之后，怎样抓住特点去深入采访，挖掘出有特色的新闻事实，便成为突出的问题了。对于赛场老将，要写出新意则要困难得多。应设法采访到他们的新材料，以新的报道角度去报道他们，以免与以前的同类报道相重复。对于赛场上新冒出的“黑马”，其特点比较容易把握，因为人们还不了解他们，只要把他们的成绩及成长经历报道出来，人们就满足了。

192. 为什么写体育新闻必须进行现场观察?

体育竞技具有很强的观赏价值，令人赏心悦目。体育新闻报道要力求把比赛现场紧张激烈的竞技场面、情节、细节和赛场气氛反映出来，把受众带入赛场，使他们产生身临其境之感。为此，体育报道者就应亲临赛场进行观察和个别访问，掌握大量生动、具体的第一手材料。采访不深入、仅凭道听途说，是写不出优秀体育报道的。

我国著名记者、原新华通讯社社长穆青在分析一些新闻报道写得不生动感人的原因时指出：“病根就在于采访不深入，缺少细致的现场观察，只看到了轮廓，而没有找到典型场景和细节。因而只能告诉读者一个一般化的概念，构不成感染读者的具体、生动的形象。这是我们记者队伍里一个常见的‘顽固症’。要治好它，就要尽可能深入现场，用眼睛去观察，用全副身心去体验。”体育采访中所说的深入现场观察，既包括到体育比赛的现场去认真察看、观察比赛场景，也包括到运动员的集训场地和生活区去观察了解他们的训练情况和生活情况。根据报道内容，定出每次的观察内容。

赛场观察的任务是：捕捉比赛过程中有意义的比赛情节、细节，赛场气氛，运动员、教练员有特点的话语，并及时记录下来。这种观察越是细致，写出的报道就会越有现场感。

193. 写作体育新闻的要求有哪些?

1. 学会预测与分析

科学、准确地预测报道往往令人拍案叫绝。一般来说，在重大的运动会或某些重要比赛之前，读者需要对比赛进行预测。这要求报道者写作中能总体上把握赛事的情况，根据历史的与新近的情况，分析各队的实力，对比赛的结果进行分析、估计。

这类报道，难度大，风险大，对读者的吸引力大，对记者是一种挑战。

2. 在深度上做文章

报刊体育新闻写作所追求的“制高点”就是：能从深度上来做文章，从分析体育现场入手，来揭示体育运动深层的规律。

3. 把握情趣与理趣

体育新闻写作应该跳出程序化、模式化报道，表现出体育新闻的情趣与理趣。

在体育新闻的写作中，只有读者全身心地投入到体育运动中去，才能体察到那份运动中特有的情趣，并用饱含深情的文字表达出来。体育新闻动人的关键就在于此。

体育新闻的情趣还表现在语言幽默、富于人情味等方面。

体育新闻的理趣，又是体育新闻写作另一方面的要求。

理是事物的内在联系、本质，是蕴含在个别中具有普遍性的东西。理是深层的，无法直接由感官来把握，而需要透过可被直接感知的事与理，经过开掘、分析、研究才能认识。因此有理趣的体育新闻多给人以思想的启迪。

第四节　广播、网络新闻

194. 写作广播新闻在方法上应注意哪些问题？

由于媒介的不同，广播与报纸的报道在手段和方式上存在着很大的差异，但在其写作上，广播新闻的写作与报刊新闻的写作没有原则区别，只是应在方法上注意以下几点。

1. 形象具体

这应适用于任何新闻，但广播新闻要求更加严格。广播不大适宜播送理论较深、篇幅较长的文章（因为听众没有充分的时间思考），也不适宜搞连续性报道（因为听众难于保证次次收听），因此，广播新闻中要用更多形象具体的事实来说明问题；同时，听众收听广播同看报纸还有区别，看报纸一般是坐下来一字一句地阅读，听广播时则往往手下还要干别的事，精神不是很专注，这样，形象具体的事实才能够引起听众的兴趣。这正如鲁迅所说：“诉于耳的方法，和诉于目的时候是全然两样的。所谓听众者，凡事都没有读者似的留心。简洁的文字，有着穿透读者的心胸的力量，然而在听众的头里，都毫不相干地过去了。听众者，是从赘辩之中，拾取兴趣和理解的。”

2. 行文流畅

若报纸是一个面的话，那么广播就是一条线，因此，广播新闻的行文应该开门见山，环环紧扣，使人听了很容易就听懂了。根据这一要求，报纸上常用的提问式、描述式、引语式导语和不便于听的怪导语、延续性导语以及插叙、倒叙等手法，都不适宜在广播中使用。

3. 表现粗放

广播新闻除少数情况外，多数比报纸上的新闻表现得粗放一些。比如某些事件的详细过程，某些详细的数字，某些详细的经验，某些详尽的分析和论证等，都可比报纸简略些。这主要不是为了节省字数，而是为了便于听，便于记。比如，一位新闻采写人员寄给电台一篇稿件，讲到某地为了解决民办教师的工作和生活困难，采取了十二条措施。电台编辑认为，这十二条登在报纸上是可以的，可供人们逐条琢磨。用于广播则难。与其蜻蜓点水，不如对其中主要的几条多着些笔墨，其他的一般措施略提或不提，这样，给人的印象会深，针对性和指导性也会较强。事实证明，这种写法效果是好的。在庞杂的材料中把握精华，在纷纭的事物中抓住要害，绝不是轻而易举的事情。

4. 篇幅短小

一次新闻广播，只能一条条按顺序收听，不能中途进行选择，而多数听众都希望在有限的时间内听到更多的消息，因此，篇幅短小便成为广播新闻的又一特征。

5. 迅速及时

无线电波的传播速度为每秒 30 万公里，绕地球七圈半，因此，广播的传播速度比当今任何一种新闻工具都快。无论是专业的还是业余的广播新闻采写人员，都必须时刻注意广播的这一长处，努力提高广播新闻的时效性。广播新闻如果落于报纸之后，那就在相当程度上失去了存在的意义。

我国的广播新闻的时效性近几年有了明显提高，但与广播新闻应有的速度相比，差距还很大，从根本规律上认识这一问题的重要性是必要的。

为了快，就要赶，这是广播新闻记者经常遇到的一种考验。这种考验比报刊记者多。比如，一项重要活动下午 6 点结束，报纸第二天见报，而电台晚上 8 点就开始广播，于是考验就来了。为了保证质量和时效，广播报道者应尽量争取事先多采访到一些材料。

6. 适当重复

广播不留痕迹，不便查找，因此必须有适当的重复。这包括三种情况，一是整个广播节目的重复。适合各方面听众不同时间的需要。二是部分内容的重复。比如，为报道某个事物的背景材料，如果时间不是相隔较久，报纸上不宜重复使用。与之相比，广播就很有优势，相隔几月、几周甚至几天后仍可重复。广播没有时间回忆，每一件事都要讲完整，过去用过的某些材料，只要需要，复用一下是有益的。当然，复用时可以一次比一次简略。三是部分词语的重复。比如报道某个工厂，报纸上出现一次厂名即可，广播中则应多出现几次，以便让大家听得清，记得住。

上述几点是广播新闻写作的基本要求，为了使广播新闻顺利发展，其写作的基本要求是必须要遵守的。

195. 广播新闻的语言应具备哪些特点?

广播，是传统三大传播媒介之一。通过广播报道新闻，是新闻传播活动的重要组成部分。与其他新闻的最大区别是语言的不同。因此，为报刊读者写的东西不能原封不动地拿到广播中来，必须经过文字加工，使它由适合于看，变成适合于听。根据这一原则，广播新闻的语言除了同样需要准确、朴实、简洁、通俗以外，还应强调或补充说明如下几点。

1. 通俗口语

报纸上的新闻要求通俗，但不一定要求口语，广播则要求两者兼而有之。也可以说，广播新闻语言要求通俗到口语化的程度。这是广播语言的基本要求。因此，当提笔写广播稿的时候，应该注意多使用口语。

根据口语化的要求，下面这些工作是必须注意的。

将书面词语改成口头语。比如“暮色茫茫，风雪满天”，应改为“傍晚的时候，刮着大风，下着大雪”，“转瞬间”应改为“转眼之间”等。

将单音词改为复合词。比如“并、但、应、现、已、时、较”应改为“并且、但是、应当、现在、已经、时候、比较”。

音同字不同的词要分清。比如“全部”容易听成“全不”，不如改为“全都”；“走近八宝山”容易听成“走进八宝山”，不如改为“走到八宝山附近”等。

2. 简洁明快

广播一瞬即逝，没有充分的思索时间，更不能停下来反复研究，因此它的语言一定要干净利索，简洁明确，一听就懂。不可以在一句话中堆砌很多概念和词语，倒装句等有碍于听的句法句式，是应该避免出现的。

3. 生动优美

为了便于听，广播的语言还要求多样的句式、形象的比喻和音律的协调。汉语的音乐感很强，写广播稿时，应该充分地运用这个好条件。比如：

在办公室里，你一言，我一语，一声比一声大，一声比一声高。

这是个对仗句，音韵也好。这里的“言”字是平声，“语”字是仄声，“大”字是仄声，“高”字又是平声，这样平仄相间，听起来优美流畅。

广播事业有了很大发展，许多报刊上的新闻、文章等需要通过无线电广播或有线广播传播给广大群众，因此，即使是报刊新闻，也存在一个口语化的问题。如果专业和业余新闻采写人员都能做到这一点，使报刊、广播、电视充满清新、简洁、口语化的语言，那将是人们的幸事。

196. 什么是网络粘贴新闻？

从网络新闻的发展过程来看，粘贴新闻是最原始的一种方式。一般的商业网站都是从传统媒体，特别集中的是将报纸上印刷好的内容一字不改地拷贝到网上。粘贴时间跟着报纸走，甚至要落后于出报周期。这样的粘贴只是在某种程度上扩大了媒体的覆盖面。

就在一些网站还在亦步亦趋地拷贝的时候，新浪等商业网站，开始了另一种粘贴。从内容上看，它博采众长；从时效上看，它身手敏捷；从媒介形式上看，文字、图片甚至音频、视频，全方位出击。这样一种粘贴，可以说才是发挥了“ICP”的真正优势，以快、以全取胜。也因此，新浪一时名声大噪。

这种“求快”“求全”以及取悦受众的“粘贴”式新闻处理，在当时确实是奏效了。因为，1998 年的中国互联网，还是一个新闻短缺的时代。产品短缺时代，“有”就是“好”。“粘贴”依赖着不可比拟的技术优势，搭建起了网络这个大的新闻平台并为每个新闻网站或频道添砖加瓦。依靠着“及时、全面”两个法宝，使网络得以和传统媒体竞争。

当然，随着网络的迅速发展，互相粘贴带来的新闻趋同性逐渐被重视起来。这不但不利于一个网站品牌的建立，而且粘贴过程中新闻信息的“损耗”与“失真”，也是有目共睹的。仅有“粘贴”是不够的，这也就使网络新闻必然要向其他层次发展。

197. 什么是网络编辑新闻？

在传统媒体中，改正错别字，是稿件编辑的最基本要求。但是，似乎在网络中有一条不成文的规矩，“无错不成网”。但因为网络新闻主要是以在公共领域流通为主，字词的准确性直接影响到新闻意义的传达。因此，网络新闻的编辑仍然具有重要的作用。

做标题也是编辑新闻的一个重要环节。在网络新闻中，标题具有特别显著的导读效用。标题是争取点击率的重要手段，但是，不能片面地把做标题的意义理解为就是“骗”点击率。网络的新闻阅读是一种快餐式阅读，很多人只是通过扫描标题来获得一些基本印象。因此，一般性新闻的标题，应该更多的是以提示新闻事实为主，而不要故弄玄虚，避免“挂羊头卖狗肉”似的骗术。

除了改正错别字、做标题，编辑新闻还包括对新闻的真实性、权威性加以审核，对事实性、政策性、知识性等错误加以纠正，提高文字的准确性、可读性，以保证新闻的质量。这是对“粘贴新闻”可能出现的漏洞加以预防或弥补的一个重要方面。此外各个网站在“编辑新闻”方面还可以根据自身的受众特点，对一般流通的新闻进行合理的、不带歧义的剪裁，使之更加精练，更加适合特定网民的需要。

198. 什么是网络组织新闻?

网络新闻的组织形式，是对传统的思维方式的一种挑战。报纸的版面编排，遵循的是“平面思维”，即将所有内容组织在一个一览无余的平面空间中。而网站的页面设计遵循的是“平面+立体思维”，既要考虑一个平面中的内容的组织，又要考虑页面与页面之间的层次与递进关系。

在新闻网站的“平面设计”中，应将实用性与审美性结合起来。实用性，既指网页内容易于阅读，又指编辑意图能得到充分表达。在表达编辑意图方面，“最像报纸”的“新华网”的设计，大胆借鉴报纸的手法，充分地运用“版面语言”，收到了不错的效果。审美性则表现为文字、色彩、图像、动画等多种手段运用后产生的综合美感。这种美感不仅能更好地烘托内容，也在潜移默化中制造着网站的亲和力。

网络新闻的内容组织，又可分为三个层面：挖掘各种新闻或信息之间的内在联系——基本层面；策划新闻选题或专题——中间层面；构造整个新闻网站或频道的内容框架——宏观层面。

通常是利用“超链接”方式，对“关键词”或新闻背景、有关知识、相关新闻等加以补充，以延伸报道。这里主要体现的是一种服务意识，但是，既然是服务，就应该作为一种承诺来执行，即每一个链接都应该是负责的、有用的。由系统自动生成的相关新闻中，也应该加以人工干预，保证其真正的“相关性”。

从专题上看，一般新闻网站或频道在遇到重大新闻事件时都会推出自己的新闻专题。在这种情况下，专题的竞争，常常不是题材上的竞争，而是组织方式的竞争，特别是在栏目的设计上。一些细微的差距，可以体现出不同网站的功力。例如，同是美国军事打击阿富汗的专题，面对一般网站的笼统的“各方反应”栏目，新华网推出了“经济冲击”，使栏目的指向性更强，更容易引起人们的关注。

专题也往往是多媒体内容比拼的时候。人们对多媒体的理解，片面停留在音频、视频上，但这些素材本身的采集却是较为困难的。事实上，图片、动画、各种图表，更容易体现一个网站对新闻事件的理解，也更能发挥自己的创造性和个性。国外的新闻网站，在这方面有很多实例值得我们借鉴。

现在网站的专题多是被动的，往往是由外界（例如突发新闻事件）所决定的，这就很容易雷同。如果能有一些策划的独家专题，类似凤凰卫视的“千禧之旅"“两极之旅" 等，将会形成更大的影响力。当然，这样策划的活动，要考虑到投入产出比，以及与传统媒体的合作。宏观层面的内容规划，是对网站的受众资源、网站自身资源等综合认识后的产物。它包括网站新闻的读者定位、网站新闻的栏目规划、网站的特色制定等多个方面。

从读者定位看，网站不仅要考虑读者的相关统计数据特征，例如年龄、性别、受教育程度等，还要尽可能考虑读者的心理与行为特征，来作出更为准确的定位。

从栏目规划看，除了要满足目标受众的需求外，还要充分发挥网站自身的优势，突出重点栏目，成为品牌建设的突破口。例如，“强国论坛”是“人民网”的强势之一，也就成为“人民网”的重点建设项目。“新华网”的一大优势是图片资源，因此，在栏目设置时，它就向图片新闻栏目做了倾斜。

第七章　新闻采写如何采写新闻专访、特写和调查报告

第一节　新闻专访

199. 什么是专访？

专访是对事先选好的新闻人物、单位、部门进行专题采访报道。常用的专访类型分人物专访、事件专访和问题专访。

200. 专访的特点有哪些？

所谓专访，就是记者针对特定的人物、事件或问题，事先选定采访对象，经现场采访之后，根据谈话记录整理而成的一种新闻报道体式。专访与通讯有不少相似之处，人们称它为“特殊的通讯”。那么专访有哪些特点呢？

（1）访谈性

和谈话消息一样，专访也有着明显的访谈特色，无论专访者是否出场，都能感受到专访者的存在，纵然采用被访者自述式的表达，那自述也是面对专访者，看着专访者的眼神娓娓道出的。

（2）纪实性

新闻都是纪实的，专访比谈话录消息的纪实色彩更浓，而且都是以记言为重要特色，二者的区别在于记言的笔触不同。

（3）针对性

专访的访问对象，是事先确定的，不是在采访活动中临时抓到的，这也是访谈类新闻的共同特点。

（4）特定的访问对象

和访谈录消息一样，专访也有更强的针对性。谈问题，为给予受众某种启示；访人物，为昭示人物某种精神，点亮社会心灯。

（5）专一集中的访问内容

这是专访有别于其他体裁的通讯，又不同于访谈录消息的重要特征。“专”是记者根据目前形势和受众的期待，事先就一个比较热门的问题，针对一个专门的目的和意图进行采访和写作的一种特征体现。写人物，不像一般人物通讯，刻画人物全貌，而只写人物的某一种精神，某一方面的业绩，甚至只写某一件事。写问题，只写一个，且多取一个小的角度。和访谈录消息比较，专访所访谈的内容更为集中专一。

（6）文学的笔触

这是专访区别于访谈录的最重要特征，也是它和通讯的共同点。在实际的新闻报道中，由于体裁间的融合、借鉴、转化、移植，形成了一些既像访谈录、又像专访的作品，是正常现象。因材设体，不拘一格，一切要根据表达的需要灵活处理。通讯的三个特点：新闻性、文学性、评论性，专访都具备。所谓文学的笔触，就是说它运用描写、抒情等形象化、情感化的笔触，而不像访谈录那样，基本都是问答、叙述的方式。

201. 专访的结构是怎样的？

专访的结构分为标题和正文两部分。

1. 标题

一般由正题和副题组成。正题揭示主题思想，副题说明采访对象，前面冠以“访”或“记”字样，如《直如蛛丝绳，清如玉壶水——访刘绍棠》。有的专访的标题只有正题而不设副题，如《××专访》。

2. 正文

正文包括开头、主体和结尾三个部分。

（1）开头

一个漂亮而得体的开头，可以立刻抓住读者的注意力，引起他们的阅读兴趣。

专访的开头样式很多。从表达方式的运用上分，有叙述式、描写式、抒情式、说明式、议论式等；从内容的安排上分，有开宗明义式、介绍说明式、烘托渲染式、直接问答式等。如何开头，要根据表现主题的需要去定。

（2）主体

本部分是专访的核心内容。这部分要立足于采访过程，以表现主题、突出主题为宗旨，展开内容。其写法主要有纵式和逻辑式两种形式：前者是按照采访过程去写；后者是根据逻辑关系，用主题的红线，把一次采访的几个场面，或几次采访的重要场面、重要谈话，巧妙地联结起来，融为一体。

通常专访主体的写作都是将叙述和一问一答式的对话交织在一起的。

（3）结尾

精彩的结尾，应该对主题起到升华、深化的使用，给读者留下无限的回味和深层次的思考。

202. 写作专访时应注意的要求有哪些?

新闻采写人员在写专访时，应注意以下几点写作要求。

1. 记言准确传神

专访和谈话录消息一样，记言是最重要的特色，同样要求记言必须准确而传神。专访不仅要准确记录谈话的寓意，还要准确体现被访者的性格、身份。要抓住被访者个性化的语言与风格，再现于作品。对于被访者的话，可以直接引用，也可以转述即间接引用。直接引用更具现场谈话氛围，间接引用便于概括集中。

2. 再现场景

这里的场景，是指访问现场。再现场景于作品，一是给读者以身临其境的感觉，增强作品的表现力；二是以景写人，用场景衬托人物身份、性格、情趣和精神风貌。

3. 透出时代气息

专访，访的是当代人物，写的是当代人们关心的事情或问题，因此，时代感便成为专访的生命。时代感，主要是通过问题的针对性和人物的精神、观念体现出来的。

选题要切准时代脉搏，要写当代人们关注的问题，写当代人们政治生活、经济生活、文化生活中普遍感兴趣的问题。选择专访对象，要选择具有先进思想、先进事迹或者掌握先进知识、先进文化的代表性人物。

只要问题切准了时代脉搏，人们具有时代的代表性，专访的时代精神、时代气息也就在其中了。

4. 新鲜活泼

新鲜是指内容而言，活泼是就形式而论。内容新鲜，一是要及时捕捉生活中出现的新问题和新人新事；二是要选择好新闻的由头，这里就有个时机问题。

5. 专访要“专”

专访的“专”，表现在两个方面，一是内容的专题性，写人、写事、写问题都要求集中、专一，不宜散。二是媒体专栏、专页、专版的“专”有特色。不同的媒体，面对不同的受众，有不同的需求，因此不同的媒体应形成自己专有的、不同于其他媒体的专访栏目，谈论自己的受众关心的问题，访问自己的受众关注的人物，采用贴近自己受众的语言和表达方式。

另外在写作专访时，还应注意下列问题。

（1）做好采访前的准备工作

准备工作包括选择好专访对象，确定采访目的、方法，收集必要的资料，列好采访提纲等。

（2）采访的主题要鲜明、深刻

专访看是一问一答，对主题没有严格的要求，其实专访的新闻价值就在于主题是否鲜明、深刻。

（3）要处理好人称变换的关系

变换人称时要注意衔接过渡，切勿因人称变换的原因，使读者分不清哪些是采访者说的，哪些是被采访者说的。

（4）要带着浓厚的情感来写，只有作者有情，笔下带情，文章才能流露出真情，才能收到感人的效果。

203. 什么是人物专访？

人物专访，就是抓住当前人们普遍关心的人物或单位，用第一人称出场的形式写，常用问答式介绍访问内容。

这种报道以“访”为主，即以叙述被访人的看法、意见为主，围绕被访者对某特定问题的看法，写他在这方面的经历和见闻。

204. 写作人物专访时要把握哪些要求？

新闻采写人员在写人物专访时，要把握好以下几点写作要求。

①要交代清楚访问对象和访问原因。

②对被访问者的描述要有重点。

③要抓住特点，刻画出人物的精神面貌。

④要注重描写人物语言，给人以访问的实感。

⑤人物专访的结尾，可写一点作者的感受或对被访者的祝愿和希望。

附：人物专访的写作范本

西湖何时能列入世界遗产

——访杭州市园文局总工程师　施奠东

《文汇报》驻杭记者　万润龙

××××年××月××日　××××年，最让杭州市民感到荣幸的，是西湖这颗美丽的明珠终于被列入了我国的世界遗产“预备清单”。这意味着杭州西湖的“闻名于世”不久将名副其实。然而，申报世界遗产从进入“预备清单”到被正式列入之间还有一段漫长而又艰难的路要走。杭州市将如何走完这段路？将会遇到哪些障碍？带着问题，记者走访了杭州市园林文物局总工程师、杭州市风景园林学会会长施奠东先生。

施奠东表示，就杭州西湖的历史和内涵讲，是具有列入世界遗产资格的。西湖从良渚文化开始已有四千多年的历史，它的造园艺术在世界造园史上独树一帜，人文景观与自然景观融为一体，山水比例和谐合理、柔美壮丽，钱塘江与西湖由山相连，并成为城市的一部分，西湖自然景观基本保持1000年前的样子，苏堤、白堤、三潭印月、西泠印社历经岁月沧桑仍保持原来的布局和面貌；飞来峰造像、慈云岭造像，是继敦煌石窟、龙门石窟之后承前启后的稀古石刻；吴越和南宋还留下了许多珍贵的遗址，虽然建筑物大多被毁，但仍基本保持原来格局。自然景观与人文景观结合得如此完善，并成为城市的组成部分的风景名胜区在世界范围内确实少见。但可惜的是，湖东高楼耸立。现在从西湖东望，湖东虚灵空透的空间已基本封死，环湖“三面云山一面城”，似乎成了“三面云山一堵墙”。

施奠东认为，西湖申报世界遗产至少需要解决以下一些矛盾。第一是西湖与城市的矛盾。西湖是城市的一部分，受城市化的影响太大，对申报很不利。第二是城市发展与景区治理的矛盾。必须对不利申报的问题加大治理力度，如已经开始进行的西湖疏浚，对污染西湖的源头作治理，又如对西湖景区的常住人口进行控制等。第三是管理体制的矛盾。风景名胜区是特殊的区域，应该用特殊的管理机构和特殊的管理方法。但目前西湖景区区域的管理部门较多，大多采用管理城市的方法，个别地域甚至是用管理农村的方法在管理西湖。多头管理，政出多门使西湖风景名胜区的保护受到威胁，会影响申报工作。第四是遗产的标准与吸引游人的矛盾。国际上遗产地区一般要求游人尽量分散，防止污染，保持好原貌，但西湖有些时期超负荷接待游人，这对保护不利。这些矛盾需要花大代价乃至作出巨大牺牲去解决。

施奠东先生向记者介绍说，杭州市委、市政府在反复多次组织海内外专家论证后，已经对申报工作达成共识，申报工作已开始进入实质性运作。目前，已经成立了“申报遗产”领导小组，并在杭州市园文局专设“申报”办公室。一份“申报遗产”预备清单的详尽文字材料已经基本拟就，正在征求专家意见，经修改后在今年春节前后可以上报国家有关部门。参与申报的专家组着手对西湖整治提出具体意见，有些整治工作已经开展，如西湖淤泥的疏浚，景区的违章建筑的拆除，及贯通环湖绿化带等，对影响景观的建筑群，专家们正准备提出对症下药的建设性意见。此外，对在“申报”前形成的《西湖名胜风景区总体规划》，根据“申报遗产”的要求和标准着手修订，拟邀请美国哈佛大学来参与这项重要工作。

施奠东先生表示，申报过程其实是对西湖价值再认识的过程，西湖独有的自然和人文景观的不可再生性，便是其价值所在，也是其“世界性”的显示。而眼下最困难的是亟须理顺西湖风景名胜区的管理体制。有识之士已就此事呼吁了多年，现在应该是“水到渠成”的时候，这不仅有利于加强对西湖的保护、利用、规划和建设，也有利于“申报”工作的顺利开展。施奠东先生最后表示，西湖申报世界遗产的工作既然已经进入程序，而杭州市委、市政府及各有关部门也已形成共识，“西湖申报”前进路上的障碍一定能一一扫清，“西湖申报”也一定能成为现实。

205．什么是事件专访？

像事件专访这样的专访虽然也是采访人，但采访者和采访对象的主观意向都不在于人本身，而在于采访对象所经历过的或比较知情的某件事。从采访者角度来看，目的无非集中在以下两点：请采访对象提供事件的过程或真相；请采访者发表对事件的意见和评价。

附：事件专访的写作范本

科技的能量有多大？

——中国科协副主席吴阶平访谈录

高　萍

《半月谈》××××年　一间书房，沿壁书橱摆满了中国大百科全书和中外科技、医学专著，精神矍铄的主人正在撰写书稿，此情此景恰好映衬了吴阶平教授那“献身、创新、求实”的心境。

听说记者要他谈谈科技是第一生产力的问题，这位74岁高龄的中国科协副主席颇有感慨：科学技术是第一生产力现在大家都会说，然而，科学技术的能量到底有多大，恐怕没有多少人能讲得明白，因为这是很难计量的啊。

吴阶平教授是我国泌尿外科学奠基人之一。作为中国科学院学部委员、中国科协副主席，他对其他领域科技的发展也很关注。据他介绍，科技在古代发展是缓慢的，与经济的关系也不密切，但是近代蒸汽机的发明导致了第一次产业革命后，情形就不同了。这次产业革命的发祥地英国因此大大提高了劳动生产率，它在世界各国中工业产值的比重猛升到39%，煤和铁的产量更占到了50%，外贸总值达32%，商船总吨位则是荷兰、美国、德国、俄国的总和。之后，科技的进步使美国、德国崛起，英国的地位有所下降。但是，科学技术对生产力日益增长的影响，却引起了更多人的重视。有人用这样一个公式来表示它：生产力 =（劳动者 + 劳动工具 + 劳动对象）×科技。

到了20世纪后半叶，由于科技在许多领域取得了巨大突破，以信息技术、生物技术、新材料技术、新能源技术、空间技术、海洋开发技术为代表的高技术群以及相应的高技术产业的出现，对生产力的发展起到了巨大推动作用，更开阔了人们的视野。

吴老列举的一个个事例，确实令人叹服。

美国洛克菲勒基金会的一个农业小组，1961年育成的“墨西哥小麦”，使墨西哥的小麦平均亩产由60公斤提高到200多公斤。这个基金会和福特基金会组织的国际水稻研究所，在1965年又育成“菲律宾水稻”。这一品种的生长期仅105天，热带地区一年可三熟，单季亩产600公斤，三熟亩产可达1500公斤。

在我国，60年代突破了高秆变矮秆后，水稻平均亩产由1949年的126公斤增加到三四百公斤，而70年代育成的籼型杂交水稻，又进一步把水稻单产提高到500公斤以上，最高的可达到近1吨。

如果说这些事例还易于为人们所理解的话，那么吴阶平教授介绍的另一些科学技术对发展经济的神奇的能量，则远远超出了公众的想象范围。

法国的高速铁路实验车，时速竟超过了一般飞机，达到515.3公里。

已经开发的光纤技术，只用几磅重的玻璃纤维，传输的信息可以相当于一吨铜缆传输的信息量。

日本松下电器公司有个自行车公司，只有20名雇员，1台计算机，生产18个型号、1000多种不同款式的自行车，从赛车、公路车到山地车无所不包，而且有119种颜色和图案。当顾客购买自行车时，先到商店去量一下自己的身体尺寸，然后由商店把尺寸传送到工厂，3分钟就绘制出顾客所要自行车的蓝图，3小时就生产出顾客需要的自行车。

有人曾作过计算，由于科技的应用推广，同样价值投入的产出比，如果钢筋是1的话，那么小轿车为5，彩色电视机为30，计算机为1000，集成电路更高达2000。也是由于科技发展的缘故，现在电子计算机的存储器所用的原料，可以比相同重量的普通铁锅便宜，但加工增值后，其售价则不亚于相同重量的最昂贵的白金。

吴老由此指出，科技的能量究竟有多大？现在用“生产力=（劳动者+劳动工具+劳动对象）×科技”的公式表示已经不够了，新的公式应该是：“生产力=（劳动者+劳动工具+劳动对象）×高技术。”就是说，科技对生产力三要素所起的作用不只是用乘法按倍数计算，而是按几何数量增值，呈指数增长。我国目前人均创造的财富，一般农业劳动力年仅一两千元，传统产业工人为一两万元，而高新技术产业人员可达一二十万元，就说明了这一点。

“但是”，吴教授把话锋一转：“科技作为第一生产力，其巨大能量并不能自然而然地释放出来，它必须同经济建设紧密结合才行。”

美国这个科技大国，20年来受到日本的强烈挑战，例如在25种半导体科技产业中，日本已有18种领先于美国。出现这种情况的一个重要原因是美国虽然重视科技的研究却忽视应用，而日本一旦掌握了科技成果，便迅速把其转化为产品，进而迅速形成高水平的、在国际市场上有巨大竞争力的产业，这是发人深省的，而且特别值得我国引以为鉴。

中国的科技水平在整体上落后于西方发达国家，要急起直追，这是谁都知道的。需要提出的是，我国也有许多科技成果，大约每年平均有2万多项。对我国的科技力量和这么多科技成果，发展中国家和一些中等发达国家羡慕不已，以至于想方设法挖我们的成果，抢我们的人才。遗憾的是，我们中国自己却显得并不那么珍惜。撇开不够尊重科技人才的现象不说，仅就科技成果而言，许多还处于样品、礼品、展品的阶段，真正能在经济建设中及时、大面积推广应用的不过15%~20%。

吴老由此及彼，谈起世界上南北经济差距。按人均国民生产总值之比计算，1968年为1:4，1977年为1:5.5，1987年为1:20.2。差距拉大的主要原因之一是由科技水平及其成果应用的状况决定的。在发达国家，科技进步因素在国民生产总值中的比重，已由五六十年代的50%左右，上升到80年代的60%~80%。而发展中国家的这一比重却小得可怜。我们中国，这一比重也只有发达国家的三分之一，而单位国民生产总值消耗的能源却是发达国家的3~5倍。

“对于我们这样一个人口众多、资源相对不足、环境污染日趋严重的大国来说，这是一个最根本的制约发展的因素。我们的国情已不允许再用能源、材料的过度消耗来搞经济建设，必须真正地把经济发展转到依靠科技进步和提高劳动者素质的轨道上来。”

吴阶平教授急切的心情溢于言表：“在当今世界各国增强综合国力的‘战争’中，谁能抢占到科技的‘制高点’和‘前沿阵地’，谁就能取胜。一国兴，兴于科技发达；一国衰，衰于科技落后。要让大家看到科技的能量，就要从这样的高度看问题。希望人们达成共识，并赶快行动起来。”

206. 什么是问题专访？

问题专访是一种出现频率较高的专访。专访者针对某一个普遍意义的社会问题，请采访对象提供有关情况或发表相关见解。问题专访一般比人物专访和事件专访有较明显的理论深度，采访对象通常是某一领域的专家学者，所发表的意见，应该具有一定的学术性、权威性。

附：问题专访的写作范本

关于民营经济的“东西对话”

覃信刚　江　涛　李作琴

××××年××月××日

（开始曲）

主持人：听众朋友好！首届中国民营企业交易会昨天隆重开幕了。这次“民交会”非常引人注目的一个内容，就是来自中国内地、港、澳、台地区以及美国、泰国、加拿大等国52位政府官员、专家学者和知名企业家相聚春城，参加主题为“中国民营企业迈向21世纪的机遇与挑战”的论坛。在国家实施西部大开发战略背景下，人们更清楚地看到，东西部的差距从社会经济的角度看最重要的一点就是东西部民营企业的差距。在今天上午的论坛上，两位来自中西部和东部地区的领导相继发言，代表了东西部发展民营经济的声音。现在我们把他们请进了直播室。今天节目的主题是：关于民营经济的“东西对话”。

一位嘉宾是山西省省长助理边鸣涛同志，另一位是温州市副市长吴敏一同志。边鸣涛是高级工程师、高级经济师，先后主持了多项专项研究工作，现在在山西省分管民营经济、西部大开发等工作。今年在山西开展了“全省万户民营企业问卷调查”，编辑了《关于民营经济的若干问题》一书。吴敏一同志是经济学硕士，研究员，曾经任浙江省经济研究所所长、浙江省规划院副院长，他还是浙江省“九五”计划的主要执笔人之一，目前在温州主要分管经济工作。

首先请问边助理：您今天演讲的题目是《民营经济——中西部超常规发展的关键》。您为什么选择这个题目？

边鸣涛：在制定“十五”规划的过程中我们发现：中西部和东部的差距，一个非常重要的方面是经济活力的差距，经济活力差距的核心就是民营经济发育的程度不同。这是东西部经济表现出的最大差距。如果抓住了民营经济这个关键，西部地区同样可以实现快速的、跳跃式的发展，缩小跟东部的差距。

主持人：请问吴副市长，民营经济目前在整个温州的经济中扮演了什么样的角色？

吴敏一：温州的民营经济因为起步比较早，应该说现在已经发展到相当的规模和水平。民营经济在温州的 GDP 当中占了 80%，在工业中占了 90% 以上，在地方税收当中也占了 80% 左右。从这三个数据可以看出，温州的民营经济起到了举足轻重的作用。

主持人：请问山西的民营经济发展处于什么样的状况？

边鸣涛：应该说还处在起步的阶段。

主持人：为什么这样说？

边鸣涛：因为我今年 5 月到温州、台州去看了一下，这些地方已经完成了原始积累的过程，市场经济体制已经基本形成，他们面临着二次创业，面临着市场经济体制的完善和提高。而在我们这里，民营经济比例很小。刚才吴副市长介绍了他们的情况，我们是倒过来的，民营经济只占 GDP 的 20% 左右。

主持人：山西和云南的情况差不多。

边鸣涛：而且我在那里也看到，他们的国有企业的影响力、控制力依然很强，几个典型的企业发展得非常好。我们这里民营企业发展的势头虽然好，但企业的规模、实力还不够，国有经济依然在国民经济中占有很大的比例，国有企业也遇到了很大的困难。出路在哪里？就是大力发展民营经济，通过民营经济的发展，为国有企业改革找到新的出路，使我们整体的经济能以更快的速度发展。

主持人：一说到温州，大家就会想到“温州模式”，请问吴副市长，您怎样评价“温州模式”的重要性？

吴敏一：“温州模式”是国内对温州民营经济发展经验的概括。我的看法是：温州能够根据中央改革开放的大政方针，结合温州自身特点，找出了一条符合温州实际的发展路子。主要体现在四个方面：一是市场，二是企业，三是政府，四是人。最核心的是温州的人和温州的政府，如果没有温州人特有的市场经济的意识和观念，民营企业不会成气候，市场也不会是现在的情况。但是温州老百姓在走向市场的过程中，没有政府的支持和推动也不行。

主持人：温州市政府是怎样促进民营经济发展的？

吴敏一：略。

主持人：边省长助理，您曾经到温州考察过，在您看来，中西部地区发展民营经济中关键的制约因素有哪些？为什么我们就不如人家呢？

边鸣涛：制约因素很多，包括交通、基础设施、资金、人的素质、文化程度、信息的便捷程度等等，但最核心的问题是在认识上，在思想观念上。我 5 月到那里去，感触最深的是那里人们的精神状态，政府部门的思想观念和行为。我曾经作过一个对比，山西人同样有经商意识和冒险精神，“晋商”在中国的历史舞台上曾经独领风骚三百年啊，这方面我们和温州人同样有商业意识。但是为什么现在差距拉得这么大呢？是老百姓的问题吗？我想首先表现在政府的改革开放意识上，这是最大的差距。我举个例子，在90年代初，我们山西也和温州一样，民间也办起了一些金融企业，像当铺等。人家采取的方式是保护它、支持它、规范它、引导它，而我们呢，采取简单的办法：关闭。他们那里运行得很好，民营的银行在温州的经济发展中起到了很重要的作用，而我们却就此停止了。这说明我们政府的行为中间，在怎样爱护民营经济的发展、保护他们的积极性、引导和规范他们的行为这些方面表现出很大的差距。如果我们都能负起责任来，敢于承担风险，敢于支持民营经济的创新，我想我们的民营经济同样会发展起来的。

主持人：中西部地区发展民营经济的优势在什么地方？

边鸣涛：中、西部的优势有两个，一是空间很大，因为我们的发展程度还不高，我们的资源也很丰富；二是国企的力量比较强大，国企在改革中它的资产、人才、管理可以和民营经济很好地结合，互相促进、相得益彰。

主持人：刚才您谈到了发展的障碍。怎样突破这些障碍？怎样实现中西部地区民营经济的快速发展？

边鸣涛：（略）

吴敏一：到了现在这样的阶段，要推动民营经济的发展，包括温州民营经济要实现第三次大的跨越，在思路上、方式上与以前肯定有所不同。从东西部这个角度，现西部地区发展民营经济，不能按以前我们走过的老路，因为现在面临的问题是国际性的挑战、进入WTO、国内市场的国际化等等，在这种背景下如果我们还按照过去的模式，比如粗放型经营、产品档次质量比较低，还是以传统的手工和劳动密集型产业为主，这样西部地区的民营经济可能就发展不起来。一定要考虑到大背景的变化，同时根据自己的实际情况寻求发展的途径。我有个建议：要在开放中求发展，所谓开放，就是要引入国内外高层次的民营企业，包括一些高层次的要素，比如人才、技术、知识产权等等。

边鸣涛：在20年的改革开放中，温州、台州等地培养出大批非常有才华的企业家，而西部最缺的就是能够驾驭市场的企业家，我非常欢迎温、台地区的企业家到山西来，带来先进的市场意识，带来驾驭市场的能力。

主持人：也带动我们西部地区企业家的成长。在会场上我注意到，边省长助理利用会议的间隙，向与会者推荐一本关于山西民营经济发展的法规、发展思路的书。那么就请您向听众介绍一下山西发展民营经济的思路。

边鸣涛：（略）

主持人：那么民营经济已经很发达的温州，未来的发展又有什么新思路呢？

吴敏一：温州未来的发展中，最主要的目标是解决产业的现代化。产业的现代化要解决几个突出的问题：第一是品牌的创新，也就是在现有的一些优势产品的基础上，更多地拓展品牌，以提高竞争力；第二是加快技术创新；第三就是企业组织制度的创新，也就是说改变过去小打小闹、以家族制为特征的组织形式，使它向现代企业制度迈进；第四是管理创新。把所有这些归结起来，最核心的是解决两个大的方面的问题，一个是解决产业层次提高，一个是解决人的素质的提高、人才的引进。我们目前大的动作有：通过信息技术的引入、网络和软件的引入，来推动产业升级。目前势头很好，国内很多IT方面的大公司、国际技术的引入，肯定会给温州传统产业带来革命性的变化。

主持人：最后请谈谈你们希望未来在各自的地方，民营经济能达到一个什么样的水平？

边鸣涛：我们希望民营经济成为下一阶段经济结构调整中的主力军，能够带动山西经济超常规的发展。欢迎各位朋友到山西和我们共同发展。

吴敏一：我想说两句话。第一对整个中国的民营企业有一个祝愿，中国的民营经济在迈向21世纪当中，通过对温州20年民营企业发展历程中经验教训的总结，能够更好地发展，以至于在中国未来的经济发展中显示巨大的发展能量，成为未来中国经济增长的一个重要支点。第二，我也祝愿温州的民营经济在21世纪创造出新的优势。

主持人：好，由于你们精彩的讨论节目时间成了最稀缺的资源。谢谢两位嘉宾，再见。

207. 什么是科学专访？

科学专访是一种以传播科学知识为主的人物专访，由采访对象向读者介绍有关某一学科或某一技术的基本知识和应用前景。

附：科学专访的写作范本

谈谈单克隆抗体快速诊断试纸

覃信刚　江　涛

主持人：听众朋友，大家好！欢迎收听今天的节目。在刚刚闭幕的第二届深圳国际高新技术成果交易会上，我们云南带去的几件产品引起了新闻界和医学界的广泛关注。这是一种用来诊断疾病或测定生理周期的试纸——单克隆抗体诊断试纸。它是由昆明云大单克隆抗体工程技术有限责任公司研制和生产的。这种试纸有两个第一，一是我国首次单克隆抗体试纸的规模化生产，二是我国首家拥有自主知识产权的单抗试纸。在今天的节目当中我们就要跟大家介绍这种产品。今天的嘉宾有：

昆明云大单克隆抗体工程技术有限责任公司首席科学家马岚博士、技术开发部主任邓双胜硕士、技术发展部主管杨云硕士。首先请马老师简单介绍一下单抗试纸。

马岚：单克隆抗体快速诊断试纸是20世纪90年代刚刚兴起的一门诊断技术。这个技术是利用高科技的生物制品——单克隆抗体为主要原料，把它组装在层析试纸上，利用免疫层析的原理来达到诊断疾病的目的。这个试纸的特点是使用非常简便，你只要把试纸放到血液、唾液、尿液这些体液当中大约10秒钟，然后取出来，10分钟以后就可以看结果，如果中间有红色色带的显现，就说明是一个阳性的结果，那么就说明有可能得病了。如果没有病就不需要到医院去检测了，在家里就可做到。

主持人：那么什么是“抗体”呢？

马岚：平时我们说谁最近身体好不好，是不是抵抗力有点下降，这个抵抗力应该说抗体在其中起了很大作用，所以抗体是我们人体内本身就存在的一大类物质。因为有抗体的存在，我们应可以抵抗很多的疾病。

主持人：什么是“单克隆抗体”呢？

马岚：单克隆抗体就是利用现代的高科技生物技术，我们叫“杂交瘤细胞技术”，特异地把能产生抗体的细胞株进行大量的培养，得到相应的抗体，然后经过分离纯化，所得到的这一种抗体物质叫单克隆抗体。

邓双胜：我们体内存在的各种各样的抗体，就像一个混合编队，如果有外来的入侵者，总会有一些抵抗的部队被派出去，对他们防御或消灭。单克隆抗体就像一支特异的小分队，这种小分队专门针对某一种外来入侵者，比如乙肝病毒，那就是单克隆抗体。抗体在体内处在一种混合编队的状态，我们就通过人工的、高科技的手段，在体外制造这种一支一支的小分队。空对空、地对地，由不同的侦察小分队来针对不同的入侵者。

主持人：请问马岚老师，为什么单克隆抗体能够用来诊断疾病？

马岚：单克隆抗体这个技术实际上是1975年由两名美国科学家发明的，他们由于这项发明，后来在1953年获得了诺贝尔奖金。他们能够获得诺贝尔医学奖，主要是这项技术的研究的价值和实用的价值都非常大。因为就像小邓介绍的那样，单克隆抗体是一支支特异的小分队，由于有这个分队的存在，它可以把入侵的敌人特异地消灭掉。我们就是利用单克隆抗体具有特异地识别然后又特异地消灭入侵者的特性，拿它来对各种病源物质进行检测。因为有单克隆抗体的存在，就使我们进行病源物质的检测，特异性和灵敏性极大地提高，非常准确。

邓双胜：单克隆抗体，比如说针对乙型肝炎的单克隆抗体，是世界上检验乙肝病毒的特异最准确的物质。没有别的物质比它更敏感更特异了。

主持人：听了这些介绍，我们对单克隆抗体为什么能用来诊病就更清楚了，因为每种疾病来了以后都有不同的抗体。

马岚：简单地说吧，单克隆抗体和疾病就像一把钥匙开一把锁，它是非常“专一”的。

邓双胜：对，可以说是世界上最稳定的“家庭关系”了，只有一对一的。

主持人：你们这个小组研究的第一个产品实际上是一个避孕试纸。这是你们第一个获得国家批准，第一个拿到深交会上获得好评的产品。我想请杨云跟女同胞解释一下，为什么单克隆抗体还能够测妇女的生理周期？

杨云：我们知道黄体生成素也就是 LH，是调节妇女生理周期的重要激素，它也是排卵最关键的指示性激素。我们这个研究小组经过将近六年的研究，找到了抗 LH 的单克隆抗体，用这个抗体可以非常准确地测出妇女整个（月经）经期当中 LH 的变化情况。我们把它市场化以后就定位成三个不同的产品，一个就是“安全期避孕试纸”，有这个试纸，可以方便、无害地通过妇女尿液的体外检测，告诉妇女是处在什么样的生理情况。这就为“自然避孕法”这种古老的方法提供了科学的检测手段。紧接着我们又开发了优生试纸，这种试纸可以把最佳受孕时间精确到当天晚上，让卵子在营养物质最丰富、遗传物质最完整的时候受精。

邓双胜：另外我们还开发了不孕症诊断试纸。

马岚：乙肝试纸我们已经做出来了，正在办理有关审批手续。

邓双胜：我们还准备推出艾滋病唾液试纸，这会对艾滋病防治和出入境人员体检等带来很大方便。

主持人：请问马岚老师，国际医学界对单克隆抗体技术的研究和应用的现状如何？

马岚：单克隆抗体是一个很热门的研究领域，比如美国从 1980 年到 1985 年利用单克隆抗体做成多种试剂，带来了很高的经济价值。1998 年，美国单克隆抗体试剂的产值就达到 21 亿美元。后来进一步开发出来的“基因工程抗体”，用它作为“生物导弹”治疗癌症等疾病，发展非常迅猛。最近美国的纳斯达克股市上，信息技术也就是 IT 的市值下降，而生物技术也就是 BT 的市值在上升，在生物技术（BT）板块当中，单抗的市值占到了四分之一。

主持人：为什么长期以来我国单抗试剂主要依赖进口？

马岚：传统的做单克隆抗体的方法是靠在老鼠肚子里做腹水培养出来的，这就带来了几个问题，需要的人力、物力、财力都非常多，要用很多的老鼠，并且在不同的老鼠身上会产生变异。所以我国在大规模生产方面一直没有突破。我们的工作从 1993 年做到现在，我们是用一种特殊的反应器——中空纤维反应器，实现了大规模的生产，而且避免了传统方法的不足。有了这个小型反应器，可以做到至少每年生产 20 克。目前我们正在筹建基地，基地建成后，能实现年产 600 克。

主持人：600 克值多少钱？

邓双胜：不同的单抗价格不一样，美国最大的一家单抗厂商，它最高的一种产品每克卖1000万元，平均也在300万元人民币左右，远远超过黄金的价格。

主持人：成果出来以后，你们的产品也给生物技术的知识产权保护带来了新课题。

杨云：现在全世界都在争夺生物技术和生物资源。我们的技术已经做到国际领先水平了。所以我们的产品出来后申请了五项国家专利。前不久，国家知识产权局副局长吴伯明来云南考察看到我们的产品非常高兴，同时也就现代生物技术知识产权保护与我们进行了探讨。国家知识产权局现在也正在制定有关生物高技术和新产品的保护政策。

邓双胜：我们的发明专利在不久前由国家科技部和知识产权局联合举办的中国专利15年成就展上获得了最佳项目奖。我们的产品过去还获得过全国发明金奖，日内瓦国际发明联合会的金杯奖。我们的企业标准首次在云南被列为国家标准，而且是高科技的唯一一个。所以我们这个团队也希望通过自己的努力，推动云南科技发展。

主持人：刚才三位嘉宾接受我们的专访，介绍了单克隆抗体快速诊断试纸。谢谢收听，再会。

第二节　新闻特写

208．什么是新闻特写？

新闻特写是摄取新闻事实中最富有特征和表现力的片段，通过多种表现手法做具有强烈视觉及情感效果的着力刻画，使其产生立体感，从而更集中、突出地表现新闻事实和主题的一种新闻体裁。其特点是能生动而集中地再现场景与人物。它包括事件特写、场面特写、人物特写、景物特写、工作特写、杂记性特写等。

209．新闻特写的特点有哪些？

新闻特写是借用了影视艺术的特写镜头，并在此基础上运用新闻写作学的原理来进行写作的一种新闻体裁，因而它明显地带有两者的美学特征和特点。

1．真实性

新闻特写是新闻体裁，它所报道的人物和事件，必须符合新闻真实性的要求，不允许有半点浮夸和伪造。

2. 及时性

它对现实的反映极为敏捷，要求像消息那样具有较强的时效性，不能成为“马后炮”。

3. 反映事件的短暂性

它所反映的人物和事件，是最激动人心的“一瞬间”、最生动感人的一个场面，是一个事件的始末或一个人物的一生。

4. 画面上的生动性

新闻特写所反映的场面，应该是动感强烈的彩照、五彩缤纷的画卷，俨如全景摄影一般。

5. 极富艺术表现力

影视艺术的特写主要是突出地表现在某一细部及细部动作，它的目的是以高度浓缩的形象性，来完成对人物或事物的塑造，以一种较强的视觉冲击和震撼力，达到审美艺术效果；新闻特写则是把新闻事件中的人和物所具有的微型世界推到读者面前，使读者的肉眼与记者所报道的真实景况在空间距离上更加接近，人文关系更加亲和，从而将报道的容量扩展开来，使报道的视频形象感增强，艺术地再现了人和物的特点。

6. 表现手法的描绘性

新闻特写虽然也运用叙述、议论、抒情等表现手法，但它最主要的表现手法是描写。它要巧用描写，把新闻现场的人物和事件写得绘声绘色，淋漓尽致。

210. 新闻特写是如何发展变化的？

新闻特写是随着广播、电视、新闻电影的出现而兴起的一种报道形式。它的出现是新闻写作史上的一次飞跃。众所周知，19 世纪前后，无论是在中国，还是在外国，新闻报道基本上采取按时间顺序来叙述新闻事实的方式，平铺直叙，缺乏应有的变化。后来，在西方新闻界兴起倒金字塔结构，但其表观手法仍然多为叙述，比较平淡。20 世纪 20 年代以后，广播、电影、电视事业发展起来，其明显的时效性和表现手法的形象性，向报纸提出了挑战。为了适应竞争的需要，报纸记者、编辑改变过去呆板老套的表现方法，借鉴电影、电视的一些手法以增强报道的感染力，新闻特写于是应运而生。这种报道形式一出现就受到新闻受众的欢迎，不仅在报纸上扎了根，也在广播中落了户。

211. 新闻特写的写作要注意哪些要求?

1. 选准一个“镜头”(包括选准一个片段、一个情节)来写。

2. 要抓住人物和事物的主要特点。

3. 要捕捉人物、事件的动态、动势，刻画其生动的形象。

4. 要善于把人的各种感情恰到好处地表达出来，让情融于事中，使情满而不溢。

5. 要抓取新闻事件最高潮的部分。

6. 在遵守新闻真实性原则的基础上，运用较多的描绘手法，把已逝的情景写得栩栩如生。

212. 新闻特写的写作应注意哪些问题?

1. 开掘好的题材

①奇怪的事、反常现象、巧合、特殊人物，等等。

②众人熟悉的人物、场所、事情，里程碑性的历史事件等。

③突然变富的暴发户、英勇抢险行为或震撼人心的险情、受迫害人等等。

④关于健康、礼节、集邮、花卉栽培、木工技术以及对其他各种各样事情的建议。

2. 注意运笔技巧

(1) 安排趣味点

新闻特写中，总要有一到数个趣味点。趣味点就是新异精彩、生动有趣，能够激发读者阅读兴趣的地方。这是特写区别于其他新闻体裁的特异之处。趣味点可以是显示人物独特个性的细节，可以是事件的某个关键之处或出人意料的转折之处，可以是某种动物、植物或其他事物的特异点，可以是某种反常现象。

短小的特写，可以只有一个趣味点，但一定要安排在合适的位置上。不能出现太早，那样后文难以吸引人继续阅读。也不可太晚，让读者已经失去耐心还没出现。至于在什么地方出现才是合适的，那要因事而定、因文而定。

(2) 工笔、白描

工笔就是细描，是浓墨重彩、精雕细刻的写法。这在特写用于刻画人物、描绘景物的时候，不妨适当采用。不过，在特写中使用最多的，还应该是白描。白描是简笔勾勒、以貌取神的一种描写方法，文字比较简练朴素，但能够传达对象特有的神韵。

（3）制造气氛和情调

在新闻特写中，作者还要常常运用铺垫、烘托等方法，制造特定的气氛和情调，然后，再描绘相应的人、事、景、物。

213. 什么是人物特写？

人物特写，即以人物为中心，但既不是人物消息，也不是人物通讯，而是有些类似于文学作品中的人物素描。

214. 什么是事件特写？

事件特写是以报道和刻画典型新闻事件为内容的新闻特写。事件特写和事件性新闻有相同之处，即都以报道有价值的新闻事件为内容，都要求真实、及时。但事件特写所展示的事件典型而具体、短暂而集中，不像事件新闻那样笼统、概括。事件特写也不同于事件性通讯。事件性通讯对事件的来龙去脉一般都要作比较详尽的交代，揭示出它的起因、进展、高潮及结果。事件特写则着重刻画和描绘新闻事件中最有特色、最有典型性、最激动人心的一个场面、一个片段。

215. 什么是风貌特写？

风貌特写是以描写自然风貌为主要内容的新闻特写，也有人称它为景物特写、旅途特写。这种特写或者描绘祖国山河新貌，或者刻画旅途见闻，或者再现社会风情，题材极为广泛。风貌特写与风貌通讯在取材方面有共同之处，但它所选取的材料，要求是当时现场发生的，在时间上具有集中性，不像概貌通讯那样古今包容、伸缩性强；在刻画风貌时，它要以写动为主，即写正在变化中的事物，力求把物写活；所写景物貌相，均系作者现场所见所闻。

216. 什么是场面特写？

场面特写是以描绘某一有典型意义的激动人心的场面为报道内容的新闻特写。

这种特写，往往摄取某一新闻事件中最为典型、生动、感人的场面，然后对其进行深入细致、绘声绘色的描绘，把当时的动人场面再现于受众面前。这类特写并不是单纯写场面，而是既写场面，又写人物的活动，把两者合二为一，统一起来。

217. 什么是专题特写？

所谓专题特写，就是写一个问题或一种社会现象。

218. 怎样达到新闻特写选材的高度集中？

选材的高度集中，是新闻特写的重要特点。新闻特写不论是写人或写事，都不能像写消息、通讯、调查报告那样，把开始怎样、后来怎样、是怎样变化的等情况详详细细地写出，而是截取最有价值的那一段，集中铺开，重点开花，绘声绘色地加以描述，把最典型的情节充分展示出来，使受众“窥一斑而知全豹”。

应当注意，新闻特写所突出的重点，往往是新闻事件发展变化的最关键、最重要、最生动感人的一幕，抓住了它，就抓住了事件的重点与特点。抓住这最有代表性的一幕进行刻画，比起平铺直叙地报道新闻事件的全过程，效果更佳。而抓不住重点，或者不能集中地表达重点，就无法写好新闻特写。

当然，强调新闻特写在选材上要集中，要突出重点材料，并不能排斥交代必要的背景材料和有关的知识性材料。这些材料交代得好，可以把现在的和历史的、场内的和场外的材料有机地融为一体，使新闻特写更为丰满充实，信息量更大。但是，这些背景材料和知识性材料的交代，最好采用穿插的办法，不宜大段大段地集中交代。

219. 如何做到新闻特写描绘适当？

以新闻特写而言，描写是其最基本的表现手法。而描写又分为白描与细描。由于新闻特写需要对新闻事件进行详细的描述，因此，不得不做必要的细描。因此，细描是新闻特写的重要表现方法。一位有经验的记者曾经说过这样的话：写新闻特写也应当简练，惜墨如金，但是一旦找到了好的细节，就要毫不吝惜，用浓墨重笔写深写透。这位记者所说的“浓墨”，实际上是说，在写新闻特写中，对于有典型意义的、细致而生动的情节，要不惜笔墨，把它写透。有了生动形象的细节描写，新闻特写才能立得住。

新闻特写除了进行必要的细描外，白描也是少不了的。因为新闻特写的篇幅一般都不会太长，不可能都用细描，而只能选择其中最有价值的片段、场面、动作进行细描，其他地方，则要用白描了。

所谓白描就是用极简洁的文字，贴切自然地勾画出新闻人物或新闻事物的面貌。

在新闻特写中，细描与白描是相辅相成、互为补充的。交代简洁的过程、交代新闻现场的景象以及有关新闻人物的面貌特征，在多数场合要用白描；而一旦进入新闻事件的核心部分，则要抓住典型细节，进行具体细致、绘声绘色的描绘，即细描。白描是细描的先声和铺垫，细描是白描的发展和高潮；白描是绿叶，细描是红花。新闻特写中不能没有白描，因为没有白描，故事的梗概、人物的特征就不能交代得很清楚；更不能没有细描，如果没有细描，新闻特写就失去了最动人的细节，从而也就失去了其自身固有的特色。

220. 进行新闻特写细节描写的方法有哪些？

新闻特写进行细节描写的方法，概括地说有以下几种。

1. 对新闻人物的动作进行细描，借以刻画人物的形象和心理特征

对人物有特点的动作进行细描，是最能渲染气氛、打动人心、突出特点的。

2. 对新闻人物的语言进行细描，借以揭示人物的内心情感

语言是思想的直接现实。用比较细腻的笔触把新闻人物感人肺腑的话语表达出来，刻画新闻人物，有时比用其他形式更能直接地揭示新闻人物的精神风貌。有经验的作者，善于根据报道主题的需要恰当地选取新闻人物的语言，进行细描。

3. 对新闻现场的气氛或景物进行细描，借以揭示新闻事件的本质和新闻人物的心灵

通过写现场气氛或写景来刻画人物和事件，这是新闻写作中常用的方法。新闻事件的发生离不开周围的环境，新闻人物的活动更离不开新闻现场。现场气氛和景物写活了，新闻人物也就自然活起来了。

221. 什么是新闻素描？

新闻素描，实际上就是微型特写。它是以“再现”手法写作的新闻家族中的代表性成员。通常称特写性消息。

新闻素描采用正面下笔，描述的多是新闻事件比较典型、比较完整的场面，再现的是带有画面的某一过程，其题材分量较重，描写的场面较大，形象再现的内容丰富多彩。

新闻素描的特点是以描为基调。它基本上通篇描写，全过程描写，通过描写，再现一个较为完整的过程和场面，再现具有新闻价值的一幕。

222. 进行新闻素描时应注意的问题有哪些?

新闻素描因其大多文字简练、篇幅短小，属简笔勾勒。在进行新闻素描时应注意如下几点。

1. 灵活安排文章结构

那些题材本身故事性强、事件脉络单一的新闻素描，基本按时间顺序安排结构，作者的描写大多依事件进展、现场变化的先后顺序向前推移。

2. 描写好典型细节

用最具代表性的细节，传达现场特有的气氛，传达新闻事实中只可意会的内涵，是新闻素描写作的最高境界。

新闻素描中的典型细节，既包括事件现场的景物，也包括人物的情态，后者尤为重要。

附：新闻素描的写作范本

香港热土祭撒社稷坛

记者文立军报道：今天上午，在中山公园社稷坛这个祭祀国家土地山河的地方，90岁高龄的文物专家单士元和侯仁之、张天济、罗哲文等，把一罐从香港带回来的热土轻轻地撒在了五色土祭坛上。单老边撒边对身边的小学生们说："香港之土已经融于祖国大地了。"

香港回归，普天同庆。首都文物界的老人们不会忘记136年前在九龙尖沙咀举行的一个仪式。当时英国驻广州领事巴夏里从地上抓起一把泥土，放在一个袋子里，交给在场的清朝官员，然后，再强迫这些官员把这些泥土交给英国人。屈辱的场面深埋在中国人的心里。

7月1日香港回归以后，参加香港交接仪式的中国政府代表团成员带回来了香港的热土。今天上午，单士元等文物专家在首都各界人士的热烈掌声中登上社稷坛。在社稷坛的东南端，单老伸出颤抖的双手，慢慢躬下身去，从一个精致的木罐中捧出了香港的热土，凝神注视了一会儿，然后，和两名小学生一起把这些热土一点一点地撒在了五色土祭坛上。

第三节　调查报告

223. 什么是调查报告?

调查报告是对客观事件进行实地调查以后写成的书面材料。

调查报告的材料要揭示事件发展规律，总结、推广、落实党的各项方针政策的典型经验，以指导当前的工作。

224. 调查报告的特点有哪些?

（1）具有针对性

调查报告的针对性表现为：它所反映的内容必须是现实生活中人们普遍关心、迫切需要解决的问题。其针对性越强，报告的分量就越重，发挥的作用也就越大。

（2）具有真实性

调查报告的真实性表现为：它是客观事实的报道，必须以事论理，用事实揭示规律性的东西。

（3）具有典型性

调查报告通过对大量事实的介绍、分析、综合，总结出具有方向性的普遍经验，推动实际工作的开展。它选择的事实，必须具有典型性，能对现实生活发挥指导作用。

225. 什么是介绍典型经验的调查报告?

介绍典型经验的调查报告反映的是某一地区、某一领域、某一单位在贯彻落实党的方针政策过程中，或在日常的思想政治、经济建设、科学教育等方面取得了突出的成绩，为了把他们的具体做法和成功奥秘反映出来，可以对他们进行专题的调查，然后写出调查报告，这种类型就是介绍经验的调查报告。例如新华社××××年优秀新闻稿《山东经济何以后来居上?》，总结了山东省排除各种干扰，以经济建设为中心，创造良好的社会环境和实事求是的工作方法，以及苦干实干的创业精神等一系列基本经验。这些经验对其他各省市的经济发展都有启示和借鉴作用。

226. 什么是研究问题和揭露问题型的调查报告?

研究问题型的调查报告，是为了解决问题。它的写作重点是提出问题、探究问题产生的原因，并分析矛盾的症结所在，以便人们正确深入地认识问题，以及为有关部门提供解决问题的依据和办法。

例如《山区科技兴农难在哪里——关于湖南安化科技兴农工作的调查与思考》(《人民日报》××××年××月××日)，对安化县山区科技兴农进行了全面调查，反映了在科技兴农的工作中，项目推广举步维艰，兴农资金有减无增，农技服务疲软脆弱，农技基础设施滞后，规模生产进度迟缓，科技增效意识淡薄，自然因素束缚掣肘，农技队伍萎缩瘫痪等问题，分析了问题产生的原因，提出了解决的办法。这对如何改进科技兴农的工作是有积极意义的。

揭露问题型的调查报告，是针对某一存在问题展开调查，以揭示这一问题的种种现象和深层原因为目的的调查报告。如《治治医药购销中的回扣》(《人民日报》××××年××月××日)，通过大量的事实反映了医药购销回扣的严重情况，明确指出这一不正之风泛滥的结果是腐蚀了一批干部，造成国家利税大量流失和医药市场混乱；报告进而分析了药品回扣屡禁不止的原因，最后从完善医药管理体制，实行医、药分开管理，建立、完善药品价格管理机制和加快医疗改革等方面，提出了从根本上治理医药购销的回扣问题。这篇调查报告对有关管理部门如何治理医药购销中的回扣问题是有参考价值的。

227. 什么是反映新生事物型和社会情况型的调查报告?

1. 反映新生事物型的调查报告

这类调查报告，主要反映当前现实社会中重要的、典型的新人、新事、新风貌、新创造，它着重完整、全面地报道新生事物的背景、情况和特点，说明其意义和作用，揭示其发展规律，促使新生事物迅速成长和普遍发展。

例如，《人民日报》××××年××月××日发表了《“中关村电子一条街”调查报告》，充分肯定了这个科学技术促进经济腾飞的新事物，认为它为科技、教育、经济体制的改革提供了新的思路，具有重要的借鉴意义。

2. 反映社会情况型的调查报告

这类调查报告，内容比较广泛，这里所谓的社会情况，主要是指社会风气、百姓意愿、婚恋、衣、食、住、行等群众生活各方面的基本情况。调查社会情况的目的，就是比较系统、深入地解剖社会各个领域、部门、阶层、群体的现实状况，经过分析，作出正确的结论。这类调查报告，可以提供必要的信息，沟通情况，便于有关部门正确地估计形势，制定有关的方针政策。

近年大众媒介出现并趋热的“公众调查”专栏或专版，如《北京青年报》的“公众调查”专版，《中国青年报》社会调查中心主办的“调查观察”专版，《文汇报》“现代家庭”版的“公众调查”专栏等等。它们涉及的社会生活的各个方面，仅从报告的题目便可略见一斑，如《京沪居民承受能力在增强》《中国夫妻过得怎样》《中国青年看世界》《关于房地产的快速调查》《北京人出游记——北京居民京、津、沪地区旅游消费调查》等。

228. 调查报告写作要求有哪些?

1. 必须进行深入细致的调查研究，大量地详细地占有细致且又全面，同时对提炼主题有利的材料。

2. 认真研究分析，抓住事物的主要矛盾，分清现象和本质，找出规律性的东西。

3. 必须做到材料和观点的统一，一定要用明确的观点去统率材料。

229. 调查报告的标题类型有哪些?

1. 单标题

（1）公式化写法

公式化写法就是按照“调查对象 + 调查课题 + 文体名称”的公式拟制标题。如《对广州市一集体企业的财务调查》就是这样的标题，其中“广州市一集体企业”是调查对象，“财务”是调查课题，“调查”显示文体是调查报告。这样写的好处是要素清楚，读者一看就知道这是写的什么单位，涉及的是哪些问题，文种也很明确。

（2）常规文章标题写法

具体方式灵活多样。可以用问题做标题，如《儿童究竟需要什么读物?》。可以显示作者自己的观点，如《莘莘打工者，维权何其难》。可以直接叙述事实，如《三个孩子去蛇岛》。可以用形象画面暗示文章内容，如《航空母舰逐浪经济海洋》。

2. 双标题

双标题由正副标题组成，其中正标题一般采用常规文章标题写法，具体手段如上所述。副标题则采用公式化写法，由调查对象、调查课题、文体名称组成。

230. 常用调查报告的导言的类型有哪些?

调查报告的导言一般要根据主体部分组织材料的结构顺序来安排，常用的有以下几种类型。

1. 提要式

提要式就是把调查对象最主要的情况进行概括后写在开头，使读者一入篇就对它的基本情况有一个大致的了解。

2. 交代式

在开头简单地交代调查的目的、方法、时间、范围、背景等，使读者在入篇时就对调查的过程和基本情况有所了解。

3. 问题式

在开头提出问题来，引起读者对调查课题的关注，促使读者思考。这样的开头可以采用提问的方式引出问题，也可以直接将问题摆出来。

231. 调查报告的主体部分的主要结构形态有哪几种?

调查报告主体部分的材料丰富、内容复杂，在写作中最主要的问题是结构的安排。其主要结构形态有三种。

1. 用观点串联材料

由几个从不同方面表现基本观点的层次组成主体，以基本观点为中心线索将它们贯穿在一起。

2. 以材料的性质归类分层

课题比较单一，材料比较分散的调查报告，可采用这种结构形式。作者经分析、归纳之后，根据材料的不同性质，将它们梳理成几种类型，每一个类型的材料集中在一起进行表达，形成一个层次。每个层次之前可以加小标题或序号，也可以不加。

3. 以调查过程的不同阶段自然形成层次

事件单一、过程性强的调查报告，可采用这种结构形式。它实际上是以时间为线索来谋篇布局的，类似于记叙文的时间顺序写法。

232. 常见调查报告结语的写法有哪些?

调查报告常在结尾部分显示作者的观点，对主体部分的内容进行概括、升华，因此，它的结尾往往是比较重要的一个部分。常见的写法有：

1. 概括全文，明确主旨

在结束的时候将全文归结到一个思想的立足点上，例如《关于邯郸钢铁总厂管理经验的调查报告》的结尾：

邯钢的实践证明，国有企业适应建立社会主义市场经济体制要求，必须在转换经营机制的基础上转换经营方式，切实转变经济增长方式，这样才能充分挖掘企业的内部潜力，提高企业的整体素质和市场竞争力。邯钢的做法为国有企业实行从传统的计划经济体制向社会主义市场经济体制，从粗放经营向集约经营两个具有全局意义的根本性转变提供了借鉴的经验。

2. 针对问题，提出建议

在揭示有关问题之后，对解决问题提供一些可行的建议。例如××××年××月××日《人民日报》刊登的专题调查《人情消费，让人如何承受!》就写了一个建议性的结尾：

在人情消费已成为一种风气的情况下，制止大操大办单靠哪一个人、哪一个单位很难从根本上奏效，如喝喜酒，往往是通知范围大了人们反感，范围小了没接到通知的人也有意见。遏制人情消费，建立新型的人际关系，倡导社会新风，是一项社会系统工程，需要各级各部门共同努力。首先要加强宣传和教育。提倡新事新办，勤俭持家，厉行节约，建立新型的社会主义人际关系。节日期间，报纸、电台、电视台可举办专题栏目、节目进行宣传，文化部门应挑选一批优秀的影片（主要是婚丧嫁娶新事新办方面的）在各乡镇、村巡回播放。通过广泛深入的宣传教育，使人们树立正确的人情消费观。其次要制定社会规范。在政府机关和企事业单位建立红白理事会，推行节俭办红白喜事。建立约束机制，对人情消费进行引导、规范、管理。最后是严格稽查。对大操大办甚至借机敛财的干部要严肃处理，直至在新闻媒体上曝光。

3. 指出问题，启发思考

如果一些存在的问题还没有引起人们的注意，如果限于各种因素的制约作者也不可能提出解决问题的办法，那么，只要把问题指出来，引起有关方面的注意，或者启发人们对这一问题的思考，也是很有价值的。例如《暗访北京站前发票非法交易》一文的结尾：

记者随后又转了几个地方，16 时 10 分从北京站前离开。在这 40 分钟里，碰见了大约 20 名卖发票的不法人员。听口音他们大都是外地人。从言谈举止可以感觉到他们知道自己的行为是违法的。在广场、路口维持秩序的公安、保安人员不少，也许是司空见惯了吧，记者没有看到他们出面制止这种不法行为。

对发票非法交易的现象，到底该由谁来管，怎么管？作者指出这一问题，相信能引起有关部门的重视。

第八章　新闻采写人员如何采写现场短新闻、指向性新闻

第一节　现场短新闻

233. 什么是现场短新闻

新闻采写人员亲临新闻现场的目击式再现报道，就是现场短新闻。

我们一些新闻采写人员喜大块文章，对像“豆腐块”一样的文章看不起。其实一篇新闻作品，它的新闻价值、宣传价值不是由长短决定的。整版甚至连载的大块文章，没引起反响的比比皆是，而只有几百字甚至是几十字的文章，同样能够引起重大反响。

现场短新闻贵在一个“短”字。短是报纸文风的基本要求，是办报群众观念的一个体现。古人说：“大抵学问文章，善取不如弃。”又说：“简为文章尽境。”要把新闻写短，还需要过硬的表达功夫。

现场短新闻，不仅指篇幅短小，不超过千八百字。还指新闻内容集中，含量不宜过大。现场短新闻不是直观式地去报道新闻事实，而是要不枝不蔓地报道新闻中的新闻。就如同麝香之于麝，牛黄之于全牛那样，它奉献给新闻受众的是麝香而不是麝，是牛黄而不是全牛。一条短消息，能带来很强的社会效果，但并不是说我们无论写什么文章都要短，该长的长，该短的短，长而不空，短而不空，这才是标准。

234. 现场短新闻的特点有哪些?

（1）动态感

现场短新闻属于动态性报道，所再现的是事件发生、发展、变化中的动态

形象。

（2）现场感

现场感是现场短新闻的特质，能增强新闻的真实性和可信性。

（3）鲜活感

现场短新闻的鲜活感主要体现为：它报道的是新事件，而且由于报道者在新闻现场，报道者的采访和新闻发生、发展同步，比起事后的追述性报道，有较强的时效性。真正是报道者对刚发生的事实的现场报道，在广播、电视新闻里，它还可以是正在发生的事实的报道。

（4）形象感

现场短新闻尤其是特写类现场短新闻，要在作品中再现现场新闻形象，即再现现场的人、物、景、情、氛围等可触可感的形象。再现现场形象就是描摹耳所闻目所睹，主要是用眼睛“写”新闻。

235. 现场短新闻按其表达方式可分为哪几类？

现场短新闻按其表达方式可分为特写式现场短新闻和动态式现场短新闻。

1. 特写式现场短新闻

特写式现场短新闻是新闻特写的一种，是发自新闻现场的特写式消息。这不仅报告主要的新闻事实，还描摹新闻事实的动态形象，描写和叙述两种表达方法缺一不可。

特写式现场短新闻与一般特写的差别，就在于现场性。一般意义上的特写消息，内涵更丰富外延更大，包括事件的、人物的、社会的、风貌的等，有的有场景，有的无场景，可以是现场采访，也可以是事后采访。特写式现场短新闻，侧重写事件，且必须是现场目击式采访。

2. 动态式现场短新闻

动态式现场短新闻，是动态消息的一种，篇幅短小，有的像短讯，只报告主要的新闻事实，表达方法基本是叙述，但都是发自新闻现场的目击式报道，都有很强的现场感。

236. 写好现场短新闻应把握的“六字经”是什么？

现场短新闻是指作者在新闻发生的现场，以自己耳闻目睹的事实和短小的篇幅，再现于优美的形象描摹中的纪实性现场报道。

现场短新闻写作难度较大，现在我们介绍一下段存章同志总结的写好现场短新闻需把握的“六字经”，这对初入门的新闻采写人员会有所启发。

真——真实性。首先是事实真实，杜绝虚假。胡乱编造，一害国家，二害群众，三害自己。其次是本质真实。透过现象看本质，防止一叶障目，不见泰山；只见树木，不见森林。

快——时效性。有些新闻生命很短，今天不报道，明天就变成旧闻。所以，要提倡抢新闻，快采、快写、快发稿，废寝忘食“捞活鱼”。

新——时代性。新闻本姓“新”，现场短新闻应该具有强烈的时代感。既要看到昨天，又要看到今天，更要看到明天。未来无限好，全凭今朝干。

短——集中性。一篇几百字，长的也不超过千字。最好一篇一个主题，内容集中，力戒分散。我们要当好“电焊工”，把现场一个个生动的新闻镜头巧妙地焊接起来，首尾相连，层次分明，字字精练，浑然一体。

深——思想性。有人说：“短新闻，千把字，难以写深。”应该承认，它不能像长篇的深度报道那样阐述思想观点。但是，现场短新闻也要注意反映思想性。思想挖掘深了，宣传报道的指导性就强了。只要下功夫，短新闻也可以反映思想。

活——实录性。为把读者带到现场，尽量少叙述，多描写；少概念，多形象；少做作，多朴实。应该给读者一个如临其境、如见其人、如闻其声的感觉。也就是说，学会用自己的眼睛写报道。我们还要学会用两种人的眼睛看事物：像孩童的眼睛那样，看到任何事物都感到新鲜有趣；又要像聪明的长者的眼睛那样，看到各种事物后能迅速分出大小、黑白、美丑来。

237. 新闻采写人员写现场短新闻的要求有哪些？

1. 抓住新闻发生发展的动态

再现现场的事和人，要着力再现事和人的动态，动态最具传神写照作用。捕捉并再现现场动态，对写好现场短新闻至关重要。

2. 深入现场多感官采访

新闻采写人员必须亲临新闻现场，运用多种感官全方位地感受现场的事件、人物、环境，感受现场的动态、色彩、声音、情感、气味等，深入认识新闻事件的原因、结果、意义，才可能写出“色、香、味”俱全的现场短新闻。

深入现场，是写好现场短新闻的首要条件。以新闻采写人员的身临其境，才能使受众如身临其境。

3. 捕捉细节

一般的消息，为了求得生动，有时也要勾勒一二细节。通讯、特写、现场短新闻等再现式报道，就更要注意捕捉典型化细节，以突现新闻意义，以传神写照。典型化细节，对于再现现场形象往往能起到“一滴水现太阳”的作用。

4. 点化场景

现场短新闻要再现的，主要是现场发生的新闻事实，但同时也要再现新闻发生的场景。

再现场景，不需面面俱到，只需选择最能衬托新闻事实、最能烘托现场气氛的典型场景，简笔勾勒，境界全出。

第二节　指向性新闻

238. 解释性新闻具有哪些特点？

1. 解释性新闻是“新闻报道的深入化”

相对于纯新闻，因为要回答 Why（为什么），通常把 Why 作为高潮和重点，深挖新闻背后的新闻，反映出事情的来龙去脉。

2. 解释性新闻的倾向性明显

新闻采写人员解释问题时，不管使用什么技巧，其倾向性总是在新闻事实的报道中或对新闻的解释中体现。

3. 运用背景和其他相关事实材料表露观点

新闻采写人员往往借用观点、材料解释新闻事实，自己的观点则隐藏在事实的叙述之中。

239. 解释性新闻有哪些写法？

解释性新闻的写法大致有如下 7 种，可交叉使用，也可单独使用。除新闻事实必须真实外，解释性新闻的背景材料以及其他的相关事实都必须真实。解释是为了抓住新闻事件的本质而突出主题，解释性事实与新闻事实的内在联系越直接、越紧密，主题就越集中，越鲜明。

1. 直接点评法

直接点评法，即对新闻事件进行概括、归纳、提炼，直接点明其原因和意义。

2. 时间线索法

时间线索法，即详细交代新闻事件的前因后果，并作全景式的背景性解释。

3. 注释法

注释法，即对新闻事件中专门性的术语、知识进行注释，让它变成新闻语言。

4. 事例对照法

事例对照法，即选择背景中能揭示新闻事件本质的典型事例，与新闻事实形成鲜明对照。这种解释多数用于不宜点明重大事件原因的新闻。

5. 数字说明法

数字说明法，即对新闻事件及其背景在数量上进行阐述、比较，说清楚某个观点或问题。

6. 间接分析法

间接分析法，即引用其他观点、言论分析解释新闻事件，将记者的看法隐藏起来。

7. 补充法

补充法，即帮助读者、听众或观众理解新闻事件，对新闻事件作补充性的说明交代。

240. 经验性新闻有哪些特点？

1. 新闻事实与党和国家的重大思路、重大举措、中心工作融会在一起，紧跟时代，与时代同步。

2. 不是突发的事件或以一个独立的事件为中心，而是由多个事实综合、归纳、概括、提炼而成，有鲜明的主题，有强烈的启发性和指导性。

3. 绝大多数是反映社会现象的，且具有政策性，很少有反映自然现象的。

4. 经验性新闻的标题必须提供信息。

5. 经验性新闻有间接式导语，但更多的是直接导语，常见的有叙述式、评述式、设问式等。

241. 经验性新闻的写作应注意哪些问题？

1. 选择新闻生命力强、有普遍指导意义的经验

经验消息所写的经验是人们普遍关心的，提出的问题是人们迫切需要回答的，表达的观点确实具有真知灼见，介绍的经验又能给人启迪，得到有益的借鉴。

2. 经验消息是写“消息”，不是写总结、文件或汇报材料

要巧妙地隐藏观点、道理，多写具体的、鲜活的东西，把事和理有机地糅合起来。把经验写得具体、实在、形象，具有可靠性、指导性。

242. 什么是批评性新闻？

批评性新闻也叫揭露性新闻、问题报道、负面报道。它是媒介实施的一种舆论监督行为，对于协调利益集团的关系，扶正祛邪，惩恶扬善，促进政治民主化，推动社会公正、公平地发展等，都具有十分重要的作用。

243. 批评性新闻的写作要注意哪些问题？

1. 掌握事件的全部材料

要想使批评性新闻能击中要害，收到应有的效果，记者或新闻采写人员在采写这类新闻时，务必做深入细致的调查研究，要听取多方面的意见，从领导到群众，从正面的到反面的，不能偏听偏信，并对每一条事实的真伪必须了解、辨别清楚，以掌握事件的全部材料，务必使报道准确、准确、再准确。

2. 争取社会各方面配合

批评性报道要起到作用，必须争取社会各方面的配合，特别是党纪、行政、司法等监督部门的支持和配合。许多舆论监督涉及的问题，还得依靠其他社会监督部门的支持和配合。

3. 要树立全局观念

发表批评性报道时，要注意“全局”和“局部”的关系。有些问题在小范围内应该披露，但在全局范围内有可能会引起较大的副作用，那就不能贸然将其诉诸舆论。凡涉及群众根本利益、长远利益和全局利益的问题，就要掌握报道的时机；而对群众提出的不合理要求，要正确加以引导，要考虑必要性和可能性。

244. 写好目击式新闻须从哪几方面着手？

目击式新闻，是一种用形象来反映和报道事实的新闻文体。目击式新闻这个概念是外国新闻采写人员经常使用的。不过，写好目击式新闻较难。要想写好目击式新闻，须从以下几方面着手。

1. 目击式写法

所谓目击式写法，就是指通过作者的眼睛或被报道者的眼睛去描述情景。这样表述现场感强，会使读者有身临其境的感受。

例如有条消息报道上海轮渡紧张说："早晨6时半，交通高峰时刻，在争先恐后拥上黄浦江渡轮时，有好多人被挤倒、践踏、甩在后面。超载得十分危险的渡轮吱吱呀呀地离开码头。"这种写法好就好在抓住了现场动态，给读者造成了一种如临其境的直观效果。

2. 联想式写法

所谓联想式写法是指运用作者的联想去描述事实。但不能"合理想象"，更不能虚构。这种写法多用于报道较为抽象的事物或数字，常常是把一个未知的事实与一个已知的事实联结在一起，让读者通过事实来联想认识另一个未知的事实，去触类旁通，举一反三，从而加深理解和印象。

3. 比喻式写法

所谓比喻式写法就是指用一些有点相类似的事物来比喻想要说的某一事物。这是一种既省力又颇为讨人喜欢的方法。如"国有企业仿照'三资'企业实行管理，是上海企业改革的一次大胆尝试，被戏称为'仿羊（洋）皮'。短短一年多实践，这一改革的路子在上海获得了从上到下的认同。大家都说，'仿羊皮'企业确实好"。"仿羊皮"这一比喻把企业借鉴"三资"企业的管理经验作了形象的说明，给读者留下了回味的余地。

4. 细节式写法

所谓细节式写法是指捕捉富有特征的细节来表现形象。在新闻中穿插适当的细节描写，能增强形象的亲切感和真实感，使新闻增加可读性。如"紧张的工作，使这位48岁的女局长累倒了，可她还是坚持每星期日的局长值班日。一天深夜，她浑身颤抖，咬着牙，打开了办公室的门，眼前一阵发黑，来不及喊一声，就晕了过去，李秀英被人们送进医院输液。这一夜，李秀英觉得好长、好长。第二天，刚刚退烧的李秀英自己拔下针头，驱车赶往工地"。作者几笔细致的刻画，一个一心扑在工作上的领导干部形象，便栩栩如生地展现在读者面前。

5. 情节式写法

所谓情节式写法是指运用富有故事性的事例来引出所要报道和说明的新闻事实。这种体裁也叫小说体新闻。因其有一定的故事情节，较易吊人胃口，增强新闻的吸引力。西方记者在报道事件性新闻时，最喜爱采用此法，因为它能够付诸给事件性新闻更多的人的因素，让那些即使是较为严肃的报道题材也能情趣盎然。如美联社记者索尔·佩特的一篇新闻开头是这样写的："在做了肝脏切除手术后，他脱颖而出，成了纽约市的风云人物。他是一位多重性格的政治家，一位反对一揽子解决问题的领袖。他耿直，桀骜不驯，考虑问题不周全，做事毛毛糙糙，爱开玩笑，爱激动；很有主见，不怕选举团的威胁；缺乏性感，不漂亮，不时髦。总而言之，他具有领袖人物那种超凡的感人魅力。他是一位能在不平静的处境中显得出奇平静的人，他就是美国纽约市的市长。”

245. 什么是信息新闻？

信息新闻对于发展生产、搞活经济、促进科学技术的进步，有极大的参考和使用价值。信息新闻分宏观信息的信息新闻和微观信息的信息新闻。

从某一类产品或某一行业，从面上，从宏观角度报道的信息新闻，称之为宏观信息的信息新闻。与宏观信息相对的是微观信息，报道微观信息的新闻叫微观信息新闻。它的内容往往是关于某种产品、某项科技成果的介绍与报道。

一般来说，报纸上的《国际市场》《产销分析》等类的栏目，里边多是刊发一些宏观信息的信息新闻，而冠以《新产品、新技术》《名优集锦》《农村需求》等栏目里，多是刊发一些微观信息的信息新闻。

246. 信息新闻的写作要求有哪些？

1. 注意搜集和整理

一般来说，信息新闻经过多方面观察，收集大量的信息资料，然后，再对观察到的情况和收集来的信息资料进行整理和进一步研究。

2. 注意分析和判断

在第一点要求的基础上，深入分析，最后做出准确的判断。这是写作信息新闻不可缺少的环节。

3. 注意准确并送审

信息的来源、事实、情况，甚至具体的每一个数据，包括地点、单位、人名、电话、电报挂号，都要准确无误。送审，是指为了使稿件减少片面性、失实或失密，而要把写出的信息新闻稿，请上级主管部门或本单位的有关领导，帮助审稿把关的过程。

第三节　编者按、简讯和花絮

247. 编者按语的写作要求有哪些?

“按语”是在我国文化史上出现很早的一种评论形式。编者按语是编者对自己编发的新闻稿所加的评论性按语。由于编者按语篇幅短小，多数时候不必进行充分论证，还有，编者按语的形式自由活泼，很多人就不重视编者按语。其实，它是针对新闻稿件的事实和观点表明编者的意见和态度，可以对稿件的现实意义和中心思想进行强调，还可以提供有关新闻背景，帮助读者理解新闻稿件的内容。所以，应该注意编者按语的写作方法。

1. 要明确编者按语的定位

编者按语，特别是编者按，直接代表编辑部说话，所以说话要慎重，按语的观点、思想不能低于报道或文稿的内容所显示出来的意义，甚至常要在理论定位上有所提升。在语言定位方面，不能把学生腔和强烈的个人色彩、个人情绪带入编者按中来，更不能花花草草，花里胡哨。

2. 要超脱报道或文稿

编者按语对文章的事实要有感想、有阐明，不能拘泥于文稿内容的重复和原文浅层次思想的翻炒，也就是说编者按语也要务虚。我们在理论篇中强调过的务虚要求同样适用于它。编者按要超脱报道或文稿，可能在认识上易于忽视。编者按不拘泥于报道，即是指不能把按语写成文章的“内容提要”或事实概述。即使是三言两语的议论，它也可能有思想阐发，即使没有思想阐发。它要么就是说明、注释文章有关材料、背景，要么就是简捷的表态或引入思考的语句。根据编者按的一般特点和要求，写作按语时表述要精粹，语言要精练。点到即止，画龙点睛便行。因为按语本身并不需要具体地复述论据，要少引用其他论据，也不需要展开论证。只要以论断性语句直接表达意见和主张就行了。作为初学写作者，一定要先做到符合这些特点和要求，熟练之后才可以自由发挥，突破格套。

248. 编者按语在写作中应注意哪些方面的问题?

编者按语是编者对自己编发的新闻稿件所加的评论性按语。它可以针对新闻稿件中的事实和观点表明编者的意见和态度，可以对稿件的中心思想和现实意义进行强调，可以提供有关新闻背景，帮助读者理解新闻稿件的内容。

作为新闻评论各类体裁中依附性最强且篇幅最为短小的一类评论形式，编者按语在写作过程中应注意以下几方面的问题。

1. 立足依托，有所超脱

依托，是编者按语最突出的特点之一，离开了所依附的新闻报道或文稿，编者按语就会成为无本之木、无源之水，也就失去了其存在的依据和价值。但是，如果只拘泥于报道，使按语成为报道或文章内容的提要，或仅停留于空泛的官样文章，也同样会失去其存在的价值。所以，在写作编者按语时，应力求做到依托而不拘泥于报道，超脱而不游离于报道。具体而言就是，编者按语依据的主要由头或论据，应是新闻报道所提供的事实；编者按语的见解或观点，应是报道思想的高度概括和提炼，同时，还应是报道思想的延伸和必要的补充或深化。立足依托、有所超脱的做法主要有四：

①由点及面，善于从全局的角度分析问题和认识事物。

②由表及里，善于透过事物的表面现象揭示其实质或内在规律。

③由实入虚，善于从理论的高度、政策的高度提炼升华报道的主题。

④变换角度，善于寻找与新闻报道不同的切入点和着眼点，使按语别有新意。

2. 迅速及时，轻便灵活

编者按语是新闻评论各类文体中最为轻便灵活的一类文体，它可以针对新近发生的新闻事件迅速做出反应，具有很强的时效性和操作上的灵活性。

由于按语篇幅短小，又直接依附于报道，写作起来针对性强，便于就事论理、理从事出，尤能体现迅速及时的要求。

按语的形式很多，可以置于文前，可以插入文中，也可以附于文后，使用方式视具体情况而定，具有较大的灵活性。此外，按语既可配合一篇报道，也可配合系列报道或集纳性新闻；可以配合一封或一组读者来信、一张或一组新闻图片，也可以对一段文字、一句话以至一个词语或提法做出注释或评点，无论使用方式还是具体手法都比较轻便灵活、不拘一格。

3. 明快犀利，讲究分寸

编者按语虽然短小，但态度应鲜明正确，手法应明快犀利，或褒扬，或针砭，或提倡，或反对，按语中都应有明确的态度和倾向性。

当然，强调明快犀利的同时，还应把握分寸、讲求说理的艺术，盛气凌人或咄咄逼人的态度，过分激烈、用词失当的语言和行文方式，只会引起受众的反感，同样收不到应有的效果。

4. 言简意赅，点到为止

由于有现成的新闻报道或文稿同时刊出（或播出），因而可以省去为介绍由头或论据而花费的笔墨，开门见山地对事件或问题做出分析、提出看法，使言简成为可能。但言简只有与意赅相结合才有价值，也才能体现编者按语的特点。

要想使按语在有限的篇幅内做到言简意赅，在写作时应处理好省文与省义的关系，即应该以省义来省文——靠集中论题，紧扣新闻事实进行议论来节省文章的篇幅，而不是只在字面上下功夫，使按语干干巴巴，无法引起读者的兴趣。另外，要想使按语在有限的篇幅内做到言简意赅，还应在分析议论过程中不做过多的引申发挥，贵在画龙点睛，点到为止。

249. 什么是花絮？

花絮，是对一类生动短小的新闻特写的统称。

花絮一般不单独发表，或配合消息，通讯；或编排成组，从侧面提供新闻事件的细节与“镜头”，极为简短，生动活泼，通常用于重大活动或会议的系列报道中。

花絮是侧面入手，它从重大事件、重大活动、重大场面中选取一些小的场景、小的情节、小的趣闻轶事进行描述。

花絮的篇幅一般也比新闻素描更为短小，几十字、上百字而已。其文字风格也更为灵活，因而具有个性色彩。

250. 花絮的作用是什么？

1. 花絮将新闻媒体的触觉深入到事件的细微部分，将人与事的另一面，将许多不为人知的故事，以描述的方式呈现于读者面前，供人观赏，可以使人感到饶有趣味。

2. 花絮有特殊的信息释放功能。一些国际国内的重大会议，重大的政治、经济、文体活动，其正式场合大多带有程式化色彩，而在非正式场合，有关人士的活动、人与人的交往，以及会上会下、场内场外偶然出现的插曲，却寓意颇丰，很能说明问题。

花絮选取这样一些细小的活动予以报道，作为动态新闻的补充，可以让读者了解更多的有关信息，发现事件的底蕴。

251. 花絮的写作要求有哪些?

新闻采写人员在写花絮时，要把握住以下几点写作要求。

1. 轻松幽默

花絮写作要善于挥洒，不能拘束。记言记事，尽可纵笔驰骋。

2. 从侧面取材

选取事件发展过程中的一个片段、一段插曲、一个细节简单勾勒，为全面的新闻报道添色增趣，不作整体概括和描写。

3. 小角度

花絮着眼于大事件中的小事，写花絮只能从小处落墨，否则就不是花絮了。作者在采访中要善于抓拍小事，用小事折射大事件的内涵、意义，反映大事的特点及其多姿多彩状貌。

4. 结构简单

多用白描或叙述，保持故事性和现场感；不交代前因后果，不加抒情或议论。

5. 篇幅短小

一般只用百字或几句话。

6. 以小见大

花絮虽小，仍需以小见大。记者在摄取事件的“边边角角”的时候，不可不注意事件的大背景，乃至历史的大趋势。要在这个大背景之下选取花絮镜头。亦即，花絮也要有思想性。

附：花絮的写作范本

两个深深的唇印

——艺术节“天天演”花絮

连日来在南京路世纪广场上演的艺术节“天天演”，不仅成为群众观赏艺术表演的盛会，还造就了中外人民情感交流的契机。以下是发生在“天天演”现场的两则花絮。

老太被吻　家住浦东昌里路的一位76岁老太太，早上9点多就兴致勃勃地赶到“天天演”现场。当她看到即将演出的文艺团正在准备的时候，情不自禁地也在一旁翩翩起舞。智利国家民间舞蹈团的一位演员见状，主动上前和老太太一起跳起来……一曲舞罢，演员拥抱着老太太，吻上她的脸，留下了两个深深的唇印。

旦角长裙　十六大代表、山西蒲剧演员任跟心，在演出之余，跑到后台向德国铜管乐团团长彼德学习如何吹铜管。彼德也趁机向任跟心学习如何甩水袖。两人都来不及换下自己的演出服。彼德身穿双排扣的紧身衣，甩着虚拟的“水袖”；任跟心则身穿旦角的长裙，摆弄着铜管。两人一招一式，学得不亦乐乎，一中一洋，让人忍俊不禁。

第九章　新闻采写人员如何写好各种评论

第一节　新闻评论

252. 什么是新闻评论？

新闻评论，是新闻机构所发表的言论的总称。新闻和评论一实一虚，如同鸟之双翼，构成报纸的两大文体。评论要运用正确的观点、方法对现实社会生活的种种事物、现象、问题在评析议论的过程中，透过现象揭示本质，从而分清是非曲直、优劣媸美，以其鲜明的意旨、明确的导向，提高人们的思想认识，指导人们的社会实践。

253. 新闻评论的特点有哪些？

（1）新闻特点

评论这种说理文章，其内容仅限于针对最近发生的事实，眼下存在的社会问题、思想倾向等进行评价论理，发表主张意见，从而发挥指导或影响群众思想，促进和推动工作的作用。它像消息、通讯一样，紧跟社会运转的步伐和节奏，有严格的时限，求快求新，而且多是配合着消息、通讯的主要内容选择、确定观点，展开评论。

（2）论理特点

评论文章的主要表达手段、主要内容在于议论说理，同一般说理文章很相近。评论文章运用概念、判断、推理的手段，即议论的手段，把道理直接说出来，文章的内容由论点、论据、论证三要素构成。

（3）灵活特点

①从篇幅上看评论可长可短，以千八百字长短居中的篇幅为多，近年来有日益

短小精悍的发展趋势，三五百字、两三百字的微型评论越来越多。

②从内容上看，评论文章涉及的范围，除去很专业的学术问题、理论问题外，现实社会生活中的各式各样的问题大到国家前途、世界风云，小到一个人的言谈举止、街谈巷议，它都可以抓住其中的是非曲直进行评论。

③从风格上看，评论以通俗晓畅见长。在这个前提下，根据评论内容的实际情况，它既可以庄重严肃、朴实无华，也可以幽默轻松、活泼生动。

254. 新闻评论有哪些基本要素？

1. 论点

论点是从论题中提炼、引发出的观点，是评论者的主观意识与客观实际统一的产物。对论点的要求是正确、新颖、有针对性。

一些短论及编者按、新闻点评，一般只有一个总论点，而较高规格的评论在总论点下还有分论点。总论点就是评论的总观点、中心思想，或者叫立意。它是评论的灵魂，贯穿评论的始终，支配着评论的各个分论点以及选材、布局。

分论点是由总论点派生出来的，是说明、支撑总论点的，是总论点的几个侧面或几个层次。

总论点与分论点之间，是主从关系，支配与被支配的关系。

分论点之间，或者是并列关系，或者是递进关系。

2. 论据

论据是指证明论点的依据。对论据的要求是真实、充分、精当。论据必须真实，论据失实，论点不攻自破；论据必须充分，论据不充分，以点代面，以偏概全，论点难以成立；论据充分还要求论据和论点间有必然的内在联系，而不是偶然的联系；论据还要求精当，所谓精当指的是与论点有紧密内在联系的、能够以一当十的典型材料。

论据按其性质，分为理论性论据和事实性论据两类。

（1）理论性论据

理论性论据指的是已经被实践证明被人们普遍接受了的正确思想、观点、公理、准则、经验等，包括哲学社会科学方面的成果，党和政府正确的决议、路线、方针、政策、政令、法令；自然科学方面某些为人们熟悉的公理、定律；前人的文化遗产以及格言、谚语、民谣等。

党和政府的正确决议、路线、方针、政策等，是从实践中总结出来，具有理论性和科学性，对正确认识现实生活有直接的指导意义，也是新闻评论的重要理性论据。

自然科学中的某些公理、定律，有时也可以运用在新闻评论中，说明某些社会、人生问题。但运用这类论据须特别注意它的通俗性，如果不是受众普遍了解的，又非用不可，需做通俗化解释。

历史的思想文化遗产，乃至成语、谚语、格言、寓言、故事等，是前人认识世界改造世界的文化结晶，它们仿佛是历史的镜子，可以折射现实，对我们认识当前有重要的参照作用。这类论据，还可以增加评论的生动性。

谚语、民谣，凝聚着劳动人民认识世界的经验、智慧，运用这类论据不仅可以说理，还能增加评论的亲切感，缩短与受众之间的距离。

（2）事实性论据

事实性论据指的是证明观点的具体材料、具体事实。事实是不能以人的意志为转移的客观存在。

新闻评论中的事实性论据，从不同角度分为新闻事实、背景事实；当前事实、历史事实；典型事实、概括性事实等。

新闻事实，是新闻评论立论的基础，论点是从新闻事实中引申出来的，新闻事实是证明论点的主干材料。

背景事实，也是新闻评论的重要论据。和新闻报道中的背景材料一样，通过背景的衬托，新闻事实的意义就更突出，评论的道理就更易明白。

历史事实，是背景事实的一种。和历史的思想、文化遗产一样，历史事实，特别是当现实生活中出现了某些与历史有关的现象，或者类似于历史的现象时，历史事实也是折射现实的一面镜子，它给人们的认识、启迪与借鉴往往更生动、更深刻。

典型事实，指的是对证明论点能起到以一当十的那种最有说服力的具体事实。可以是新闻事实，也可以是背景事实，这是证明论点的最生动最有力的论据。

概括性事实，是指全局性的事实，常以统计数据出现。

在实际新闻写作中，常常需组合多种事实，证明其论点的正确或驳斥敌对观点的谬误。事实性论据必须真实，论据失实，论点就不能成立。

3. 论证

（1）论证的基本方式

论证的基本方式，从不同的角度可分为立论、驳论、直接论证和间接论证四种。

论证就是用论据说明论点的过程，一些小言论、编前编后及新闻评点虽然没有严密的论证过程，但都要求观点和材料统一，说理合乎逻辑。

①立论。所谓立论，就是讲道理，自己提出一个观点，再用论据证明自己观点的正确性。

②驳论。所谓驳论，就是批驳，证明相反观点的错误，从而间接证明自己观点

的正确。

在实际写作中，立论和驳论两种方式常结合运用。一篇立论性评论，为了说理更有力，常常要树立一个靶子，树立一个假设的论敌，在局部范围里采用驳论手法。同样，一篇驳论性评论，在分论点时，有时也采用立论手法。

③直接论证。所谓直接论证，就是用论据直接证真或证伪，即直接证明自己观点的真理性、正确性，或者直接证明敌对观点的错误荒谬性。

④间接论证，就是通过否定相反观点的正确性，证明自己观点的正确；或者通过证明自己观点的正确，证明相反观点的错误。

（2）论证的推理形式

论证的推理形式，包括演绎推理和归纳推理两种论证方法。

①演绎推理。这是从已知的公理、定理出发，推证尚待证明的论点的方法，是由一般到个别的推理方法。运用理论论据，就得采用演绎推理。

演绎推理的理性论据，必须恰当地证明具体事物的本质、属性，必须对论证对象有理论的涵盖性，这些理性论据还必须是受众公认的真理，而不是一部分人的偏见，否则就会“言不及义”，证明不了观点。

②归纳推理。归纳论证是与演绎论证相对应的一种论证方法，是从个别到一般的论证方法。就是将几个具体的事物归纳起来，抽象出其共同的本质、共同的属性的方法。

这也可以说是从事实到理性的方法，这种方法以事实性论据为依托。

运用归纳推理，必须选择和论点有内在联系的典型事实。所谓典型，是说材料与观点间的内在联系是必然的，不是偶然的；是紧密的，不是松散的；是那些“举此一端，可概其余”的事实。如果事实和论点间没有必然联系，仅仅是偶然的联系，或者是牵强附会式的“联系”，必然导致论点的不可靠乃至虚伪性。

（3）论证的具体方法

论证的具体方法多式多样，常见的有如下几种。

①例证法。就是用事实说话的方法，或者叫实证法，依据具体事例，运用归纳推理证明论点的方法。

②事例推演法。这种方法，其本质也是事实证明法，与例证法的不同在于，它不是仅用几个典型事例证明观点，而常常由点及面，即由点的事实推演到面的事实，从而把论点建立在更丰富的事实基础上，加强了论点的雄辩性，也拓宽了受众的视野。

③引证法。就是用已被证明的原理、准则，证明待证明的论点属于演绎推理形式。

④类比法。将性质类似的事物放在一起比较，以显示其共同的本质。类比论证的对象，可以是事实，包括现实生活中的事实、历史上的事实，也可以是文学形象

等。但类比对象必须是受众熟悉的事或人，或性质，其中蕴涵的哲理是受众公认的。

⑤对比法。对比法是与类比法相对应的一种说理方法。主要是将性质上相反的两个事物或者一个事物在不同的条件下两个相反方面做比较，有破有立，在比较中明理。类比论证，侧重求同，理在同中；对比论证侧重求异，理在异中。

⑥釜底抽薪法。也叫反证法，就是揭示对方论据虚伪性的方法。论据虚伪，不真实，其论点也就不攻自破了。对方论点站不住脚，也就间接证明自己的论点的正确性。

⑦归谬法。假定对方的论点是正确的，按照对方的逻辑方式推下去，得出一个荒谬的结论，从而证明对方论点的荒谬，自己论点的正确。

255. 如何看待新闻评论的作用？

新闻评论的叫法有“时论”“政论”“评论”“时评”等，但总体来说，这种新闻文体有其内部固有的模式。新闻评论是对某一新闻事件或人们所关心的问题进行论述、分析、说理，用以直接表明作者和编辑部的意见和主张的一种新闻报道形式，是对新闻进行评价性的传播。由于新闻评论是针对现实生活的重要问题直接发表意见、阐述观点、表明态度，因而是一种具有新闻价值和较强指导意义的论说文章，它被人们称为“报纸的心脏”和“喉舌”。

至于社论，更被人们美称为“报纸的元帅”。我国著名新闻工作者邓拓说：“社论是表明报纸的政治面目的旗帜，报纸必须有了社论才具有完全的政治价值。”苏联著名的无产阶级宣传教育家加里宁说：“报纸是永远不散的群众大会。社论是会议的总结。”这种种说法，都充分表明了新闻评论的作用与地位之重要，是众所公认的。以下就从三个角度来谈一谈新闻评论的作用。

1. 从宏观角度看新闻评论的作用

新闻评论作为报纸上的一种重要文体，从宏观角度看，其作用不仅可以反映舆论，组织舆论，而且还能造成舆论，引导舆论。这是由新闻事业对社会舆论的影响，以及新闻评论在新闻事业中的地位所决定的。

舆论是什么？简言之，它是社会生活中一部分群众或一定集团对某种事态发展所持的大体一致的意见，它是一种社会思潮，它对支配人们的道德行为具有一定的权威性和无形的约束力。新闻事业是社会生活中最重要的舆论机关。报纸反映舆论，组织和引导舆论，有多种手段，但最基本的手段有两种：一是新闻手段，通过对社会上新近发生的重要事件，有目的有选择地进行报道，告诉人们发生了什么事；二是评论手段，通过评价重要事件，告诉人们怎样看待这一事件，指明它的政治意义和社会价值。

它是思想战线的一面旗帜，是直接影响社会舆论的最权威、最有战斗性的一种宣传手段，对广大人民群众和实际工作“有极大的组织、鼓舞、激励、批判、推动的作用”。

2. 从微观角度看新闻评论的作用

从微观角度看，新闻评论的具体作用主要表现在：

①帮助读者正确认识客观形势和各种实际问题，明确当前各条战线的主要任务和奋斗方向，清楚完成各项工作所必须遵循的方针政策，使人们在认清形势、做好工作和解决实际问题时，具有更大的自觉性。

②从更广泛的意义上，可以帮助读者群众学会运用正确的立场、观点、方法去分析和解决实际问题，提高马克思主义的思想理论水平。

实践表明：通过阅读新闻评论，广大读者群众从文章对具体问题的分析论证中，不仅可以提高对评论所直接阐明的问题的本质认识，而且还可以从评论对党的方针政策、实际问题的分析阐释以及同错误乃至反动思想的论辩中，学习到正确分析实际问题的本领，从观察和处理实际问题的根本立场、观点、方法上，得到启发，受到裨益。

3. 从西方报纸重视评论看新闻评论的作用

西方发达资本主义国家对新闻评论及其撰述人员，是极为重视的，这恰恰从另一个侧面说明了新闻评论的作用。

打开今天欧美主要国家的报纸，可以发现评论占有大量的篇幅，而且普遍有固定的评论版，几乎没有一天不发表社论、专论的，有的报纸一天要发表好几篇社论。各报都拥有一支庞大的评论队伍，配有撰写社论的主笔、撰写专论的专栏作家、撰写评论的编辑或专家。

必须强调的是，资产阶级报纸上的评论，其作用同我们无产阶级报纸评论的作用相比，性质完全不同。他们的评论，尽管有的打着“公正的舆论”“客观的评判”等旗号，而实际上它们都是从资产阶级立场出发，其中不少是用主观唯心主义、形而上学和实用主义等反科学的观点方法，歪曲事物的本质。

以上事实告诉我们，新闻评论最集中最鲜明地体现着报纸的立场、观点和它的党派性。由于它能把党的主张、意图和读者群众的思想、行动紧密联系在一起，有效地教育、动员和组织群众为实现党的各项任务而努力。一句话，由于它较报纸上其他文字体裁体现党的观点更为系统、全面，指导作用更直接一些，因此我们一定要十分重视评论工作，一张报纸，如果缺少能够抓住当前主要问题并论述得比较深刻的评论，这张报纸的声音就不会响亮，指导作用就不大。正如党的著名政论家胡乔木指出：“评论是报纸的灵魂，是报纸的主要声音，对于报纸来说，没有评论就不算是报纸。”

256. 新闻评论主要包括哪几类?

1. 社论

社论是代表编辑部就全局性或重大问题发表的指导性评论，是体现“政治家办报”“政治家办台”的旗帜和方向，是影响社会舆论的主要评论。

2. 本台评论员文章

本台评论员文章的规格仅次于社论。它通常不去全面论述重大问题、重大决策，而是选一个重要角度从侧面展开，对决策、问题做深层次分析。

3. 短评

短评的规格低于评论员文章，属于新闻评论中的“轻武器”“短兵器”。往往一针见血地对事件、问题评其一点。

4. 编者按

编者按有文前按语、文中按语、编后按语。称法有编后小议、编者附记、编辑后记、编者附言等。电台称编者的话、编后话、编辑点评等。

5. 专栏评论

专栏评论是一种形式灵活、个人署名、长短不一在各种专栏里发表、播出的评论。这种评论理从事出，上谈国政，下议衣食住行，不拘一格。

257. 杂文属于新闻评论的范畴吗?

在理论上或实践中，人们对什么是新闻评论，有不同的看法。有的同志认为，只有评论当天发生的新闻事件和配合新闻发表的评论，才叫新闻评论。按照这种看法，许多社论、思想评论、署名评论就不能算做新闻评论了。因为它们所评论的事情或问题，并不是当天发生的，甚至不是新近发生的，而是现实生活中早已存在的问题或错误的思想观点。

有些人基于上述看法，认为杂文评论不是新闻事件，因而不属于新闻评论。还有一些人干脆把杂文归到文学作品里边去了，因为他们认为表现手法上形象性多一些的文章，只有文学作品才具备这种特性。

那杂文究竟算不算新闻评论呢?杂文针砭时弊，评论现实，它的基本特征与新闻评论的概念完全吻合，当然属于新闻评论了。总之，将评论现实生活中的事件和问题、针砭时弊的杂文，排除在新闻评论之外，是不恰当的。

258. 新闻评论的结构原则有哪些?

新闻评论的结构，是指通过谋篇构局揭示主题、展开论证的内容组合，主要包括评论的开头、主体和结尾等。那么新闻评论到底有哪些结构原则呢?

1. 评论的结构要准确地反映客观事物或矛盾内部的本质联系，对内容的组织安排要具有内在逻辑性

这是结构安排的根本性原则。新闻评论是客观事物的反映。文章内容的组合构造以客观事物的内部联系为基础，文章的结构形式必须反映客观事物内部联系的规律性。论据证明论点，是评论文章的主要内容。所以必须根据论点与论据之间的内在逻辑联系来确定结构的方式。一篇评论开头的安排，观点的安排，怎样组织材料，中间如何过渡承接，段落层次如何安排，最后如何收尾，各个部分之间都要有一种内在的逻辑关系。新闻评论要以理服人、要加强评论的逻辑力量，当然要正确地反映客观实际，提出正确的思想和观点，一定要通过恰当的说理论述的方法和合乎逻辑的结构方式，才能把正确的思想和观点传达给广大受众。

2. 评论结构的安排必须服从于主题思想并且要为主题思想服务

评论文章的论点是全文的中心。有些评论文章有好几个分论点，但这些分论点都应该是服从于一个中心论点的。文章的结构安排都必须集中地为论述中心论点服务。有时候一篇文章只有一个论点，那么材料运用结构安排都全力地为中心论点服务。刘朗在《文心雕龙·附会》中说:“凡大体文章，类多枝派，整位者依源，理枝专循干，是以附辞会义，务总纲领，驱万涂于同归，贞爵虑于一致，使众理虽繁，而无倒置之乖。群言虽多，而无芬丝之乱。”尽管材料丰富，内容繁多，分论点不少，线索有几多，但“整位者依源，理枝者循干”，务必抓住中心思想并且紧密围绕中心线索确定文章内容的主次详略、先后次序及其相互联系，从而做到纲举目张，条理井然，从新闻评论的特点考虑，为了更好地表达和突出文章的中心论点，结构安排时除了要反映出所要论述的问题内在的逻辑联系外，还要从读者的情况出发，适应读者的认识规律与认识水平。因此，要从文章的具体内容出发，根据不同的读者（听众、观众）群的实际情况出发去安排评论结构也是要注意的。

3. 结构要完整、严谨、匀称、有独特风格

古人说:“文无定法”。文章的结构布局，当然也不可能有千篇一律的格式。但就一般新闻评论的布局来说，还是有一定的规律可循。而在结构形式上的完整、严谨、匀称，则是对一篇文章最基本的要求。

文章的中心线索要连贯，有头有尾，不要顾此失彼、残缺不全，就是所谓的完整，也指的是文章结构的整体性。要求文章不能有主干不全、结构残缺的毛病，使

文章是一个完整的有机体，更要求文章首尾圆合，有一股文气贯注于全体，使文章脉络相承，神意相通。文章的层次、段落的划分和安排要有内在的逻辑性，各个部分之间、各个环节联系紧凑，顺理成章，自然和谐，既不颠三倒四、前后脱节，也没有顾此失彼、漏洞百出。

层次、段落的大小没有出现过分悬殊，主次详略得当，各个部分之间的搭配要均匀，就是匀称。评论文章一般比较短，因此也应该提倡短段落。但既要长短适度，又要开合有致。该长则长，该短则短。长短相间，使文章的整体布局匀称，优美。

评论文章要有独特的风格，这要求比较高。古代的许多文章大家、近现代的许多著名评论家，都形成了自己独特的文章风格。

259. 新闻评论和政论有什么区别？

人们对新闻评论的不同看法，还表现在对“新闻评论”和“政论”这两个概念的认识上。有人认为，政论和新闻评论是两种不同的文体，而且政论出现在前，新闻评论出现在后。还有人与上述看法相反，认为政论就是指的社论和评论员文章，甚至有人认为新闻评论就是政论。这种看法其实有失偏颇。

我们知道，中国近代报刊早期的新闻评论是政治斗争的产物，主要评论的是政治问题，因而被称为政论。政论只是新闻评论的一种类型。现代报刊上许多评论政治问题的社论、评论员文章，就是政论。现在人们在理论和实践中，一般都将社论、评论员文章称为新闻评论。但是，随着社会文化事业的发展，评论问题的范围也日渐扩大，又出现经济评论、文教评论、军事评论等，到这时再统称为政论就不太合适了，于是，人们把其改称为了新闻评论。

以后随着广播、电视的发展，又出现了广播评论、电视评论，它们虽然各具特色，但是仍没有脱离报纸评论的框架。所以现在人们把报纸评论和广播电视评论统称为新闻评论。新闻评论已经成为各种新闻传播工具的文章体裁，因而使它和历史评论、文学评论及其他学科的评论区别开来。所以，新闻评论这一名称就得到了大家的一致认可。

260. 怎样写好评论的标题？

评论的标题有如画龙点睛。一篇好的评论，配上一个准确、鲜明、生动的标题，就相当于广告，能吸引读者；就好像神奇的吸铁石能一下粘住读者的目光。不仅可以使文章更加增色生辉，而且可以深入人心，给读者以经久不息永难忘却的印象。如列宁的《进一步，退两步》、毛泽东的《别了，司徒雷登》等都是精彩的标题。现代社会生活节奏快，可接受的信息铺天盖地，一个抢眼的标题则有先声夺人之效，好标题的文章往往最先被读者注意到，而题目一般的文章往往被忽略。

当然，光有好标题，没有好文章，同样收不到好的效果。定一个好的新闻评论标题，须下一番功夫，有时文章清样都出来了，标题仍空着，或者有几个标题无法定夺，足见标题的重要性。新闻评论主题突出，同一主题也许会年年重复，题目却不能篇篇雷同，这给新闻评论的命题带来难度。如今年谈党的建设，明年还谈党的建设；今年纠不正之风，明年还要纠不正之风；女排“三连冠”要评，“四连冠”要评，“五连冠”还要评，如果都用《赞拼搏精神》显然没有新意；“元旦”年年有，“十一”年年庆，如何出新是关键。那评论的标题怎样写好呢？

评论的标题应具备具体、鲜明、简洁的特点。

1. 具体

新闻评论不是上纲上线的大问题，不一定需要拟一个有“气派”的大题目才与之相称，实际上，大而不当的题目容易流于空泛，小而具体的题目更集中深刻。毛泽东同志在1948年9月14日审阅新华社的一篇社论时指出：“凡论文标题亦须有内容。原题没有内容，不能引人注目。”这就强调了题目要有具体的重要性。1949年7月31日，新华社撰写纪念建军22周年的社论，原题为《纪念中国人民解放军的创建》，这个题目难以引人注目，年年可以用，后来，毛泽东将其改为《我们是能够克服困难的——纪念中国人民解放军建军二十周年》，这个题目就比较具体，并与当年的形势也很吻合，避免了一般化。

2. 鲜明

新闻评论的鲜明性，是让人一看便知道作者的态度、立场，提倡什么，反对什么，所以新闻评论应是非分明，不可含混不清，模棱两可。1941年6月22日，德国法西斯进攻苏联，6月29日《解放日报》社论的题目为《苏必胜，德必败》，这个题目再清楚不过了，立场观点十分明确。

3. 简洁

新闻评论的标题应当醒目、易记，文字不宜过长。太长不易记，达不到评论的效果。有一家报纸1967年元旦社论的标题有49个字，还有两个逗号：《更高地举起毛泽东思想伟大红旗，把活学活用毛主席著作群众运动推向新阶段，使我军真正成为毛泽东思想的大学校》，这个标题是时代的产物，毫无简洁可言。

写新闻评论时，要使标题简洁明了，就应做到以下几点。

①力避长句，善用问句。如《南京政府向何处去?》《双休日怎么过?》等。

②借用诗文词句作标题。如《人民日报》1984年9月23日的评论《劝君莫为粮多愁》就借用了“劝君莫惜金缕衣”“劝君惜取少年时”的诗句，反映了有些地

方卖粮难、储粮难的现象，加以分析引导。

③不可落入俗套。纪念反法西斯战争四十周年的时候，各报都发社论，等见报一看，发现社论的标题大同小异，如《光明日报》为《丰富和发扬爱国主义的光荣传统》、《中国青年报》为《发扬英雄前辈的爱国主义精神》、《大众日报》为《继承和发扬爱国主义的光荣传统》、《辽宁日报》为《前事不忘，后事之师》等，但《人民日报》社论的题目为《历史的昭示》，简洁有气势，显示出中央大报不同凡响之处。这就告诉我们在拟题时，学会从共性中抓住个性。自己拟题时，还要想到别人会拟什么题，要做到人无我有，人有我新，这样的标题才会与众不同、吸引眼球。

261. 写好新闻评论的开头应注意哪些要求？

一篇新闻评论有了选题，拟定了标题后，接着便开始正文的写作了。新闻评论的开头很重要，常言“万事开头难”，新闻评论要想引人入胜，开头部分尤为费神。古人讲“立片言以居要，乃一篇之警策”。高尔基说过：“开头第一句是最困难的，好像在音乐里定调一样，往往要费很长的时间才能找到它。”

新闻评论篇幅较短，不容你在开头部分讲大道理引题，应当开门见山，直奔主题。如“今年是建军××周年”“今天是我们伟大的祖国××生日”“二〇〇〇年元旦又快到了”“新春伊始”等，都是可有可无的语句，陈规俗套难有新意。

××××年××月××日，新华社发表社论《南京政府向何处去?》，文章开头也很有特色，让人读后，顿有触动：

两条路摆在南京国民党政府及其军政人员的面前：一条是向蒋介石战犯集团及其主人美帝国主义靠拢，这就是继续与人民为敌，在人民解放战争中与蒋介石战犯集团同归于尽；一条是向人民靠拢，这就是与蒋介石战犯集团和美帝国主义决裂，在人民解放战争中立功赎罪，以求得人民的宽恕和谅解，任何第三条路是没有的。

文章开头便提到大是大非的高度，让国民党政府及其军政人员做出选择，并明确正告“任何第三条路是没有的”。开头很有气势，态度也非常坚定。

新闻评论的开头要力避老套，不要动不动就写“在……形势下”“在一片……中”，要增加文采。如《人民日报》1982年4月4日发表社论《讲求生财之道》，开头这样写道：

宋朝政治家王安石说过：“因天下之力，以生天下之财，取天下之财，以供天下之费。自古治世，未尝以不足为天下之公患也，患在治财无其道耳。”阐述生财有道，才是解决财力不足的根本出路。新闻评论是理论性很强的文章，在开头使用一些富有哲理的句子，常能收到良好的效果。如××××年××月××日《人民日报》发表评论员文章《大好时光忙些啥》开篇写道：

年年月月日日时时，时间老人给每个人的赠予十分公平。时时日日月月年年，每个人对时间老人的回赠却大不相同。大好时光忙些啥？的确应该好好想一想，做领导工作的同志更应该多想一想。

下面以纪念抗日战争和反法西斯战争胜利四十周年的社论为例，来看一看这些社论的开头是如何写的。有的写：

“九月三日是中国抗日战争和世界反法西斯战争胜利四十周年纪念日。”

“今天是抗日战争胜利四十周年纪念日，也是整个反法西斯战争胜利四十周年的日子。”

“1945 年 9 月 2 日，日本政府的代表正式签署了无条件投降的文件，中国人民坚持八年之久的抗日战争，以及世界反法西斯战争，终于赢得了最后的胜利。”（《中国青年报》）

“我们胜利了！”

“四十年前的今天，在经历了火与血洗礼的神州大地上，中国人民热烈地发出了这样的呼喊。”（《北京日报》）

以上开头，头几条皆无特色，属大众化语言。只有《中国青年报》《北京日报》开头写得有些特色，能引起读者对昔日战争的回忆，重温历史，增强纪念的气氛。

俗语有云：“好的开头是成功的一半”，我们应努力琢磨一个富有文采的开头，这将使你的文章魅力大增。

262. 怎样写好新闻评论的结尾？

大多数新闻采写人员认为新闻评论的写作手法应当“虎头熊腰豹尾”，足见结尾的重要，如果新闻评论的结尾都是“一定要实现”“一定能达到”、“胜利前进”之类的话，便有“虎头蛇尾”之嫌了。好的结尾应当起到归纳、点睛、升华的作用，空泛的结尾软而无力，达不到新闻评论应有的社会效果。

《人民日报》1996 年 2 月 2 日发表一篇评论叫《为何要叫“老板菜”》，指出社会上流行“老板”的称呼，连一袋普普通通的榨菜也取名叫“老板菜”，这是庸俗的典型表现。文章结尾写道：看来，在有些人的心目中，贪图享受的意识浓了，诚实劳动的意识淡了；急于求成、坐享其成的意识增强了，脚踏实地、艰苦奋斗的意识弱了……

“老板”意识的流行，对社会，特别是对青少年有着误导作用。对此，我们不该掉以轻心。文末点题，寓意深刻。

结尾是全文的升华，应当富有鼓舞性和号召力。如××××年××月××日新华社社论《我们是能够克服困难的》一文这样结尾：我们是能够克服困难的，不管什么样的困难也不怕，人民解放军二十二年的斗争史给了我们这样一种经验和信心，只需共产党、人民解放军和全国人民明白了自己所遇困难的性质，坚决地执行克服困难的各项根本政策，我们就能达到目的。

文中总结两条经验：一是了解困难的性质，二是执行克服困难的政策，这样我们就能够克服困难，可谓说理充分，有点睛之效。再如，《论联合政府》的结尾写道：成千成万的先烈，为着人民的利益在我们的前头英勇地牺牲了，让我们高举起他们的旗帜，踏着他们的血迹前进吧！这样的结尾能坚定人的意志，激发人的斗志，有强烈的感召力。

总之，新闻评论是报刊上经常使用的一种文体，以其鲜明的针对性与指导性见长。我们在掌握新闻评论的特点与写作方法的基础上，写出新意，写出文采，以便产生更佳的社会效果。

263. 新闻评论的选题和立论的依据主要体现在哪些方面?

新闻评论选题要求在于，它所评论的对象和范围应当是选择当前具有迫切意义的，有着普遍引导作用，又能配合整体的新闻宣传部署的问题。要达到此要求，关键在于明确选题和立论的根据，在掌握根据上下功夫。那么，新闻评论的选题立论的根据是什么呢？那就是当前的国内外形势、党和政府的方针政策和现实生活中的实际情况以及对实际情况的全面准确的分析。《人民日报》原总编辑邓拓在《报纸的社论》一文中曾经指出报纸社论的选题有以下五方面的根据。

①党中央和国务院的决定和指示。

②地方各级党委和政府提供的情况和意见。

③党和政府主管部门提供的情况和意见。

④记者提出的新闻报道题目和线索。

⑤读者来信反映的情况和问题。

归结起来，可以这样说，选题和立论的根据主要在两个方面。

第一，是当前的客观形势、舆论动向和宣传任务，以及最近中央发布的重要决定和工作部署。这是新闻评论选题和立论的重要根据。掌握这方面的根据，不仅是选题立论的重要来源，而且有助于选题和立论体现坚定正确的政治方向，赢得人们的重视。

第二，是实际生活中层出不穷的新情况、新变革、新矛盾，以及来自广大群众和社会基层的呼声和要求。这些同样是新闻评论选题、立论的重要根据，是新闻评论选题、立论取之不尽，用之不竭的源泉。

以上两方面的根据，看似一“上”一“下”互不相关，实则相互联系难以割裂。因为，唯有领会并掌握了党和政府的方针、政策、精神，了解了全国工作大局，才有可能敏锐地洞察当前的形势，透过事物的现象看到本质，正确地反映人民群众的呼声，正确地引导社会舆论，而不致被某些表面现象所迷惑；同时，也唯有深切了解实际情况，准确了解群众呼声，方能准确、深刻地领会党和政府的重要部署和政策精神，并且体现于评论的选题和立论之中。所以，善于从中央的精神与实际的情况这两大根据有机结合起来并在其结合点上进行选题和立论；善于从政策、方针、任务、决定的贯彻与实行过程中洞察矛盾的趋向；善于从人们所关心、所考虑也是作者感触最深或者最为忧虑之点着手提出论题，才能使新闻评论的选题和立论真正做到紧跟形势，切合实际，发现问题，解决问题。

264. 新闻评论的立论应具备哪些基本要求?

一篇成功的新闻评论作品，就其立论而言，理应具备以下基本要求：前瞻性、新颖性、准确性和针砭性。

1. 前瞻性

立论的前瞻性指的是能及时洞察矛盾和预察将会出现的矛盾，尽早地去探寻事物的内在规律及其发展趋势，进而设想出解决矛盾的办法和途径，以便站在时代潮流的前头引导舆论，推动事物的发展。换句话说，前瞻性要求立论具有一定的洞察力、敏锐度和预见性。

2. 新颖性

从读者的认识规律和阅读心理而言，总是最烦这样的评论文章，满篇人云亦云，车轱辘话，没有一点新鲜的见解和材料。所以，新闻评论的佳作，不仅立论要具有明确的针砭性，而且要力求立论的新颖性，阅后能给予人们以新的养料、新的收获和启迪，而这也正是为文的难点所在。

3. 准确性

立论的求新理应以准确为前提。这是立论的又一基本要求。立论违背了准确性，其后果必然失去人们的信赖，甚至直接导致人们思想上和行动上的混乱。

立论的准确性，主要表现在这样几个方面。

一是论点的准确，包括概念、论断、提法和分寸的准确。

二是论据和引语的准确。

三是完整、准确地阐明党和政府的方针政策和法规。

四是坚持一切从实际出发，实事求是，力戒浮夸和武断。当强调更新观念时，对提出的新观念务必要想一想，它是否符合客观实际，是否遵循客观规律，是否遵守政策法律，是否尊重伦理道德和社会公德。

4. 针砭性

选题立论是否具有针砭性是衡量一篇新闻评论作品能否产生社会效应，能否促使事物发展的一项首要标准。所谓针砭性，就是能够正视时弊，针对不良社会风气和倾向性矛盾，针对偏颇乃至错误思想，运用批评或正面引导的方式对症下药，积极引导，以促使矛盾转化，产生积极的社会效应。

265. 表述新闻评论中的论点有哪些要求?

相对于说理中的论点与论据而言，论点的表述至为重要，通常情况下，评论的观点在选题立论阶段已有比较充分的考虑，自我选题的文章尤其是如此。但是一方面，思想观点的斟酌并无止境，未写之前的立论很难做到十全十美；另一方面，实际地进行说理，把观点形成文字的过程同时也是深化认识的过程，对论题的认识随着“写”文章而更加深入，甚至有新的发现，乃是文章写作中常有的事，因此，说理中进一步打磨观点，是很自然的。

说理中至关重要的一点就是把观点以文字的形式表达出来，使之统率全篇。

论点的表述要求有三个方面。

①论点中的基本概念务必明确和严密，其内涵和外延必须有准确的规定，而不能有丝毫的模糊含混。论点一旦模糊含混，不仅使论点无法彻底展开，而且还可能转移论点。有鉴于此，评论的论点必须要下定义，用简洁精确的语言加以阐述，并对其进行详细说明。

②凡表观点的文字，须讲究方式和位置。表观点的文字即提出问题、综合归纳、做出结论一类文字。这类文字均是论断性的，原则上要用纯粹的议论方式，高屋建瓴，语气肯定，且严加限制，以严谨明晰为根本标准。其位置无一定之规，以靠近所属论据为妥，还要突出醒目。

③表述论点贵在言简意赅，其文字要简明扼要。

266. 评论文章使用较多的论证方法有哪几种？

论证就是摆事实讲道理。评论文章的论证方式分两类：立论和驳论。所谓立论就是以证明作者主动提出的看法、主张为主，从正面直接阐明客观事物的理论。所谓驳论，就是以反驳论敌的某种错误观念为主，在反驳错误观念时宣传真理。驳论除了具有立论一些论证特点外，它往往从侧面、反面、从历史和现实的经验中，选择论点，驳斥对方，以论证自己观点的正确性。一般说来，立论是目的，驳论是为了证明自己立论的准确性。

各种论证方式都可以用于新闻评论。这些论证方式在新闻评论具体说理中综合运用，形成各种论证方法。立论与驳论在一篇评论文章中常常是互相结合的。论证的方法是多种多样的，使用较多的大体上有以下几种。

1. 归纳法与例证法

归纳论证法由若干个别事实归纳出共性，从而得出一般原理性的结论，是一种由个别到一般的论证方法。归纳论证法只用于事实论据，先摆出一件件事实，然后做出综合概括，评定判断。常见的是先说出结论，再举事实以进行证明，这就是例证法。从行文次序上看，例证法与归纳法正好相反。

2. 演绎法

就是从已知的公理、定理出发，推证尚待证明的论点的方法，是由一般到个别的推理的方法。

3. 对比法

对比法是与类比法相对应的一种说理方法。主要是将性质上相反的两个事物或者一个事物在不同条件下的两个相反方面做比较，有破有立，在比较中明理。类比论证，侧重求同，理在同中；对比论证侧重求异，理在异中。

4. 引证法

就是运用演绎推理的方法进行论证，是运用已被证明的理论、原则或者公认的道理做论据来证明论点。引证法常引用经典的言论或者名言、名句作为立论的根据。对引证的材料要注意科学性、准确性和权威性，又必须是完整的，不能断章取义。引用时还要注意适量，不能靠引用的话来代替自己的论述。运用引证法论证问题时要注意：一是引用的原理必须正确；二是不要引证过多；三是要注意具体分析。

5. 类比法

将性质类似的事物放在一起比较以显示其共同的本质。类比论证的比体，可以是事实，包括现实生活中的事实、历史上的事件，也可以是文学形象等。但对象必须是受众熟悉的事或人，其性质，其中蕴涵的哲理是受众公认的。

6. 喻证法

用比喻的方法进行证明或者说明。这种方法能使文章生动富于文采。有的问题道理比较抽象，直接说明不容易把道理讲清楚，这时如果用一个恰当的比喻，即用人们容易理解的浅显的事物或道理来说明不容易理解的深奥的事物或道理，那么，就能生动地把道理讲得深入浅出，给读者打一个鲜明的烙印。因为比喻有这样的优点，所以这种方法被广泛地应用于评论的论证里。

7. 反证法

作者从反面设法证明对立面的观点错误，用以驳倒对方，从而说明自己观点的正确性。在驳论中，运用反证法为了证明对方论点是错误的，先证明与其相矛盾的另一个论点是正确的，从而以后者的正确证明前者的错误。

反证法的使用主要是出于这样两种情况：一种情况是直接正面说不便下手，讲不出什么道理。好比爬山，正面太陡，只好绕到背面。另一种情况是运用反证法，更能充分地展开论述，有力地论证问题，从而把文章写好。

8. 归谬法

大文豪鲁迅写过一篇文章，叫《文艺的大众化》，是批判所谓“作品愈高，知音愈少”论的。文中说：“倘若说，作品愈高，知音愈少，那么，推论起来，谁也不懂的东西，就是世界上的绝作了。”鲁迅这里用的就是归谬法。由此可知，所谓归谬法，是明明知道对方的论点完全错了，却先假定它是对的，沿着其方向往下推，验证于其他事物，引出一个显然荒谬可笑的结论。由于结论错得一目了然，无须再做任何解释，所以对方的观点便不攻自破，敌论因此而被彻底驳倒了。这种论证方法，用于驳论性评论，批驳那些论据和论点之间没有必然联系的论点。

267. 新闻评论对论点的具体要求有哪些？

对于新闻评论而言，论点是极其重要的。因而新闻评论的论点，必须具备一定的条件，才能担负按照历史唯物主义揭示事物本质的重任。具体要求如下。

①正确、鲜明，这是相对于荒谬、悖理和吞吞吐吐、模棱两可而言的。这两个概念本身不难理解，问题在于怎样把认识和表达统一起来，恰当地体现于评论作品之中，认识谬误、是非不明，当然不可能形成正确、鲜明的论点。

②中肯以正确为前提，就是在正确的基础上突出重点，力求论点切中要害，准确揭示事物本质或问题实质。其对立面包括背离正确前提的片面性，满足于现象的表面性，以及虽然正确却无补于事的“药中甘草”。

正确、鲜明、中肯，这是论点的基本要求，也是检验论点存在价值的基本准则。如果进而力求新颖、隽永，那就等于给论点增添了引人入胜、耐人寻味的魅力。

③新颖就是“盲人之所不能言”。新颖的论点，既要求“唯陈言之务去”，避免人云亦云，也要求“匠心独运”，蕴含非同寻常的见解。

④隽永就是耐人寻味、发人深省。隽永的论点大多是规律性认识的概括，因此能够启发人们思考和联想，具有举一反三的内在力量。这样的论点不一定“言人之所不能言”，却能使人恍然大悟；不深奥，却能像橄榄那样耐人咀嚼、耐人回味。

其实，论点的这几个要求彼此间是相互联系、相辅相成、互为依托的，如果把它们割裂开来，孤立地看或片面地强调某一要求，就会陷入形而上学的论调中去。此外，论点的这些要求，又都带有相对性，除正确之外，其余要求并没有什么绝对标准，因此论点既要注重提炼，也不能勉强从事，否则不是沦于肤浅，就是陷于牵强附会。

268. 新闻评论的语言具有哪些特点？

语言是思想的直接现实，是作者表达思想的工具。同时语言也是思想和思维的载体。其实，无论是直观思维还是抽象思维，抑或是描情状物的发散思维，大凡思维的结果都离不开语言的参与和表达。人们的生存空间充塞着大量的信息，视觉和听觉里或者是图形、图像，或者是语言文字，大部分时间视听的也是和自己的生活、生产密切相关的信息。以报刊为主的新闻评论，是一种实用性很强的应用文，因而，在语言表达上比较灵活，基本上没有固定的格式。但任何事实都有它的特殊性和质的规定性，新闻评论的语言同样如此，它具有以下特点。

1. 准确

新闻评论要做到以理服人，必须概念明确，判断恰当，推理合乎逻辑。而准确的概念、判断和推理，又要借助于准确的语言来表达。如果语言表述不准确，出现漏洞，甚至前后矛盾，就形不成明确的概念，从而必然影响恰当的判断，影响正确的推理。新闻评论的语句须是经过字斟句酌的、反复推敲的，文稿的语句表达，应选用最恰当的词语，准确地揭示事物的本质，贴切地表达出文稿所蕴含的思想。可见，语言与概念、判断和推理之间的关系就是这样一环扣一环，互相制约的。因此，准确是评论语言的第一个要求。在评论写作中。每一个问题的提出，每一句话的判断，每一个概念，甚至一个关联词语的运用，都必须力求准确、恰当，有分寸感，决不能含糊其词，模棱两可。

2. 简练

新闻评论是抽象思维（不排斥适当的形象思维）的表现形式。它在就“事”论“理”时，尽管也需要引述事实、描写形象，但无论是“事”的引述，还是形象的穿插，都是为了从中析“理”。因此，叙述要力求简练，不是为叙述而叙述，而是为了议论而叙述。当然，在惜墨如金、讲究简练的同时，为描摹物态或进行细致入微的心理刻画，也可适当地用繁笔，但切忌冗长。1962 年，毛泽东同志在七千人大会上的讲话中，引用项羽和刘邦争天下的故事，说明独断专行、听不得不同意见，总归要失败时，只用了简明扼要的几句话，这同《史记》《资治通鉴》等书中记述项、刘故事的方法就不一样，是采用高度概括的笔法。如果不注意这一点，当概括不概括，大量使用记叙、描写的语言，评论文就将变成记叙文了。要使语言通俗易懂，首要的是尽量做到口语化。这里很重要的一条，就是避免使用半文半白话的语言形式，另外，不要为了节省篇幅把不应该省的字也省掉了。

3. 力求严肃与生动的统一

真理是科学的结晶，阐述真理必须严肃，用语必须质朴、庄重，这是毫无疑问的。但质朴并不排斥优美，庄重也并不拒绝活泼。古人说：“言之无文，行而不远”“辞达而理举”。为了传播真理使人“敬而爱之”“信而悦之”，评论也要讲究“语言美”，要求文采飘逸，生动形象，每句话，每个词都要反复斟酌，精心写作。但是，有一些新闻评论工作者却把评论的严肃性和生动性对立起来看，他们笔下的评论往往毫无趣味可言。

269. 怎样运用适当的手段使新闻评论语言形象化？

形象化是语言艺术中的重要因素，评论文章的语言要生动、活泼、引人入胜，很重要的就是要求说理形象化，或叫作“寓理于形”，努力把言论写得绘声绘色，幽默犀利。这就需要适当运用以下一些形象化的手段。

1. 熔叙、议于一炉

把抽象的概括同形象化的具体描述结合起来，把所要议论的事物加以描写和渲染，使其构造栩栩如生。这样做，使评论能够与具体形象的东西相结合，可以给读者以感性认识，引起感受、想象、回忆，从而加深对事理的认识。

2. 寓庄重于诙谐

通过打比方和拟人化等修辞手法，用人们容易理解的浅显的事物或道理来说明不容易理解的深奥的事物或道理，可以生动地把道理讲得深入浅出，给人以鲜明的印象。

3. 化平凡为神奇

运用通俗化的口语或成语、民谚来说理。评论要反映广大群众的思想和情绪，必须在语言上注意群众化，使深刻的思想在通俗化的口语中表达出来，这就能深入浅出，亦庄亦谐，为群众所喜闻乐见。

当然，评论文章语言的生动，主要在于说明事理的生动，应以不影响科学性为前提。要防止片面追求生动，出现做作、庸俗甚至油滑的毛病，影响言论的严肃性。

第二节　广播、电视和影视评论

270. 什么是广播评论？

广播评论是广播电台播发评论的总称。广播新闻评论，是广播评论的核心，被称为电台的旗帜，专指新闻节目或新闻台播出的评论。它有着其他广播新闻不可替代的作用。

271. 广播评论的特点有哪些？

与其他媒介的评论相比，广播评论的特点主要体现在快捷、浅显、平易和生动上。

（1）快捷

由于广播的传播速度快，加之节目制作工序较少而短，所以对于新闻事件（特别是突发性事件）的反应速度很快。

快捷是在广播评论的写作与制作上的优势和特点之一。广播评论制作比较简单，不像报纸评论那样，写出评论文稿后，还要经过录入（以前为排字）、排版、校对、印刷、发行等一系列环节；也不像电视评论那样，除有声语音及音响的录制、剪辑、合成外，还包括画面的采制、编辑，字幕的制作和所有这些要素的组合编排，因而，它有可能在最短时间内对新闻事件和社会问题作出反应。

近年来，现场直播的广播、电视新闻节目越来越多，质量也越来越高。在现场直播过程中穿插主持人的即席点评或口播预先准备好的评论，可以称之为最具时效性的评论节目。

除现场直播之外，广播评论在目前不少情况下仍然比电视评论更为快捷。往往新闻事件刚刚发生，对事件的评论就和有关消息同时播出了。

（2）浅显

广播评论的浅显有两层含义，一般情况下，它首先表现在语言的通俗化、口语化上；其次，广播评论的浅显，更主要的是体现在能把政论性的内容与较为深刻的道理，运用受众容易引起兴趣的材料、容易接受的方式深入浅出地加以表述，广播评论的浅显并不意味着肤浅，表述上的浅显明快、语言上的浅显易懂与观点的深刻鲜明、议论的深入透彻并不矛盾。广播评论不能浅入深出，同样也不能浅入浅出。

（3）平易

作为以声音传递信息，以声音表情达意的广播评论，既要让人易听，也要让人爱听，能够使听众从无意的半收听状态转为有意的专注收听的状态，只有这样，广播评论才能让人既入耳，又入脑，收到应有的传播效果。

广播评论以说与听为基本的传授手段，因而如何说才能既让人听懂，又让人爱听是其必须考虑的问题。除浅显易懂外，平易亲切是广播评论另一个基本特征和基本要求。作为传播媒介，特别是仅靠声音传播内容、传播的又是以逻辑思维为主的政论性内容的广播评论，把自己当听众摆在平等的位置上，平等交流、平等地分析问题和探讨问题是其“平易”的第一层含义。

“平易”的第二层含义是吸引广大受众直接参与评论，让受众在广播评论中直接发言，这种参与使广播评论更具群众性和群言性特色，评论内容也更容易为听众所理解和接受。

广播评论之所以受众面相当广泛，不仅由于其特有的传播方式，而且也是其考虑到自身传播特点的优势与劣势，扬长避短，在快捷、浅显、平易上下功夫的结果。

（4）生动

广播评论不像电视评论那样可以依靠生动形象的画面挑开话题和支撑论点，但声音所包含的信息种类和信息含量是相当丰富的，不仅可以交代背景、营造气氛，而且可以叙述事实、评价议论。同时，各种现场音响和背景音响的运用，还可以使广播评论节省对于环境、气氛、情绪、心态等叙述、描写的篇幅和笔墨，使广播评论更加“经济”，更加生动感人。

而在音响评论中，恰当地运用生动的背景音响和现场谈话，可以使评论更具感染力和说服力。

272. 广播评论的写作要注意哪些要求？

1. 直截了当

广播新闻评论由于传媒的特殊性，应单刀直入，直戳要害，不可兜圈子。要一条主线，贯通首尾。

2. 论题要选得小些

广播新闻评论要求比报刊新闻评论更短些，而且还要有深度。这就要求论题要选得小些，只论一个单一小题目，不能庞然杂陈。只有小切入，才能以较短的篇幅把问题讲透。

广播新闻评论的论题必须是在某一个系统、某一个方面带有全局性的、倾向性的问题；立意必须对全局具有针对性、指导性。这就要求论证的材料，必须是典型的。

3. 软些近些

软是广播评论风格的又一特点。软是形式，是为了更好地贴近听众，为了更好地宣传硬的内容。

形式上的软主要是指表达亲和些、轻松些、幽默些、形象些。轻松幽默、生动形象是所有新闻体裁共同的要求，但比较而言，广播新闻特别是广播新闻评论，更需轻松幽默、生动形象。幽默而生动的形式，易于引起听众兴趣，以便把那些处于半收听状态的听众的注意力，完全吸引到广播中来；易于激发听众的通感心理本能，把听觉形象变为视觉形象，使抽象道理，变得似乎可触可摸，从而提高广播新闻评论的收听效果。

4. 深入浅出

广播体裁风格特征之一就是深入浅出。深入，就是深入题旨；浅出，是指表现风格浅显。其一，论据要选择典型的、为广大听众熟悉的材料；其二，推理的方式要尽可能简易；其三，语言要通俗易懂。

5. 运用音响

音响，被称为广播的特殊语言。采用音响是广播新闻评论区别于报刊评论的特点，也是优点。精当得体的音响运用，能增强广播评论的真实性、生动性和感染力。

273. 广播语言的特点有哪些?

在广播里，播讲人和听众相距很远（缺乏视觉形象），这要求我们必须寻找特殊的直观手段，因为在广播中没有可能向听众展示的附件。这些手段只能从广播的音响方面去寻找。这些手段就是实况录音、音响效果、音乐，当然还有有声词汇的形象特征。那么，广播语言有什么特点呢?

1. 语言通俗易懂

这就对广播工作者提出了特殊的比对报纸更加严格的要求，要求信息准确无误，叙述清楚明确，通俗易懂，必须从语言中排除一切语义和修辞上的“障碍”，一切妨碍沟通思想的“杂音”。

2. 语言适量

广播必须限制给予听众的语言信息量，否则他们会感到疲倦，接收信息的强度会急剧下降，甚至可能下降到零点。与此同时，还必须最大限度地充实广播内容。

3. 语言生动、活泼、形象

必须最大限度地对受众施加影响，因而把报纸、广播和电视都摆到了同等地位。但是，表现手段、语言环境和接受条件的差别又不得不把它们加以区分。由此可见，在广播方面，所有的成分都在改变自己所固有的相互联系的职能，获得了独特的表现方法，甚至连小小的广播形式也不同于一份电报……广播里的报道应与报纸上的报道相区别。

4. 突出播讲人的个性

广播中的语言，即语调上经过美化、能“表明”播讲人态度的语言，总带有几分个人色彩。即使在纯新闻报道的体裁中，播讲人的态度也是能够感觉到的。除非在话筒前面的不是向听众播报世界大事的活人，而是一台会说话的、自动控制的机器，才会对播报的内容完全无动于衷。确实，广播新闻事业就是现实生活，它是通过播报人的“活的灵魂”和纪实性音响画面来表现的。

5. 广播语言中有一些相互制约的因素在起作用

在这里，起实质性作用的是：书面用语和口头用语的成分之间的相互关系和相互制约性；逻辑（理智）性语汇和感情性语汇之间的相互关系和相互制约性；专门术语和通用语汇之间的相互关系和相互制约性；带有个性的语汇和习惯传统性的、一般性语汇之间的相互关系和相互制约性；经过文学加工的语汇和“事先未做准备的”（即兴想出来的）语汇之间的相互关系和相互制约性；命名性语汇和形象性语汇之间的相互关系和相互制约性。

6. 发音本身也存在对比关系

研究人员在探讨演说的理论时就认为我们的语言由以下三对“杠杆”在操纵：高音和低音，大声和轻声，快速和慢速。这样说来，音调高度的变化、声音强度的变化和说话速度的变化三者之间是存在对比关系的。对这些变化适当地加以利用，就能使语言富有很大的表现力。当这些影响手段全都发挥作用时，这种表现力就会极大地增强。

7. 重读和非重读成分在语言中也形成对比关系

播讲人恰如其分地突出语句中的某些词组，能使语言具有感染力和说服力。各种音色也能形成对比关系。

8. 适度沉默，能使口头语言产生明显的“明暗度”

英国19世纪的作家和思想家卡尔列尔就说过，沉默和说话相互配合会具有双重意义。如果说言谈是伟大的，那么沉默就更加伟大，一个人应该富有“沉默的才能”。心理上的停顿在口头语言中尤其会给人以强烈的印象，这种停顿在说话时似乎有承上启下的作用。

274. 什么是电视评论？

电视评论是多种传播符号综合运用的评论形式，包括文字符号（如标题、字幕）、图像符号（如画面、图片、资料、图表）和语言符号（如解说词、论述语言、同期声、音乐、背景音响）。它是新闻评论的一种。新闻评论是新闻机构所发表的言行的总称。新闻和评论一实一虚，如同鸟之翼，构成报纸的两大文体。新闻评论是针对现实生活中的重要问题直接发表意见、阐述观点、表明态度的新闻体裁。

275. 电视评论的特点是什么？

与报刊、广播评论相比，电视评论的制作过程要复杂得多。报刊评论是靠单一的文字符号传播的评论形式，写成评论的文字稿后，经过排版印刷即可与读者见面。广播评论主要运用声音符号传播，在采录现场音响、收集背景音响、写作解说词、进行评述并录制后再与前者进行合成就可以播出。电视评论，特别是电视述评的制作过程比较复杂，要经过前期的采访、摄录及后期的解说词写作、画面编辑、字幕制作、音响合成、必要的特技处理等一系列工序才能最后完成。

276. 电视评论的基本构成要素有哪些？

电视评论是“多工种多程序的集团作战”，除编导、记者、主持人的直接参与外，必须有专门的摄像师、录音师以及灯光师的合作。因此，任何一个电视评论节目都是集体智慧的结晶。为了使电视评论收到更好的传播效果，需要对电视评论的基本构成要素有一个全面的了解。

总体而言，电视评论的画面、电视评论的同期声、电视评论的屏幕文字与电视评论性语言是构成电视评论的四大要素。

电视评论的画面是电视评论的基本要素，也是电视评论与报刊广播评论的区别，它的出现，满足了人们对形象的需求，排除了外观的不定性。

电视评论的同期声是指与电视画面同步出现的各种声音，包括现场各种实况音响与人物的谈话，它是电视评论各种声音符号中最富感染力和最重要的部分。

电视评论的屏幕文字是根据节目内容需要，在后期制作时运用电子技术叠加在画面上的文字，也起着重要作用。

电视评论中的解说，论述性语言是对节目内容的补充性介绍及评价，评论的解说，它同样也是电视评论有机的组成部分。

277. 电视评论的画面是由哪些内容构成的?

迄今为止最能保持生活素材的完整性和原始状态的传播媒介就是电视，它通过真实记录的形象、声音、动作、表情、环境等传达事实性信息。用摄影机或摄像机拍摄下来的，在银幕、屏幕或感光材料上呈现的形象就是电视评论的画面。它是电视评论的基本构成要素，也是电视评论与报刊、广播评论首要的区别，它以可感知的视觉形象，排除了人们对于事物认识的不确定性，以及由于文化程度、生活经验等原因造成的理解上的差异，具有很强的真实性和直观性。

电视评论的画面由以下几方面内容组成。

1. 现场画面

现场画面是指记者在采访现场摄录下来的有关环境状况、事物状态及人们动作、表情等真实情况的画面。它是电视评论各类画面形式中最重要、最基本的画面形式，也是最具现场感、真实性和表现力的画面语言。

现场画面具有极其丰富的表现力，在纪实性上有其他媒介无法企及的真实性和完整性。同时，现场画面又兼有表情达意的功能。

2. 资料画面

资料画面是指为表现节目主题而选用的有关事物原因、背景和发展脉络的资料性画面，包括影视资料和图片。这些画面能够使节目突破时空的界限，扩充节目的信息量，增强节目的可信性，使节目更有深度。

在电视评论中，现场画面与资料画面的穿插运用，不仅可以扩充节目的信息量，还可以产生对比与反差，深化节目的主题。

3. 后期制作的图表、图像

后期制作的图表、图像是指为节目主题及内容的需要，运用特技手法专门制作的表格、图形或活动影像。

在电视评论节目中，经常出现诸如统计数据、地理方位等较为抽象和笼统的内容，而这些内容又往往是说明事物变化和表现事物间联系的重要依据，因此，制作各类图表、图形或活动影像，就可以起到化抽象为直观、变笼统为具体的作用，产生更好的传播效果。

总之，在电视评论中，各类画面按照一定的叙事或议论需要的组合运用，构成了电视评论的画面语言，它是电视评论各类语言形式中最具电视特征的形式。它的主要作用包括报道新闻事实、交代相关背景、提供议论依据和烘托节目气氛。

278. 发挥画面的作用应注意的基本原则有哪些？

在电视评论中，发挥画面的作用应注意以下几个基本原则。

①摆正画面在电视评论中的位置，让画面为展示事实和佐证论点服务，并以此为前提拍摄、剪辑和运用画面，使其成为电视评论有机的组成部分。

②恰当处理画面与解说、论述性语言的关系，避免生硬的声画对位和过分的声画分离。在“以视为主”的同时不能以画面代替必要的分析议论，让画面为引出、佐证、补充和强化论述性语言服务。

③在使用画面的过程中，应根据评论内容的需要调动各种画面形式，灵活运用各种画面的表现技巧和编排手段，使画面语言更为丰富，以增强其特有的表现力和感染力。

279. 电视评论的屏幕文字具有哪些作用？

所谓电视评论的屏幕文字（即字幕），就是根据节目内容需要，在后期制作时运用电子技术叠加在画面上的文字。标题是屏幕文字的特殊形式。电视评论的屏幕文字，属于电视评论的一种可视性因素，具有以下几种作用。

1. 提示、强调

以字幕的形式打出标题或论述重点，可以帮助刚刚打开电视机的观众了解评论的论题和内容，当然也可以帮助观众理解评论的见解和主旨。同时，由于标题的适时出现和论点的及时标明，评论的层次感和条理性也显得越发清晰，使线性传播的电视评论增添了节奏感，容易在人们的记忆中更长久地留存。

2. 补充、说明

在电视评论中，运用字幕可以补充、说明画面无法表达的内容，如时间、地点、人物姓名及身份、事件的起因及结果等；也可以以此来消除由于录音效果不好或因口音较重、口齿不清及外国人士用本国语言谈话等所造成的听知障碍和理解歧义。

3. 提炼、升华

由于电视评论具有直观性和转瞬即逝的特点，以及电视受众的文化程度和理解能力的差异比其他媒介更大，因此在电视评论中打出字幕，用以提炼论点、升华主题显得必不可少。与论述性语言相结合的论点性字幕，可以起到“画龙点睛”的作用。许多片子在背景画面（包括事先录制的空镜头和历史资料画面）上叠加文字，并把分值最高的内容用放大、定格的方式加以突出强调，强化了信息，给人以事实确凿、寓意深刻的强烈印象。

另外，屏幕文字的颜色、字体、字号、出屏方式等都蕴含着某种意味，这也是制作字幕时应该考虑到的因素。电视评论发展到今日，一些栏目为了体现个性特点，不仅在节目片头、形态、手法上下功夫，也往往把屏幕文字作为其“整体包装”的有机组成部分。

280. 电视评论的解说、论述性语言的特点和要求有哪些?

对节目内容的补充性介绍及评价、分析与议论就是电视评论的解说、论述性语言。其具体表现为画外音和主持人（或记者）出镜点评。电视评论的解说、论述性语言，是电视评论有机的组成部分，它像一根链条，把画面与同期声串接起来，使整个节目成为一个完整的集合体；它还是编导者主体思想与个性风格的集中体现，电视评论的理论色彩和评析力度很大程度上借助于它表现出来。

在电视评论中，画外音及记者、主持人的口头表达有两种功能，一为解释、补充，一为评点、升华。前者属于解说性语言，后者属于论述性语言。在节目中，这两类语言经常交替出现、穿插运用，即所谓夹叙夹议，很难将二者完全分开。

电视评论的解说、论述性语言有以下几个特点和要求。

1. 似断实连，与画面、同期声互为补充

电视评论（特别是电视述评）的解说、论述性语言与文字评论不同，报刊评论一般独立成篇，本身就是一篇完整的文章，电视评论的解说与论述性语言一般不能独立存在，只是电视评论各类语言中一个重要的构成要素。与其他要素相互依存，相辅相成。假如把解说词从节目中单独抽出来，就会发现这些内容在思维上存在着跳跃，段落间不够连贯，逻辑上也时常显得不够完整。正是这种不连贯和不完整，才为画面、同期声等电视评论的其他要素提供了应有的空间。

2. 简捷流畅，具有口语化的特征

电视评论的解说、论述性语言是为“说”而写的，所以，就要有效地利用有限的时间和空间、简练准确地叙述事实和分析议论。由于电视具有广泛的群众性和转瞬即逝的传播特点，在写作解说词时应尽量使用通俗、生动的大众化语言和易受性较强的口语化方式。

3. 逻辑严密，具有一定的思辨色彩

电视评论与电视报道的根本区别在于它的理论色彩和思辨性。电视优势在表现事实、展示过程优势的同时，以收集、整合而成的各方意见为基础，适时地做出准确的分析、发表精当的议论，是显示电视评论逻辑力量和增强其评析力度的关键所在。

只要电视评论的解说、论述性语言能够抓住了报道的关键所在，由现象议论到本质、由个别联想到一般。观众听后，就能产生很好效果。不仅能够对新闻事件有一个较为清晰的了解，而且对该新闻主题有一个更为全面的认识。

281. 什么是影视评论？

影视评论是文艺评论的一种，指以电影、电视为研究和评说对象的评论形式。

影视评论的内容大致包括三个方面：剧本、导演、演员表演。剧本的主题思想、人物刻画、故事情节、人物语言、悬念设置，导演对主题的把握和表现、对人物性格的塑造、艺术创造力的表现，演员创造形象的能力、对剧本和导演要求的把握及演出技巧、艺术风格等，都在评论范围之内。

282. 影视评论的写作方法有哪些？

影视评论的写法很多，可以宏观大扫描，也可以微观具体评说，讲总体印象，也讲最深感受。但每篇评论不能泛泛而谈，要有中心、有重点，评出特色来，评出自己的独到见解来。关键是细心审视作品、艺术家如何反映生活中一些本质的现象。下面介绍几种写法。

1. 理出最佳的线索

对任何一部影视作品，先从总体上找到感受，是成功，还是失败，进行具体分析，上升到理性认识，归纳出几个观点，然后再提炼一下，把发自内心的观感揭示出来。

2. 找到最深的感受

读者观赏任何一部优秀的作品，总会找到最深的感受。影视内涵、形象特点、导演技法、音美设计等，新的构思、新的艺术方法，总会触动读者的心灵。抓住这一点来写，就会有特色。

3. 进行认真的对比分析

对比分析是写影视评论常见的方法。这种对比，包括史料的对比、生活的对比等。《〈远东阴谋〉的十处不妥》（戴玉堂）对电视连续剧《远东阴谋》提出质疑。有的与史料有出入，有的布景、道具有差错，有的称谓不对头，有的服饰有问题。这涉及历史真实和艺术真实的问题。艺术可以虚构，可以加工，但必要的生活真实不能马虎从事。

附：影视评论的写作范本

《泰坦尼克号》画外话

秦　晋

最近，正在上映的电影《泰坦尼克号》，成为人们特别关心的话题。我们不仅从这个荣获十一项奥斯卡大奖的巨片本身，同时也从这种与此相关的轰动世界的文化热潮中，深深感受到了现代艺术的力量。

影片通过艺术地再现21世纪初的一起沉船事件，再现一个已经过去了的时代和社会，把等级、思想、文化的差异和矛盾集中在一个狭小的天地里，把爱情和人性放在即将失去的时空中展示给我们看。在过程的叙述中，包含着历史意识中的道德精神，人文意义上的生命价值和古老而永恒的爱的主题，在沉船与爱情的双重悲剧里，隐现出人类处境的有限性与不断要达到彼岸的理想之间的无法克服的悲哀，那种天有不测风云、人有旦夕祸福的生存无奈，伴随着海水的冲撞和船体的断裂声牵动着每一个人的心。但在死亡逼近的恐惧和面对自身能力有限的痛楚之上，影片颂扬了人类的友善、勇气和牺牲精神，希望这个世界“爱无止境”。导演用他独特的电影语言，把历史的逻辑和艺术的逻辑，把对人的终极关怀和现实理解，把现代高科技和现代影视观念，完美自然地统一在一起，融会贯通于跌宕起伏、气势磅礴的视听审美之中，这也就是《泰坦尼克号》所特有的整体性艺术结构和魅力。

《泰坦尼克号》耗资2.5亿美元，目前票房收入已经突破14亿，这种高投入高产出、大制作大轰动的生产和消费方式，以及它在全球所激发起来的一浪高过一浪的电影热潮，我们还很难做到，而且也未必就是我们的方向。但在创作思路的观念上，我想我们应该能从这一文化现象里获得一些启示。

深圳《风采周刊》近期的《泰坦尼克号》专辑，封面上印着：“史实·艺术·眼泪·钞票”，把这四个不怎么相关的词凑在一起，有些耐人寻味。仔细琢磨其要义正在它们的结合上。《泰坦尼克号》的最突出的、最不寻常的、比其他影视制作都更高明的地方，就在于它把看上去不搭界甚至对立的东西巧妙地融合为一体，创造了一种超越单项之和的整体效应。

先说“史实”问题。故事片《泰坦尼克号》是根据1912年4月14日英国豪

284. 社会评论写作的步骤有哪些？

社会评论写作的重要步骤体现在三个方面：一是确定评论对象，提出诊断，即选题与立论；二是分析和解决问题，即论述和说理；三是行文中注意语言的运用。

（1）确定评论对象

社会评论的评论对象主要可从以下两方面选择。

①以新闻为评论对象。因为新闻是及时而客观地反映新近发生的有价值的事实，它往往是评论的对象。但新闻成为评论的对象，必须符合有评论价值且必须真实两个要求。

②以社会事件与现象为评论对象

选取社会实际生活的事件和现象作为评论的对象，也有如下两个要求。

A. 选择党和国家的有关方针政策或重大行动进行评议，这有利于宣传党的路线方针和政策，推动社会主义建设。

B. 选择具有典型意义的社会热点进行评议。

（2）论述和说理

社会评论的实质是从材料中挖掘观点进行说理论证的过程。它必须注意以下几点要求。

①论点论据要统一。这实际上是材料和观点的统一。一篇成功的评论，必须做到论点准确、鲜明，论据真实、典型。同时，论点、论据还要恰当地统一起来。要做到论点和论据的统一，要注意几点：首先，坚持实事求是的原则。“实事”就是全面掌握材料，“求是”就是从占有的大量材料中研究事物的内部联系，掌握其规律。其次，正确处理好论据和论点的辩证关系。在构思阶段，论据越多越好，这样形成的论点才可能准确、鲜明。

②论述要虚实结合。社会评论中的“虚”，指观点、理论、政策、思想；而“实”则指事实、实践、业务、材料等。务“虚”是侧重于谈理论、谈政治、谈方针、谈思想作风等；务“实”则谈业务、谈具体工作、谈典型事件等。评论的写作要求既要反映事物具体的内容，更要揭示抽象的本质的方面，只有两者结合，才能增强文章的思想性和指导性。

③严密的论证结构。社会评论要靠它的逻辑力量震撼读者，因此，必须讲究逻辑结构的严密性。一篇好的评论，要做到行文严密周到，不留破绽，使自己的观点立于不败之地，还要概念明确，层次清晰，同时，要恰当地使用归纳法、演绎法、对比法、归谬法等推理方法。

(3) 行文中注意语言的运用

说理的艺术也很讲究，不能只求“词达而已矣”。要艺术地表达观点，可以从以下几点去考虑。

社会评论作者在写作时要像在老朋友面前讲述一件有趣的新闻一样，在随意和轻松之中将道理阐释清楚。社会评论的语言切忌艰深晦涩、矫揉造作，反对空话、套话。要善于把深奥的道理用普普通通的群众语言讲述清楚。

评论在讲究逻辑性之余，还应力求把抽象的道理讲得富有形象性，这样可以增强文章的吸引力。常见的方法有：注重运用比喻；注重对评论的客观事物进行形象化的富有感染力的描写；注重寓理于情，将观点融入富有感情色彩的语言中，做到情理交融；适当运用有关修辞手法，如排比、设问、反诘等句式的使用。此外，有的社会评论还具有幽默感，即使用一种巧妙、机智的论述方式及轻松或富有感染力的笔调表达一种严肃的观点。

285. 什么是思想评论？

思想评论是通过对现实生活中表现出来的具有代表性的思想问题，进行分析评论，赞扬先进思想，鞭挞落后意识，以树立良好的社会风气。思想评论能够及时抓住问题进行评论，还能够有的放矢地对具体思想问题进行评论，具有较强的时间性和针对性。

286. 思想评论有哪些写作要求？

1. 选准问题，找好角度

在现实生活中，有正气向上的精神，也有邪气向下的倾向。评论者要敏锐地发现问题，选准问题，找好角度。

2. 掌握政策，注意分寸

思想评论的问题多属人民内部矛盾问题，对这些矛盾问题都要以党的方针政策来分清是非。所以，在写作思想评论时要注意有关的政策，不能任意发挥，语言要热情，态度要诚恳。而且，还要注意把道理讲透，令人信服。

287. 什么是文艺评论?

所谓文艺评论，是对各种文艺现象进行分析、研究、探讨、评价的一种理论性文章体裁，又称文艺批评。其直接对象包括作家、艺术家、文艺作品、文艺思潮、文艺理论、文艺运动等一切文艺活动现象。

288. 写文艺评论应注意的问题有哪些?

1. 简介文艺作品的作者与内容

作者是文艺领域内从事文艺创作的主体，文艺作品只是作者精神劳动的艺术产品，没有作者，就不会有异彩纷呈的文艺世界，因此，我们写评论的第一步是了解作者，介绍作者，把握作者的社会存在结构与自我结构。

简介文艺作品的内容，实际上指的就是复述作品的内容。所谓复述就是概括性地用评论的语言简明地转述文艺作品的主要内容和有关材料。

2. 阐释文艺作品蕴含的思想性

一部作品的思想性如何，将直接关系它的社会价值和社会效果的评定。准确阐释文艺作品的思想意义，是文艺评论不可推卸的职责。要阐释作品的思想性，应研究分析作者和作品的总的思想倾向；坚持从作品的实际内容出发，阐释其思想性；将作者的实际情况和作品内容的时代背景、社会关系等联系起来评价其思想性。

3. 评述文艺作品的艺术形象

文艺作品是以艺术形象来反映社会生活，表达作者的情思的。不同门类的文艺作品其艺术形象的表现方式是不一样的，评论者首先应把握其艺术形象不同的特点及表现方式，然后进行分析评价，揭示其认识价值与审美价值。

4. 论析文艺作品的艺术形式

文艺作品的艺术形式由作品的结构、表现手法、语言创造、创作技巧、创作风格、意境的营造、作品的体裁等因素构成。在文艺评论的写作中，可以根据作品的特点，选择一两个重点来写，或交互运用，有机结合，以便写深写透，写出具有独创性思想力量和艺术魅力的文艺评论。

289. 什么是经济评论?

经济评论以宣传党和国家的有关方针、政策、法规，推动经济活动的健康发展为宗旨。

经济评论具有强烈的针对性、严格的时效性和突出的政策性。

290. 经济评论的写作格式是什么?

经济评论的写作分一般评论的写作和经济杂文的写作。

（1）一般经济评论的写作

一般经济评论由开头、主体、结尾三部分构成。

①开头。一般先摆出与评论对象有关的事实，并提出论题或观点。

②主体。集中笔墨，对评论对象进行评论和分析。由于写作的目的不尽相同，评论主体的写法也略有变化。有的可针对经济现象，分析出若干原因，层次一般是并列式的。但有的主体在分析原因之后，或提出相应的对策，或进而点明问题的实质，其主体的材料安排则是递进式的。

③结尾。一般是指出问题的本质，或归纳上文得出的结论，或提出改进的办法、建议等。

（2）经济杂文的写作

经济杂文篇幅一般较短，但取材却很广泛。大至宏观经济，小至微观经济，都可以任意选择。但其切入点常以经济活动中的一件事、一个侧面，或一个有代表性的论点为“由头”引发议论，形象说理。经济杂文的结构类似散文，具有形散神不散的特点。

291. 写作经济评论时应把握哪些要求?

新闻采写人员在写经济评论时，应把握好以下几点写作要求。

①标题文字要尽量简练，做到无一字可增删。

②标题的意思要明确、贴切。

③标题所指范围不要过大，并能暗示或体现主旨。

④适当运用多种修辞手法，令读者耳目一新，产生阅读兴趣。

附：经济评论的写作范本

看财富论坛　析中美关系

经济观察报××××年××月××日　“是的，我们已能闻到萧条的气味”。当烟花、高官、富人和美酒慢慢在香江两岸退去的时候，洛克藤堡在他的《罗斯福与新政》里的话总是回响在我们的耳畔，尽管我们知道这是多么的不合时宜。

对于美国在线——时代华纳与《财富》来说，一年一度的财富论坛其实就是他们引领着全球富人们向着下一个新的投资与市场热点进军的一个仪式——这个仪式从新加坡、巴塞罗那、曼谷、布达佩斯、上海、巴黎一路走到了香港。

其实大家都明白，在这类国际政商巨头云集的场合，一般难以讨论什么具体而实际的问题。那一场接一场的官样会面和酬酢，虽声势浩大，但往往形式多于内容，公关多于沟通。但我们不能否认“财富论坛”所表达的信息是非常具有代表性的，“它表达了社会上一个重要阶层对世界局势的估计和认识”，透过这些浮光掠影，我们依然可以在资本的嗅觉中拆解中国、美国、中国香港和亚洲经济的未来互动与走势。

《财富》论坛为什么再次选择了中国，相信很多人都会问这个问题。一个香港官员说：一是因为香港复苏，二是由于内地的商业机会。亚洲是全球最具吸引力和潜力的市场，加入 WTO 后的中国将是中心话题。在全球经济一体化的国际大市场上，中国自觉不自觉地成为跨国公司全球战略大棋盘上一个重要的“棋子”。对于这个问题，《财富》总编辑约翰休伊（John Huey）的回答是：“香港是大型跨国企业主管共同探讨亚洲急速变化的商业模式之理想地点，2001 年论坛是以‘亚洲新一代’为主题，我们不仅着眼于推动亚洲迈进下一世纪的领袖人物，亦会着力探讨奠定太平洋区商业模式的各项风格及趋势。”于是，人们一般意义上觉得，《财富》再次选择中国反映了全球金融界、经济界对中国经济地位的重视：亚洲经过几年金融危机，只有中国的经济表现出独有潜力，中国改革一如既往地推进，经济成长的活力越来越大。这是较为普遍地站在中国角度的解释。

《财富》多媒体总裁约翰·内德姆的视线是从整个亚洲出发的：“亚洲国家正逐渐从过去几年的金融危机中摆脱出来，因此选择在亚洲举办《财富》论坛是一个非常好的时机”，这其实是一个客套话。因为最近一段时间对很多亚洲国家和地区而言，远称不上什么“好时机”。

世界最大投资银行之一的美国高盛公司在今年初对亚洲经济作出判断：从东亚到南亚的几乎所有国家目前正面临着自 1997 年金融危机以来最严峻的形势，至少在未来的 6 个月之内，亚洲经济的前景都将是黯淡的。亚洲地区对美国的依赖性是非常强的，大量电子产品都是向美国出口。自去年下半年美国增长放慢，进口增幅下挫，特别是高技术股在股市上的暴跌，不但影响设备投资，还影响个人消费，于是导致亚洲电子产品出口增幅的急剧下跌。

可是，不在亚洲开又可能在哪里？尽管美国全国推动美洲自由贸易区已经实现，美国已经有了一个7亿人口的大市场，有了来自南美洲源源不断的平价货和劳动力，但美国的未来是在亚洲。作为代表美国大企业观点的《财富》应该具有这样的专业眼光。

但从某种意义上说，此番《财富》论坛无论从地点还是时间上都有相当微妙之处。中美关系正处于“多事之秋”，一边是中美撞机、黑客大战、“大唐间谍事件”；一边是《财富》论坛照开、生意照旧，这些有着强烈反差的现象，都如此集中地在四五月间呈现，是偶然，也是必然。

如果我们把视线移开亚洲看着大洋彼岸的美国，对于《财富》选择香港、选择亚洲和中国的专业眼光就会更加不会怀疑。

尽管直到今天对美国经济的走势，人们依然有不同的看法，但经济增长和在可预见的日子里放缓已是一个事实。如果像新经济的质疑派经济学家所认为的那样——美国经济并没有因某些新的技术因素而发生结构性的革命或改变，这意味着20世纪90年代以来美国经济主要依靠世界经济，特别是从世界经济的整体运行中获得好处。正如美国著名的经济学家克鲁格曼所说：“美国过去所拥有的市场从未像今天这样的广阔，但是美国经济的85%，尤其是服务业，却没有遭到来自世界市场上的激烈竞争。”

几乎谁都知道，美国目前是世界上最大的债务国。在一定程度上，可以说：美国人的好日子是借来的。美国花旗集团联席行政总裁里德不久前表示，美国金融市场目前有5000亿美元的余资“是不应该在美国的”。美元强势地位的前提是美国的国家信誉。因为美国有当今世界上最强大的军力和科技能力，这是美国作为唯一一个超级大国的“核心竞争力”。而这一“核心竞争力”的市场是在亚洲。据世行估计，中国经济与全球经济一体化程度的提高将大大增加发达国家资本和知识密集型产品输往中国的数额，未来几年，发达国家对华出口每年将增加8%。而中国自己的说法是：由2001年至2005年中国将进口约14000亿元的设备、技术和产品。估计这还不包括服务贸易领域。美国是想用胡萝卜加大棒进一步打开这个市场。布什上台后在中美关系上表现出的明显的政经分离方针，是美国政治与经济的必然要求。

这使得人们对“财富论坛”所崇尚的自由贸易信仰和对科技发展的绝对崇拜心生怀疑；对于“自由贸易可以带来双赢局面，实现财富共享最终达到彼此依赖、互相谅解和消除敌对的大同世界”的价值也越来越不信任。许多人悲观地认为，在目前国际秩序下的科技和贸易，只会顺应现存的自由贸易、科技转让、资本流动中的“弱肉强食”的趋势，所谓双赢只是一种幻想。但中国并没有退路。

目前在中国的外商直接投资（FDI）共约3500亿美元，位列全球第三。自1990年以来，涌入中国的FDI占流入发展中国家的外资总数的25%。这对中国来说是件意味深长的事情。

有学者认为，中美之间在未来的碰撞是不以人的意志为转移的。未来的碰撞在本质上不是因为意识形态的分歧，不是由于宗教信仰的区别，甚至也不因政治制度的异同。碰撞的根本原因“在于经济利益的冲突，在于人类与自然的关系日益紧张的时代背景下两个大国在生存空间上的矛盾”。因此，面对现实，中国只能选择在全球化的浪潮中，利用包括美国在内的国际资本、外来技术与市场，争取尽可能多的发展时间与空间。

292. 什么是体育评论？

体育评论是一种针对体育活动及体育领域出现的倾向性问题或具体赛事发表看法的议论性文体。它常常从宏观和微观两个层面对体育问题进行述评与思考，对体育精神进行倡导和褒扬，促进并帮助人们升华对体育的认识。

293. 写作体育评论应注意哪些要求？

1. 选择角度

体育评论的角度选得是否有新意、有深意，直接决定着评论价值的大小；体育评论的角度选得是否恰当，也是其评论价值的一个重要参数。所谓恰当，第一，要求评论切入点要新，不落俗套，使评论具备应有的吸引力；第二，是切入点要准，不偏不倚，使评论具备应有的说服力。

2. 准备材料

作者在进行评论时，要做到左右逢源、得心应手，从而使评论产生应有的启迪和感染力量，需达到以下要求。

①必须占有较为充足的体育专业材料，使评论能够在专业知识的铺垫之上展开。

②要有较为充足的社会材料，使评论能够较好地适应当时社会背景下的观众（读者）的心理需求。

③要占有一定的相关知识材料，使评论能够在较大的思维和审美空间中有效拓展其立论和说理的多维魅力。

3. 组织结构

一般说来，写作体育评论时，常用的结构形式有先叙后议式、先议后叙式、夹叙夹议式等几种。

在一般的写作过程中，这几种形式可以独立使用，而在较长的专题评论和综合评论中，也可交替使用。

第四节 其他评论

294. 什么是社论？

社论是报纸的旗帜，体现报纸的方向，是大型、重型的评论武器。它就现实中某一个阶段或时期的重大问题，代表报纸编辑部发言，集中反映一定阶段和社会政治集团对当前重大问题和事件的立场、观点、主张，是影响社会舆论的重要方式。

295. 写作社论时应注意的写作要求有哪些？

撰写社论，是一项极为严肃的政治任务，必须认真学习党的方针政策，进行广泛深入的调查研究，发挥集体智慧，反复修改、推敲，精益求精。

根据社论的内容，可将其分为解释性社论、问题性社论、驳论性社论、纪念性社论、外交礼节性的社论五类。

新闻采写人员在写社论时，应注意以下几点写作要求。

因各种类型的社论，其内容各有不同，格局也不一样。现就比较普遍使用的问题性社论为例，介绍一下其写作要求。

1. 概述提出问题的背景

在什么样的形势下提出问题，即问题的背景情况，这是解决问题的前提。

2. 主体部分

在本部分中要分析问题产生的原因、解决问题的重大现实意义及如何解决问题，讲措施、讲办法。这部分要理论联系实际，把问题论述透彻。具体问题，具体分析。最后，表示出坚定的信念和决心。

296. 什么是短评?

短评是一种短小精悍的对新闻事件进行评论，揭示其本质意义的新闻文体。常常是配合新闻报道同时发表。

297. 短评的特点和要求有哪些?

短评是一种篇幅短小、内容集中、简明扼要、运用灵活的新闻言论。与社论相比，短评的题材没有那么重大，因此，其特点少了凝重色彩。短评的特点和要求主要表现在以下几个方面：短小精悍、新颖独到、生动活泼、就实论虚。

（1）短小精悍

短评，顾名思义，理应是简短的、精练的，否则就不成其为短评。它一般适合新闻报道发表，对报道有一定的依附性。如果说社论是重型的武器，那么，短评则是一种轻便灵活的轻型武器。不仅篇幅要短，一般在五百字左右，还要求内容、结构以及行文语气的集中。短评的论点应当集中、鲜明，论述应当一气呵成，力求达到“言近而旨远，词隐而意深”，而不应当成为社论或长篇论文的缩写。

短评要写得短小精悍，就要扣紧新闻事实进行议论，论题具体一些，论述要力戒空话、套话，避免“穿靴戴帽”，善于精心构思认真修改。

（2）新颖独到

新颖独到，指的是要有新颖的题目，对工作、生活、思想各方面的新问题及时加以评论。当然，这跟它所依托的报道有着密切的关系。如果新闻报道本身能提供新的由头、新的思路、新的论据，就有助于短评的新颖，给人以新的启发。

（3）生动活泼

生动活泼，主要表现在分析说理的生动吸引人，议论风生，构思的精巧引人。

生动活泼，还表现在活泼多样的体裁结构。结构可以开门见山，也可以采用问答式、对照式，还可以采用抒情排比式、假设推理式。这些都可根据实际情况灵活运用，完全不必拘泥一格。

生动活泼，更表现在表述方式纷呈异彩，运用自如。根据不同的情况和内容，或者采用赞扬式，或者采用针砭式，或者采用鼓动式，或者采用感想式。讲究评论写作的表述方式，讲究表述方式的多样性、灵活性和创造性，有助于克服评论写作的呆板、老一套。

总之，短评形式多样，笔法灵活，常常三言两语，切中肯綮，语言机警。

（4）就实论虚

多数短评都配合新闻报道而发表，以报道所提供的新鲜事实为由头、依托或论据，旨在画龙点睛，就实论虚，就事论理，从政策法规上、思想上、理论上揭示事物意义，通过现象深入事物的内部联系，升华人们的认识，深化报道思想，以达到依托个别、引导一般的目的。所以，就实论虚，充分发挥评析的优势，正是短评的一个重要特点。

298. 短评的写作格式是怎样的？

短评的写作分标题和正文两部分。

1. 标题

大部分短评的标题，就是短评的中心论点。

2. 正文

短评的正文包括提出问题的部分、分析问题的部分和解决问题的部分。

附：短评的写作范本

《人民日报》××××年××月××日消息《给农民一把法制宝剑》配发如下短评：

法制保障最有效

山东省潍坊市寒亭区把减轻农民负担的工作纳入法制化的轨道，这个经验很好，可供各地借鉴。

近年来，中央和地方虽然都采取了一系列的措施，解决农民负担过重的问题，但许多地方还没有取得理想而稳定的效果，正像报道中说的，抓一阵子，好一阵子，但一放松，问题又突出出来。这种情况原因固然是多方面的，但是其中重要的一条，就是减轻农民负担的各项规定，在执行中缺乏法制手段的保证。寒亭区委、区政府和区法院，正是在这方面做了探索，并取得了成功。

应当承担什么负担，农民和有关部门依法签订合同，依法执行合同，依法处理执行合同中的纠纷，这实际上就是给了农民一把保护正当权益的法制宝剑。这一“法制宝剑”，既明确了农民应尽的义务，又规定了他们应有的权利，谁侵犯了他们的权益，他们就可以依靠这个“宝剑”到法庭上去寻求公正，寻求保护。

对政府来说，也给了他们一把法制宝剑，使他们依法收取提留，依法管理和使用提留，规范和制约了他们的领导思想和领导行为。这对转变领导作风，密切干部群众关系，克服不正之风，都有很大的作用。寒亭的经验还证明，他们这样做了之后，不仅在减轻农民负担的工作中取得了成效，而且拓宽了思路，对用法制的手段开展工作有了新的认识，也使他们的整个领导水平大大地提高了一步。

299. 怎样才能将短评写得短小精悍?

短评，顾名思义是一种篇幅相对短小的评论。为此，在写作上特别要求新颖吸引人，言之有理，而且行文力求短小精悍。短评要想写得短，必须遵循一事一议、一理一评的原则，针对一个问题，一个事件或一种现象，把道理讲深讲透，这是概括地讲。那么具体而言，怎样才能写得短小精悍呢?

1. 论题具体些，角度小一些、新一些

一些短评之所以未能做到短小精悍，其中一个重要原因是跟题目偏大、角度过大分不开。在短评写作的选题和论证中，首先要引起注意的是“大”与“小”的关系的处理。在选题时，应该“大”中取“小”。所谓的“大”是指纷纭复杂的现实社会，犹如无边弱水，浩瀚无涯。短评不可能展开笔墨去评论这个五光十色的大千世界，只能从中选取一事、一人、一景、一物来评论，这就是“大”中取“小”。但评论针对的事件虽小，却不能仅仅就事论事，见树木不见森林。要借小事件阐发出有广泛意义和深刻价值的思想见解，最好能有“放之四海而皆准”普遍意义，这就是“小”中见“大”。

也就是说，凡是有的放矢地集中议论一个具体问题或一个问题的一个侧面的短评，就容易写得短小精悍，言之有物。例如，表扬一个先进人物，最好从他事迹中选择一点闪光的东西加以评论；批评一个坏的典型或针砭某个社会时弊，也应选择一点去揭露、批驳和分析，切忌面面俱到。

2. 开门见山，不落俗套

就结构而言，短评的开头对全文长短优拙有明显的制约作用。开头套话连篇，拐弯抹角，拖沓冗长，将难以吸引读者，谁还会耐着性子读下去呢?开头把面铺开了，文章自然也短不了，读者也会不满意。开头问题提得突出鲜明，开门见山，不落俗套，文气也就顺流而下，便于一气呵成。

一开头就一针见血地将实际生活中的某一矛盾现象具体地提了出来，这是另一种开门见山的手法。有了矛盾，就为分析矛盾准备了“靶子”，引发了思路，也有助于使言论写得顺畅、集中。

3. 长话短说，评在实处

短评要做到短小精悍，在文字上还得有所控制，力求长话短说，惜墨如金。有必要打破大中型评论文章惯用的写作程式，重在亮明观点，画龙点睛，评在实处，不必过多地进行论证。

300. 什么是专栏评论？

专栏评论，是指在评论中，那些一般有固定栏目名称、定期刊发的、作者个人署名的、短小的新闻评论的统称。专栏评论的名目并不唯一，有的叫小型评论，有的叫微型评论，有的叫小言论、从内容看、分为思想评论与小型言论，微型评论，袖珍评论两大类。前者如“每周评论”“百家论坛”等，着重从思想、理论问题入手，写作上要求更像政论文体，说得比较透彻；后者如“大家谈”“群言堂”等，写得更短小，两三百字，更具有新闻性。在我国，专栏评论是 20 世纪 70 年代末 80 年代初随着新闻改革的客观形势而重新兴起的一种评论形式。如：《哈尔滨日报》1978 年 1 月创办的《大家谈》；《解放日报》1978 年 7 月创办的《解放论坛》。特别是《人民日报》1980 年 1 月 2 日创办的《今日谈》，更引起社会各界的广泛注意。

80 年代以来，各地方报纸名目繁多的言论专栏也如雨后春笋般纷纷出现，可以说，专栏评论作为重新兴起的新闻评论的一种形式，给报刊评论增添了新的光彩，成为人们十分喜欢的一种评论形式。

90 年代后，广播电视新闻也学习报纸，开办了一些专栏类节目，深受广大读者的欢迎。各类报纸专栏的质量有了进一步的提高，并出现了一些名专栏。当前能够被评为名专栏、名节目的有人民日报《人民论坛》、中央电台《新闻纵横》、中央电视台《焦点访谈》、经济日报《星期话题》和法制日报《法制论坛》等评论类的栏目。可见专栏评论文章在公众中的影响的确是不可小看的。

301. 写作专栏评论需要注意哪些问题？

专栏评论的写作，需要注意这样几点。

1. 选题要小，题目也要小

专栏评论的题材广泛，凡属在实际生活中需要引起重视的问题，都是选题议论的范围。大至经济体制改革、反对不正之风、建设社会主义的物质文明和精神文明，小至个人衣食住行方面的见闻观感，都可以三言两语、事理融合地加以议论。

以上说的题材十分广泛又比较灵活这样两个特点，就要求专栏评论文章的写作应从大局着眼，从小处落笔。评论的选题角度要小、标题也要小，从小处落笔，然后反映大局中的某个问题。

选题角度小，题目具体，可能更有利于把问题说得比较深入。

立论要深，指的是角度新颖，分析得深刻，有新意。总之专栏评论的选题要小、要具体之外，视野要广而立论要深，感触要深，才能写好。

在新闻评论中，社论、评论员文章是重型、中型评论，而专栏评论却是轻型评论。有些话如用社论、评论员文章、短评来说，可能言重了，要用专栏评论的形式来说话。因为它是作者个人署名，不一定代表编辑部来说，个人说话说得有点片面性也不要紧，第二天可以再说，甚至可以有不同意见的讨论。

2. 短而有物

专栏评论虽然文章不长，但短而有物，有内容，不是泛泛空论。也就是说，专栏评论既要有新闻事实，又要时代感强，要有鲜明的针对性、强烈的新闻性，又要事实准确，内容充实。在写作上，往往是根据某个具体的新闻事实为由头，因事说理，才能及时地反映社会生活，引导生活，推动社会生活的前进。

专栏评论的由头，既可是当日新闻，也可是前几日的，还可是次日将见报的某条新闻；可以是本报的，也可以是别的报纸杂志上的某个新闻性事实，甚至还可以通过评论带出一些难以单独发表的新闻事实。总之，专栏评论所依托的评论对象是多种多样的。

302. 什么是编辑部评论？

编辑部评论是代表报社编辑部的一种比社论分量轻而比短评分量重的中型新闻评论。它通常标明“编辑部文章”或署“本报评论员”“本报特约评论员”。它往往就国内外某一重大事件、问题发表评论，其作用介于社论和短评之间，帮助人们辨明是非，坚持正确的思想认识，克服和抵制一切错误的认识和倾向。从文章的思想内容上分，其评论的大体内容有贯彻党中央指示精神的，提高思想认识的，批评错误认识的，讲究工作方法等方面的。

303. 编辑部评论的写作方法有哪些？

编辑部评论属于新闻评论的一种，对论点的要求是正确、鲜明、有针对性；对论据的要求是真实、充分、有典型性；对论证的要求是透彻、有力、有逻辑性。其写法灵活多变，现只介绍如下三种。

1. 深入一点，具体分析

评论的篇幅有限，不可能面面俱到。因此，常常是深入一点，做具体的分析。

广东中山县由一个落后的农业县变为县级市，再到地级市，行政升级很快，经济发展也很快，从告别贫困到步入小康，再到户户富裕，短短十几年。为什么?《突出一个“实”字》这样概括：“他们创建文明城市的一个突出特点是：着眼实处、着手实事、着重实效，从始至终贯穿着求真务实的精神。”文章从三个方面做“实”字的文章：首先指出，中山市在精神文明建设中特别忌空、忌虚，牢牢把握“实”、十分突出“实”、非常崇尚“实”。从住房改善到文明小区、从乘车困难到公交新风、从满天黄沙到见缝插绿等，都是让人民群众称心如意的实事。其次，阐明了创建精神文明需要实，巩固和提高精神文明建设成果更要下实实在在的功夫。再次，论述了文明创建在实，领导干部是关键。通篇在“实”字上做文章，主线突出，中心明确，主题集中。

2. 全面观察，辩证分析

“下岗”与“就业”是一个问题的两个方面。如何看待？如何解决？是人们非常关心的话题。《放开眼光看就业》（××××年××月××日《人民日报》评论员文章）对“下岗”与“就业”的问题进行了辩证的分析。第一层阐述了“如何看下岗?”分析了国有企业严重超员的原因，论述了“下岗分流，减员增效”的必然性。第二层阐述“如何看就业?”分析了今后一段时期的扩大再就业主要在第三产业，论述了关键是转换择业观念，观念一变，就会看到就业的门路。第三层阐述怎么样解决再就业问题。通篇都闪烁着辩证法的思想光辉。

3. 变换角度，透彻分析

同一个问题可以从不同侧面来加以深入分析，不是泛泛而谈。《论正确对待困难》（××××年××月××日《人民日报》评论员文章）阐述了如何正确对待困难。文章提出三个论点：“困难就是矛盾”“困难是具体的”“困难是座熔炉”。文章逐个加以分析，论述了怎样解决困难和解决困难的意义。一个中心，三个侧面，逻辑严密，说理清楚。

附：编辑部评论的写作范本

突出一个“实”字

人民日报评论员

××××年××月××日电　地处改革开放前沿的广东省中山市，是伟大的革命先行者孙中山先生的故乡。近20年来，越是改革开放，越是发展市场经济，中山市越是加强社会主义精神文明建设。他们创建文明城市的一个突出特点是：着眼实处、着手实事、着重实效，从始至终贯穿着求真务实的精神。

精神文明建设同物质文明建设一样，根本目的都是为了给人民群众谋利益。要使精神文明建设得到人民广泛支持和参与，很重要的一条，就是既要让人民受教育，更要让人民受益。中山市在精神文明建设中特别忌“空”、忌“虚”，牢牢把握“实”、十分突出“实”、非常崇尚“实”。哪里群众意见最大、哪里疾苦呼声最高、哪里热点、难点问题最多，他们就把精神文明建设做到哪里。从住房改善到文明新区，从乘车困难到公交新风，从满天黄沙到见缝插绿，从取消垃圾箱到建成垃圾屋，从治理脏乱差到扫除黄赌毒……中山市精神文明建设没有一项是“空对空”的表面文章，都是让人民群众称心如意的实事。

创建精神文明需要实，巩固和提高精神文明建设成果更要下实实在在的功夫。怎样做到实呢？中山市特别强调依法治市。从道德感化，到法规、制度约束，再到养成自觉自愿的文明行为，这是一个艰苦、漫长的过程。中山市把法制建设作为精神文明建设的重要组成部分，作为精神文明顺利开展的重要保证。14 年前，中山还是一个落后的农业县，由农业县到县级市、再到地级市，行政升级很快；经济发展也很迅速，从告别贫困到步入小康，再到户户富裕，也只是短短的十几年。然而，“洗脚上田易，洗脑进城难”。从小农生产者到现代文明市民的转变，不是可以自然而然完成的。相反，富裕之后，如若精神文明建设和法制建设跟不上，就会引发一系列不文明的“富贵病”，甚至犯罪。中山市十分清醒地认识到这一点，在精神文明建设中，一直坚持法制建设。目前，由他律到自律，遵纪守法，按章办事，正逐渐成为中山人自觉的文明行为。

文明创建重在实，领导干部是关键。中山市的领导为了更迅速、更直接地了解和掌握全市两个文明建设的实际，作出符合实际、符合民心的决策，明确规定一条：市领导不建豪华奢侈、戒备森严的“常委楼”，也同普通百姓一起居住到一个个文明小区，群众有苦有难、有怨有屈都可以直接找到家门。其次，每月 15 日法定为“市长接待日”，12 年风雨无阻，雷打不动。为了方便偏远农村居民，从 1989 年起，中山市还开通了一条特别绿色通道——免费“市长专邮”，群众多了参政议政的渠道，干部多了密切联系群众的桥梁。如今，在中山市，市民想市长的事，干部尽为民的责，上上下下形成了一种融洽和谐、积极奋进的气氛。有了这样一种良好的政风、市风、民风，还有什么事办不好、办不成？

附　录

中国新闻奖简介及历届获奖者名单

中国新闻奖简介

中国新闻奖是由中华全国新闻工作者协会主办的中国综合性年度优秀新闻作品最高奖。开展这项评奖活动的目的在于检阅我国新闻工作的年度实绩，推动新闻改革，促进新闻作品质量的提高，促进新闻队伍的思想建设、业务建设和作风建设。有利于坚持正确的舆论导向，有利于多出精品，多出人才，使新闻事业更好地为人民服务、为社会主义服务、为全党全国工作大局服务。全国5000多家报纸、通讯社、广播电台、电视台参加这项评奖活动。中国新闻奖每年评选一次，从1991年开始至2018年已评选27届。

历届中国新闻奖获奖者名单

第一届

第一届中国新闻奖（1990年度，共有153件作品获奖，1991年12月10日颁奖）获奖作品中，荣誉奖1件，一等奖17件，二等奖49件，三等奖86件。其中获荣誉奖和一等奖的篇目如下：

荣誉奖

通讯，人民呼唤焦裕禄，穆青、冯健、周原，新华社。

一等奖

言论，稳定压倒一切，李德民，《人民日报》。

言论，舍孔雀而取凤尾，李承郃，《新华日报》。

消息，百家“三资”企业调查表明：在华投资大有可为，陆国元、张伟弟、周正平，新华社。

消息，宫峰学成博士乐当“炉前工”，臧虹、光明，《工人日报》。

消息，宝钢“小人物”推动了国家金融政策调整，阮海儿、叶全发，《冶金报》。

通讯，不私亲属的铁木尔主席，曾坤，《人民日报》。

通讯，京郊四胞胎应征记，乔林生，《解放军报》。

通讯，老台胞寻女奇遇记，叶正亭、

邱范、嵇元，《新华日报》。

版面（空缺）。

新闻摄影，第十一届亚运会在北京召开，李士，《北京日报》。

广播消息，欧共体决定立即恢复同中国的关系，杜平，中国国际广播电台。

广播评论，黄河大桥贪污案引出的问号，杨诚勇，河南广播电视新闻中心。

广播专题，大地一样的深情，潘旭东、范蓉，辽宁人民广播电台、中央人民广播电台。

广播专题，和“锅巴王”谈产品结构调整，孙景贤、白群力，陕西人民广播电台。

电视消息，亚运圣火火种在西藏采集，曹玉春，中央电视台、西藏电视台。

电视评论，粪桶畅销的启示，汴东良、王永显、李慧萍，浙江电视台。

电视专题，彩虹在浦江升起，孙泽敏、王一敏、颜迪明、沈渊培、金璞、王晓平、成笛、耿燕南、张黎华，上海电视台。

电视专题，金融卫士，黄贺、王新红，湖北宜昌电视台。

（二、三等奖篇目略）

第二届

第二届中国新闻奖（1991年度，152件作品获奖，1992年8月揭晓，1993年2月23日颁奖）获奖作品中，特别奖1件，一等奖17件，二等奖51件，三等奖83件。其中获特别奖和一等奖的篇目如下：

特别奖

系列报道，祖国大家庭、中央电视台等单位。

一等奖

消息，武汉百里长堤巍然锁长江，彭晓、汪洋，《湖北日报》。

消息，“东北现象”引起各方关注，赵玉庆、刘广军、马义，新华社。

消息，革命圣地延安无铁路的历史结束，赵中庸、王发伪，编辑：郭轮华，《人民铁道报》。

通讯，洪泽湖不会忘记，《新华日报》赴淮采访组，《新华日报》。

通讯，醒来，铜陵！龚声，编辑：刘宇飞，（安徽）《铜陵报》。

通讯，金牌不是名牌，刘欣欣、何大新，编辑：羊章女、徐培英，《经济参考报》。

言论，改革开放要有新思路，皇甫平，《解放日报》。

言论（空缺）。

报纸版面（空缺）。

新闻摄影，江总书记急切奔灾区，王广林，《新华日报》。

新闻摄影，最佳守门员钟红莲，李锦河，《天津日报》。

广播消息，荣成渔民跨国赶集　中国活鱼蹦上日本早市，王悦之、邢飞、韩志国，（山东）威海人民广播电台。

广播评论，补上市场意识这一课，戴锡新、门方玉，辽宁人民广播电台。

广播新闻专题，妻子、女儿和井，王维、杨惠，天津人民广播电台。

广播新闻专题，你好，南极人，窦文涛、封新城，广东人民广播电台新闻台。

新闻性节目编排，1991年7月28日《午间半小时》，王丰、张敏、原杰、王丰，中央人民广播电台。

电视消息，南浦大桥成为上海人民心中的丰碑，邬志豪、劳有林、李培红，上海电视台。

电视评论，刑场上枪声留下的警示，李少连、朱建义、陆晓丹、许易生、李楚玲、张思建、李亦平、脱学业、李敬文、贺宁，广东电视台。

电视新闻专题，1991年中国抗洪曲之二《雄师百万》，陈荻芳、王满、卢国庆、周安银、李安东等，中央电视台。

（二、三等奖篇目略）

第三届

第三届中国新闻奖（1992年度，154件作品获奖，1993年8月揭晓，1993年12月17日颁奖）获奖作品中，一等奖18件，二等奖52件，三等奖84件。其中获一等奖的篇目如下：

一等奖

消息，上海证券交易与国际市场接轨，时赛珠，编辑：樊天益，《解放日报》。

消息，溧阳兴办开发区　杜绝盲目乱圈地，邓超、李金堂、陈建共，编辑：王汝金，《常州日报》。

消息，大学生列车上见义勇为斗歹徒　乘警列车员闻警不动受指责，张晓华，编辑：孙勇，新华社。

通讯，东方风来满眼春，陈锡添，编辑：区汇文，《深圳特区报》。

通讯，上海打出“中华牌”，张行端、李正华，编辑：徐耀中，新华社。

通讯，家规，王锐，编辑：王喜斌，《吉林日报》。

言论，千万不可忽视农业，何加正，编辑：吴长生，《人民日报》。

摄影，总书记敬酒，武治义，《中国日报》。

摄影，勇战士急下水抢救亲人（组照），郭忠诚，编辑：傅振国、张建富，《空军报》。

广播消息，张学良接受大陆记者采访，王求，编辑：陈金海，中央人民广播电台。

广播消息，江海联运货船首航，王海燕、关中、申安庆、刘成荣，编辑：杨晶，黑龙江人民广播电台。

广播专题，奉献一片爱心，章茜、陈丹燕、江小青，上海东方广播电台。

广播专题，身份证大搬家，王健，深圳广播电台。

广播评论，扫除形式主义，胡占凡、周绍成，编辑：曹仁义，中央人民广播电台。

电视消息，邓小平与中央领导同志一起同十四大代表亲切见面，王晶、王连生、汪保国，中央电视台。

电视专题，邓小平同志在广东，李少连、李亦平、张汉新、赵彬，广东电视台。

电视专题，来自病床上的报道，周军、张健、丁泽兴、王志敏、韩一平，编辑：钟大年，山西电视台。

电视编排，1992年2月3日《新闻

联播》，邱桂萍、张翔升、王忆非，编辑：罗明，中央电视台。

（二、三等奖篇目略）

第四届

第四届中国新闻奖（1993 年度，160 件作品获奖，1994 年 8 月揭晓，1994 年 12 月 21 日颁奖）获奖作品中，一等奖 16 件，二等奖 49 件，三等奖 95 件。其中获一等奖的篇目如下：

一等奖

消息，中国投巨资加快长江沿岸地区开发，陈铭，编辑：杨继刚，新华社。

消息，武钢近 7 万人不再吃“钢铁饭”，海明蕾、李军，编辑：叶翠华，《长江日报》。

言论，加强和改善宏观调控　积极促进改革与发展，于宁、曹焕荣，编辑：周瑞金，《人民日报》。

言论，为什么要整顿金融秩序，孙勇，《经济日报》。

通讯，战士义勇非凡　人民恩重如山，梁万魁，编辑：刘均孔，《解放军报》。

通讯，中国质量的一座丰碑，孙洪康、杨俊，编辑：俞随英等，《新民晚报》。

通讯，三次“上书”总书记的普通农民，朱颖、曹显钰，编辑：江海波，《新安晚报》（安徽）。

摄影，花冈悲歌，唐召明，编辑：黄文，新华社。

广播消息，莫斯科流血事件报道，金铁侠、谢桥、王东政、马为公、王国庆，编辑：陈俊才等，中国国际广播电台。

广播评论，拜金主义要不得，胡占凡，编辑：曹仁义，中央人民广播电台。

广播专题，人民崇尚这颗星，刘德俭、房秀文、张振江、傅立、潘红星、编辑：熊铮彦、王兴功，中央人民广播电台。

广播专题，南街情，张勉之，编辑：张勉之，河南获嘉县广播站。

电视消息，牡丹集团厂庆新办，张长江、张传昌，中央电视台。

电视消息，邓小平同志和上海各界人士共度新春佳节，东升、郭大康、陈海，上海电视台。

电视评论，农民要减轻自身负担，段荣鑫、朱海虎、苗民培、吉红枝、张芹，编辑：段荣鑫、朱海虎，山西电视台。

（二、三等奖篇目略）

第五届

第五届中国新闻奖（1994 年度，150 件作品获奖，1995 年 6 月揭晓，1995 年 12 月 22 日颁奖）获奖作品中，特别奖 1 件，一等奖 18 件，二等奖 54 件，三等奖 77 件。其中获特别奖和一等奖的篇目如下：

特别奖

电视专题，公仆、旗帜、丰碑，杨晔（已故）、刘晶、梁会兰、郭效飞、龙飞，编辑：王汇、王东升、马迅、周福才，锦州有线电视台。

一等奖

消息，六百勇士斗死神　雷场放飞和平鸽，杨统时、徐文良、郑蜀炎，编辑：雷新龙，《解放军报》。

言论，上下一心，打好今年改革攻坚战，周瑞金、施芝鸿，编辑：周瑞金，《人民日报》。

言论，扬州经验的特殊导向意义，刘向东、陶达，《新华日报》。

通讯，菜价追踪，苏会志、王进业，编辑：陈芸、南振中，新华社。

通讯，爱心无价，黄常开、张伟程，编辑：张克眉，《羊城晚报》。

报纸版面，1994年4月27日一版，编辑：陈泉涌、刘存学、刘海涛，《中国青年报》。

摄影，生命的最后瞬间，朱大伟，编辑：马飞，《锦州日报》。

摄影，辛勤的哺育，张志刚，编辑：刘全聚，《中国教育报》。

漫画，猪八戒败阵，华君武，编辑：张家瑞，《大连日报》。

广播消息，在巴以签署执行协议的时刻，李支援、关锐，编辑：高世军、汪作舟，中国国际广播电台。

广播评论，反暴利，在南昌为什么难以展开，黄晔明、梁勇，编辑：黄晔明、梁勇，江西人民广播电台。

广播专题，孤岛守塔人——中华英模之55，陈淦，编辑：李向明、韩长江、燕辉等，中央人民广播电台。

广播专题，海外游子故乡情，王曼华、周导，上海人民广播电台。

电视消息，当农资价格飙升的时候，杨剑锋，编辑：蒋立杰，辽宁电视台。

电视消息，外滩：悄然崛起的上海金融街，温天，编辑：陈雪虎、余浩峰，上海东方电视台。

电视评论，和平　使沙漠变绿洲，盖晨光、胡阳、孙宏、奚祥、水均益，中央电视台。

电视专题，粤海情融天山雪——一个新疆流浪儿童的故事，李威沙，编辑：李威沙，广州电视台。

电视专题，壁画后面的故事，祝丽华、王维，编辑：祝丽华，山东电视台。

（二、三等奖篇目略）

第六届

第六届中国新闻奖（1995年度，157件作品获奖，1996年6月27日揭晓）获奖作品中，特别奖2件，一等奖18件，二等奖53件，三等奖85件。其中获特别奖和一等奖的篇目如下：

特别奖

通讯，领导干部的楷模——孔繁森，何平、朱幼棣、陈雁、陈维伟、魏武、王世亮，编辑：郭超人、张万象，新华社、《人民日报》、《西藏日报》、《大众日报》。

电视专题，领导干部的楷模——孔繁森（一），王闽京、王杰昌、王国柱，山东电视台、西藏电视台。

一等奖

言论，论孔繁森的时代意义，于宁，编辑：周瑞金，《人民日报》。

言论，忠实履行我军神圣使命，解

放军报评论部，《解放军报》。

消息，NGO 全会代表批评西方新闻媒介缺乏公正，张丹、陈瑶，编辑：王宗引、周树春、李海堂、王金和，新华社。

消息（空缺一名）。

通讯，师魂，黄绍全、陈朗，编辑：陈维钧，《贵州日报》。

通讯，旱原情，吉虹、杨前进，编辑：吉虹、杨前进，《陕西日报》。

通讯，寻找时传祥，孙德宏，《工人日报》。

版面，《中国青年报》1995 年 11 月 17 日一版，编辑：陈泉涌、张桂明、刘海涛，《中国青年报》。

摄影，正义之声，李学仁，编辑：薛海涛，新华社。

摄影，新婚该诀别，周晓辉，编辑：林毓根，《广东公安日报》。

漫画，1995 年十大国际新闻，华君武、丁聪、方成、英韬、苗地、王宇、王复羊、缪印堂、孙以增、朱根华，《人民日报》。

广播消息，美发生一起故意使用放射性物质使人中毒事件，汤民国，编辑：黄良德，中国国际广播电台。

广播评论（空缺）。

广播专题，孔繁森——九十年代的焦裕禄，蒋小峰、初化臣、张涵，编辑：乔仁贞，山东人民广播电台。

广播编排，您好，祖国！傅成励、崔永元、杜嗣琨、任捷、汪永晨、黄继群、吴朝晖，中央人民广播电台。

电视消息，农机千里走中原，杨华、刘建新、顾海红、韩华春、张勇，河南电视台、中央电视台。

电视消息，广东：农民成了现代农业投资的主体，徐惠如、曾国成、贾真、黎永然、朱广生，广东电视台。

电视评论（空缺一名）。

电视专题，中华之剑（第三集）剑之威，李荃、刘效礼、彭山、盛天鹰、乔保刚、正勇、陈获芳，中央电视台。

电视专题，板车精神文明之花，丁颖安、尚东明、安华，编辑：丁颖安，许昌有线电视台。

电视专题，田沛发，谢英、杨茂林，编辑：王志荣，贵州电视台。

电视编排（空缺一名）。

（二、三等奖篇目略）

第七届

第七届中国新闻奖（1996 年度，有 170 件作品获奖，1997 年 10 月 26 日揭晓）获奖作品中，特别奖 3 件，一等奖 19 件，二等奖 56 件，三等奖 93 件。其中获特别奖和一等奖的篇目如下：

特别奖

通讯，把党和政府的温暖送到千家万户，季进成、殷敖佗，编辑：张怀京，《中国建设报》、新华社。

通讯，岗位作奉献　真情为他人，刘连枢、齐晓峰、赵兴林、潘善棠、夏俊生，《北京日报》、新华社、《人民日报》。

通讯，北京有个李素丽，郭萍、吴晓向、王舟波、余勇、于文国，编辑：张宏遵、孟东明、方向明，《工人日报》。

一等奖

消息，我军在台湾海峡成功举行三军联合作战演习，顾伯良、郑宗群、赵险峰，编辑：顾伯良，《解放军报》。

消息，重新评估国资增值3.5亿元，顾建新、毛福忠，《今晚报》。

言论，为经济建设和社会发展提供强有力的政治保证，谢宏（任仲平），编辑：邵华泽、范敬宜，《人民日报》。

言论，旗帜鲜明地同民族分裂主义和非法宗教活动作斗争，黄元才，《新疆日报》。

通讯，让世界走向和平，曹智、李大伟，编辑：刘回年、陈茂林，新华社。

通讯，种树“种到”联合国，李广华、孙亚辉，编辑：高远、郑学良，《内蒙古日报》。

系列，由邯钢经验引出的话题，熊家余、谢双林、吴华清，编辑：吴志根，《湖北日报》。

版面（空缺）。

摄影，上学，杨小兵，编辑：薛向群，《陕西日报》。

摄影，喜不自禁，徐步，编辑：奥运报道组，新华社。

漫画（空缺）。

广播消息，西方反华阴谋再次破产，钱慰曾，编辑：段秀杰、张著，中国国际广播电台。

广播评论，市场不相信“出身”，苏维茗、吴双，编辑：刘素琴、包仲川，天津人民广播电台。

广播专题，英雄　魂兮归来，胡国华，编辑：蔡小林，中央人民广播电台。

广播系列，爱心创奇迹，江小青，上海东方广播电台。

广播编排，含泪笑唱《鲁冰花》，吴平、姜英华、李珂、刘汉斌，辽宁人民广播电台。

电视消息，国庆节　中英街国旗高悬，韩建勇、李燮，深圳电视台。

电视评论，巨额粮款化为水，杨明泽、谢子猛、方宏进，编辑：杨明泽，中央电视台。

电视专题，人情猛于虎，崔彬、李永和、杜士刚、张承东，编辑：李永和、杜士刚、张承东、王跃钧，黑龙江电视台。

电视系列，燕赵儿女抗洪歌，何振虎、吕良春、陈金荣、张炜等，编辑：陈金荣，河北电视台。

电视编排，1996年8月8日晚间新闻，李勇、许文庆，中央电视台。

（二、三等奖篇目略）

第八届

第八届中国新闻奖（1997年度，191件作品获奖，1998年7月揭晓，1998年12月13日颁奖）获奖作品中，特别奖5件，一等奖24件，二等奖55件，三等奖107件。其中获特别奖和一等奖的篇目如下：

特别奖

通讯，在大海中永生，何平、刘思杨，编辑：张万象、王启星，新华社。

系列，展示新成就迎接十五大·学习篇，班明丽、何加正、皮树义等，编辑：范敬宜，《人民日报》。

现场直播，百年长梦今宵圆，中央人民广播电台集体，中央人民广播电台。

现场直播，香港回归现场特别报道，中国国际广播电台集体，中国国际广播电台。

现场报道，1997 香港回归特别报道，中央电视台集体，中央电视台。

一等奖

消息，别了，“不列颠尼亚”，周树春、胥晓婷、杨国强、徐兴堂，编辑：高秋福、徐学江、王宗引、陈耕涛，新华社。

消息，中国拒绝金融风暴登陆，任侃，编辑：曲莹璞，《中国日报》。

消息，台州三千“党代表”活跃在股份制企业，陆熙、沈建波，《浙江日报》。

言论，中华民族的百年盛事，李德民、米博华，编辑：邵华泽、范敬宜、谢宏，《人民日报》。

言论，一个鲜明主题，王晨、李景瑞，《光明日报》。

言论，察潮流　顺民心　天下定，黄种生，编辑：饶新冬，《福建日报》。

通讯，神圣的时刻，肖福、胡训军、高吉全，编辑：孙晓青，《解放军报》。

通讯，140 万双袜子的命运，余兰生，编辑：潘堂林、徐占峰，《长江日报》。

系列，资本运营系列报道，艾丰、张杰、魏劲松、牛文文，《经济日报》。

版面，《羊城日报》1997 年 10 月 4 日一版，张克眉、许维国，《羊城日报》。

副刊，清塘荷韵，季羡林，编辑：卞毓方，《人民日报》。

摄影，中英香港政权交接仪式，刘建生、张燕辉，新华社。

摄影，三峡大江截流胜利合龙，周立新，编辑：曹山旭，《楚天都市报》。

漫画，韩宝曝丑闻，方成，编辑：张春明、郭印川、宋平，《法制日报》。

广播消息，香港热土祭洒社稷坛，文立军，编辑：叶小静，北京人民广播电台。

广播评论，49% 大于 51% 的启示，苏维茗、印永清、陈鹰、马津力，编辑：吴双，天津人民广播电台。

广播专题，新年特别节目《中国1997》，张浩、王晓辉、毛舟、张彬、李易、李宪力，编辑：王宴青，中央人民广播电台。

广播专题，国门卫士——黑河好八连，王春莉、李晓平、孙连君，编辑：丛林、文佳、宋铁民，黑龙江人民广播电台。

广播专题，回归前夕的香港，张惠玲，编辑：史靖洪、李纳新等，中国国际广播电台。

电视消息，百万群众大转移，陈瑶、沈建、陈鹏飞、许东良，浙江电视台。

电视消息，邯钢跨地区兼并部属企业舞钢，刘莹、李飞、孟晓铮，编辑：张勇、刘强、张涛，河北电视台。

电视评论，“罚”要依法，再军、白河山、方宏进，中央电视台。

电视专题，“麦德龙”冲击波，吴乐霞、倪亚农、秦岱亚，无锡有线电视台。

电视系列，投资不增　成本不生　效益提高缘何而来？肖振生、郑根岭、史联文、赵志文、刘萍、张海鹏，辽宁电视台。

（二、三等奖篇目略）

第九届

第九届中国新闻奖（1998年度，186件作品获奖，1999年10月揭晓，1999年12月24日颁奖）获奖作品中，特别奖6件、一等奖23件、二等奖58件、三等奖99件。其中获特别奖和一等奖的篇目如下：

特别奖

言论，当前头等大事，李德民、米博华、王义堂、王金海，编辑：邵华泽、许中田、谢宏，《人民日报》。

通讯，运筹帷幄　挥师“三江”，王文杰、阎金久，编辑：王文杰，《解放军报》。

通讯，四百壮士战洪魔，谭道博、贾永、刘建新、孙茂庆，编辑：南振中、刘回年、曹国强，新华社。

消息，九江段4号闸附近决堤30米，贺延光，编辑：杜涌涛，《中国青年报》。

专题，大浪丰碑，孙连君、李皎、金威，编辑：王春莉、文佳、陈华，黑龙江人民广播电台。

系列，1998抗洪系列报道，中央电视台、湖北电视台、江西电视台、湖南电视台、黑龙江电视台、吉林电视台等，集体采访。

一等奖

言论，迎着老百姓的方向走，郝斌生，编辑：成少安、王长宗，《河北日报》。

消息，长江上游仍在砍树，熊小立、黎大东，编辑：张笃一、吴锦才、南振中，新华社。

消息，项庄舞剑　意在沛公——明传人民币贬值　实为投机谋暴利，任侃，编辑：黄庆，《中国日报》。

通讯，请看法轮功是咋回事，赵宗符、邢强，编辑：盖方鸣，《齐鲁晚报》。

通讯，困难之中显本色，端木晔波，编辑：宋超、黄强，《解放日报》。

系列，关于郑州亚细亚商场集团兴衰的调查，郭久辉、李昕，编辑：李登科、陶玉亮，《郑州晚报》。

版面，《南方日报》1998年9月11日一版，编辑：陈庆光、王更辉，《南方日报》。

摄影，当选总理朱镕基，于文国，编辑：孙德宏、杨军，《工人日报》。

摄影，走进“地球最后的秘境”，索朗罗布·多穷，新华社。

漫画，洪水滔滔见真情，张滨，编辑：杨殿军，《黑龙江日报》。

副刊，车到柳园，孟可，编辑：刘建民，《工人日报》。

广播消息，东莞农民上网招商引资遍地开花，莫佛基、杨济平、蔡建勋，编辑：张伟玲，东莞人民广播电台。

广播消息，开学第一课，周升航、周三友、孙国庆，九江人民广播电台。

广播专题，九届人大一次会议特别

节目：期望与信心——中国人看自己国家的新领导人，段爽、丁邦英、丁波、卢爽，中国国际广播电台。

广播专题，帕米尔赤子——吴登云，王宏、季琳萍、曹远秋、蒋一峰、彭文明、窦新国、余斌，编辑：石永强、史林杰，新疆人民广播电台。

广播专题，凋零与崛起的背后，滕兆鹏、江瑾、汪君，编辑：王玮、陈南林、沈刚权，青岛人民广播电台。

广播系列，走进阿里，旺堆、琼达、曾晓东，编辑：新闻编辑部，中央人民广播电台。

电视消息，巴格达遭空袭纪实，冀惠彦、董志敏、水均益，中央电视台。

电视消息，农机下乡了，邢哲、赵立明、刘峰、刘国江，编辑：迟航、陈晓峰，黑龙江电视台。

电视专题，拨通148法律服务到你家，辛余兵、孙震博、白杰，编辑：郭战平，山东电视台。

电视系列，劳动力市场有个戚大姐，丛晶、张海滨，大连电视台。

电视系列，山西假酒案，欧阳平、骆汉城、白央，山西电视台。

电视编排，中国新闻，编辑：刘家俊等，中央电视台海外中心新闻部。

（二、三等奖篇目略）

第十届

第十届中国新闻奖（1999年度，190件获奖作品，2000年7月揭晓，2000年10月17日颁奖）获奖作品中，特别奖7件，一等奖24件，二等奖57件，三等奖102件。其中获特别奖和一等奖的篇目如下：

特别奖

言论，祖国万岁，米博华，编辑：邵华泽、许中田、谢宏，《人民日报》。

通讯，世纪大阅兵，贾永、曹智，编辑：何平、朱承修，新华社。

现场直播，国庆50周年大会现场直播，国庆报道组，中央人民广播电台。

现场直播，国庆50周年现场直播，国庆报道组，中国国际广播电台。

现场直播，国庆50周年现场直播，新闻中心，中央电视台。

系列，亲历炮火，许杏虎，编辑：柴野，《光明日报》。

副刊，没有灯光的漫漫长夜，邵云环，编辑：刘青、王其冰，《参考消息》。

一等奖

消息，北约野蛮轰炸我驻南使馆，吕岩松，编辑：陈特安，《人民日报》。

消息，“天体大十字”预言宣告破产，南振中、姜岩，编辑：王艳红、张小军，新华社。

言论，“实力”救不了李登辉，孙晓青、谭健，编辑：孙忠同，庄汉隆，《解放军报》。

言论，一场严肃的政治斗争，冯并、张曙红、郑庆东、张杰、高路，编辑：徐心华、武春河，《经济日报》。

通讯，中国农家半世纪，徐永辉，编辑：项宁一、叶飞虹，《经济生活报》。

通讯，1503亿赤字预算意味什么，

熊波，编辑：卢跃刚，《中国青年报》。

系列，“三盲院长案”，袁成本，编辑：刘国航，《法制日报》。

版面，《天津日报》1999年10月2日一版，编辑：林楠、王立文、高建光，《天津日报》。

摄影，澳门回归，武汉义，编辑：姜东，《中国日报》。

摄影，首都各界群众庆祝中华人民共和国成立50周年大会，齐铁砚，新华社。

漫画，哈哈镜里老鼠精，华君武，编辑：沈天呈，《文汇报》。

副刊，说说儿子向群，李德清、赵江，编辑：陈先议、曾凡华，《解放军报》。

广播消息，挤“水分”，田金军、孔祥明，编辑：张云，焦作人民广播电台。

广播评论，粗暴侵犯中国主权的野蛮行径，张敏、钱慰曾、王冬梅，中国国际广播电台。

广播专题，朱总理和我们心连心，高春芳、谢予川，编辑：陈坦汶，福建人民广播电台。

广播系列，废墟上崛起的中国科技，周军、靳雷等，编辑：林涛、潘晓闻，中央人民广播电台。

广播编排，1999年9月21日新闻·时事报道节目，华语环球台新闻部，编辑：王忠、张晖、郭彦、刘小勇，中国国际广播电台。

广播直播，大墙内的声音，马平分、李靖、任庆起、李新华，编辑：李英华、马津力，天津人民广播电台。

电视消息，村官不为民办事　村民依法免村官，蔡志豪、骆骏，编辑：王永显，浙江电视台。

电视评论，“吉烟”现象，王文雁、张林刚，中央电视台。

电视专题，青岛名牌战略，任志杰、徐磊、康立华、吕微，编辑：王亚明，青岛电视台。

电视系列，北约空袭南联盟，顾玉龙、王晓琨、高伟、王卓、王齐放、张大立，编辑：孙平、王宇航，中央电视台。

电视系列，消失的哈拉海，胡鑫、张海玉，编辑：迟航、吴玮，黑龙江电视台。

电视编排，1999年9月29日阳光直播室，编辑：祝云光、沈芸、司东方，浙江电视台。

（二、三等奖篇目略）

第十一届

第十一届中国新闻奖（2000年度，209件作品获奖，评奖结果于2001年8月1日揭晓。本届评选活动由中国记协主办，黑龙江省委宣传部、黑龙江省记协承办）获奖作品中，一等奖32件，二等奖70件，三等奖107件。其中获一等奖的篇目如下：

一等奖

言论，全面加强党的建设的伟大纲领，王义堂，编辑：许中田、张研农，《人民日报》。

言论，“台独”即意味战争，刘格

文、谭健、刘新如，编辑：孙忠同、庄汉隆，《解放军报》。

言论，警惕加重农民负担新动向，邓抒扬，编辑：王甄，《安徽日报》。

消息，朝韩领导人 55 年来首次会面，黄海敏、李拯宇、姬新龙、郑捷、李保东，编辑：米立功、曾虎，新华社。

消息，法警背起生病被告，杨永辉、王雪莲、吴怡，编辑：史玮、严峻，《北京青年报》。

消息，按“智”分配造就亿万富翁，卢平川，编辑：雷刚、何光华，《湖北日报》。

通讯，用生命搏击贫困——铜川市郊区惠家沟村党支书郭秀明追记，王天乐、黄卫平、卢尚玉、段海洲、靳涛，编辑：王章恒，《陕西日报》。

通讯，治病？骗钱？——发生在传染病院的怪事，萧芷茁，编辑：戚泥莲、张长虹，《黑龙江日报》。

系列报道，孙仲芳回家寻亲连续报道，刘维扬、张继斌、盛学军、姜莉、高林胜，编辑：朱铭佐、陈正仁、戴平、黄建伟，《扬子晚报》。

版面，《中国青年报》2000 年 3 月 24 日一版，编辑：陈泉涌、唐为忠、罗旭辉，《中国青年报》。

摄影，世纪会晤——联合国举行首次常任理事国首脑会晤，刘建国，编辑：王海燕，新华社。

摄影，迎着炸药扑上去，李建峰，编辑：胡昌国，《郑州晚报》。

漫画，无题，李建华，编辑：黄庆，《中国日报》。

副刊，“刘邦文化”是什么？张雨生，编辑：蒋元明，《人民日报》。

广播消息，陶璐娜夺得第一枚金牌，张文星，编辑：张文星，中央人民广播电台。

广播消息，牧民斯拉木曝光滥砍滥伐者，傅雪琴、孙建中，编辑：史林杰，新疆人民广播电台。

广播评论，两起假货案带给河南的警示，勾志霞、姚居清、陈德年、张铭，编辑：冯鸣，河南人民广播电台。

广播专题，老照片收藏始末，孟庆煜，北京人民广播电台。

广播专题，让爱的阳光融化冰雪，刘素云、关娟娟，编辑：汪作舟，中国国际广播电台。

广播专题，菜头、鱼头、蟹头当了村头，李玉杰、吕玉忠等，编辑：李玉杰，辽宁人民广播电台。

广播系列，北京申办奥运　青岛应对“大考”，衣凡、方少君，编辑：王玮，青岛人民广播电台。

广播编排，2000 年 8 月 15 日《让历史告诉未来》，李晓平、金威、孙连君、赵冬梅，编辑：刘玉平、郑秀国、丛悦，黑龙江人民广播电台。

现场直播，挑战世界跨越衡山，集体，湖南人民广播电台，新疆人民广播电台。

电视评论，铲苗种烟违法伤农，黄洁、凌泉龙、方宏进，中央电视台。

电视评论，莫把“脱困”当“脱险”，黄有、陆钢、王晶，辽宁电视台。

电视消息，长沙袁隆平等十多位院士成为科技知本家，谢鸿鹤、陈德志、梁强，长沙电视台。

电视消息，长江源头楚玛尔河断流，陈国望、毕茉、董国旭、田双明、杨永辉，编辑：沈国华、唐文铸、石艳丽、惠欣，天津有线电视台。

电视系列，守望家园——“三北”生态纪行，周泳、刘民等17人，北京电视台。

电视系列，“书记大姐”李淑敏，杨璐、马利、广军、岳群、栗忠民、李锋、赵瑞，编辑：杨璐，山东电视台。

电视编排，2000年8月24日《世界报道》，集体，中央电视台。

现场直播，攀登珠峰，集体，编辑：周国梁、李东时、陈小钢，黑龙江电视台。

现场直播，2000年钱塘江潮，集体，中央电视台、浙江电视台。

（二、三等奖篇目略）

第十二届

第十二届中国新闻奖（2001年度，210件作品获奖，评奖于2002年7月25日揭晓）获奖作品中，一等奖33件，二等奖69件，三等奖108件。其中获一等奖的篇目如下：

一等奖

言论，光荣属于中国共产党和中国人民，米博华，编辑：许中田、张研农，《人民日报》。

言论，中国主权不容侵犯，刘格文、陈贤德、谭健，编辑：孙忠同、张宗银，《解放军报》。

言论，“真抓”与“假抓”，海纳，编辑：安人和、周丹平，《河北日报》。

消息，洞庭湖长大五分之一，万茂华、赵成新、李志林、王利亚，编辑：周乾德，《湖南日报》。

消息，浙江贫困农民依法享有最低生活保障，周建国，编辑：周少华、周荣新，《浙江日报》。

消息，七年上诉冤屈未伸张，“新华视点”记者，编辑：陈芸、张锦胜，新华社。

通讯，上海的辉煌　祖国的辉煌，李蓉、陈春艳，编辑：宋超、余建华，《解放日报》。

通讯，教育局长的好榜样，唐湘岳，编辑：夏桂廉、袁志发，《光明日报》。

通讯，学者不得为商家当“托儿”，薛晖，编辑：王宇，《北京晨报》。

系列，纪念建党80周年革命圣地踏访，罗开富，编辑：武春河、冯并，《经济日报》。

版面，《科技日报》2001年8月13日一版，编辑：陈泉涌、王宝琳、张克，《科技日报》。

摄影，纽约世贸中心被撞，钱瑜，编辑：董耀武，新华社。

摄影，英雄探妻，袁学军，编辑：李雪梅，《解放军画报》。

漫画，徒劳，英韬，编辑：熊海泉，《湖北日报》。

副刊，慎张“排行榜”，仲言，编辑：杜英姿、杨少波，《人民日报》。

广播消息，世界贸易组织决定接纳中国为世贸成员，赵健夫，编辑：汪作舟、陈敏毅，中国国际广播电台。

广播消息，我向总理讲真话，崔波、

张哲，编辑：朱华昌、张熠，阜阳人民广播电台。

广播评论，信用是本　道德为先，蔡万麟，编辑：王明华，中央人民广播电台。

广播专题，忏悔，赵艳娟、李铭、荣幻，编辑：王春莉、孙连君、赵新宇，黑龙江人民广播电台。

广播专题，一面国旗　两岸情缘，钟启华、黄荣，编辑：石贵田、赵权，湖南人民广播电台。

广播系列，关注食品安全，朱凌翔、章萍，编辑：周艳玲，北京人民广播电台。

广播系列，关注灾区——我们风雪同行，集体创作，编辑：王宏、白彦诚，新疆人民广播电台。

广播编排，2001 年 7 月 14 日《“新北京、新奥运”特别节目》，编辑：景兵、刘锦升、童淑玲，北京人民广播电台。

直播，“上海五国”元首第六次会晤，集体创作，中央人民广播电台、上海东方广播电台。

电视消息，7 · 13——申奥成功日万众欢腾时，金鹏、樊煜、徐京玲，北京电视台。

电视消息，从后排到前排，15 米走了 15 年，黄铮、徐攸，编辑：姜澜，上海电视台。

电视评论，干部图政绩普九变儿戏，王滨生、王英泽，编辑：吴玮、陈晓峰，黑龙江电视台。

电视评论，河道里建起商品楼，法展、刘文，中央电视台。

电视专题，南丹 7 · 17 事故初探，万亿、覃水生、杨永坤，编辑：林旭乔、彭勇，广西电视台。

电视专题，党的恩情永难忘，孙晓青、陈国庆、刘冬，编辑：石永强、伊力汗 · 奥斯曼，新疆电视台。

电视系列，“海尔”阔步走向世界，任志杰、宋建春、封万超、张海鹏，编辑：王亚明，中央电视台、山东电视台、青岛电视台。

电视编排，2001 年 7 月 1 日吉林新闻联播，编辑：孙宝国，吉林电视台。

电视直播，中国入世特别节目，李挺、张宁、梁建增，编辑：孙杰、包军昊，中央电视台。

（二、三等奖篇目略）

第十三届

第十三届中国新闻奖（2002 年度，248 件获奖作品，其中，作品部分共设 210 个奖，新闻论文部分共设 38 个奖。2003 年 10 月 21 日揭晓）获奖作品中，特别奖 1 件，一等奖 33 件，二等奖 85 件，三等奖 129 件。其中获特别奖和一等奖的篇目如下：

特别奖

通讯，公仆本色——追记湖南省委原副书记、省人大常委会原副主任郑培民同志，董宏君、朱玉，编辑：吴恒权、马利，《人民日报》、新华社。

一等奖

言论，沿着党的十六大指引的方向奋勇前进，米博华，编辑：王晨、张研农，《人民日报》。

通讯，肩负起继往开来的庄严使命——党的新一届中央委员会诞生记，何平、刘思扬，编辑：夏林、彭树杰、吴锦才，新华社。

通讯，壮丽的发展诗篇——从数字看上海巨变，李蓉，编辑：宋超、余建华，《解放日报》。

消息，我省交通图五年七变，石磊，编辑：谷峰、张素娟，《河北日报》。

消息，看个“咳嗽”要掏1065元，李红鹰、吴芳，编辑：陈志远、黄剑，《武汉晚报》。

系列，山西繁峙矿难系列报道，刘畅、柴继军，编辑：唐为忠、高山、张英杰，《中国青年报》。

版面，《科技日报》2002年11月14日一版，编辑：陈泉涌、周敢普、何世文，《科技日报》。

摄影，新任总书记胡锦涛面对世界聚焦，徐京星，编辑：王文澜，《中国日报》。

摄影，向“恐怖主义”宣战——中吉首次联合反恐怖军事演习纪实，查春明，编辑：侯俊，新华社。

漫画，中东闹钟，罗杰，编辑：黄庆，《中国日报》。

副刊，人民利益，刘灿校、周玉山、颜章才，编辑：陈先义、李鑫，《解放军报》。

广播评论，政治宣言　举国称颂，王明华，编辑：杨波，中央人民广播电台。

广播消息，钱其琛表示：大陆欢迎除极少数“台独”顽固分子之外的台湾民进党员来大陆访问，郭胜昔，编辑：张霁苍，中国国际广播电台。

广播消息，兴华乡的形象工程掺了多少水，吴冬、王晓霞、刘春梅、周伟，编辑：罗春雷，吉林人民广播电台。

广播专题，“造林”还是“造字”，杨宏斌、胡成、编辑：郭静，湖北人民广播电台。

广播专题，搬迁，赵彤湫、刘险峰、陈夕、宋明辉，编辑：王红宇，辽宁人民广播电台。

广播系列，小东母子状告黄色信息台，李文刚，编辑：马丽英、马平分，天津人民广播电台。

广播编排，2002年12月25日《新闻和报纸摘要》，编辑：姜宝宏、赵军、高华，中央人民广播电台。

广播直播，西部广播的春天，集体，编辑：集体，新疆人民广播电台、西藏人民广播电台、四川人民广播电台、云南人民广播电台、内蒙古人民广播电台、青海人民广播电台、甘肃人民广播电台。

电视消息，大杨扬为中国夺得首枚冬奥会金牌，张伟、刘颖、王平、姚文莉，中央电视台。

电视消息，温副总理带灾区孩子上课，黄寿先、胡凡、郑原，陕西电视台。

电视评论，冲破贸易壁垒　浙江别无选择，王水明、陈鹏飞、朱珠、吴晖、陈丰，编辑：汤伟军，浙江广电集团电视新闻综合频道、温州电视台。

电视专题，热血铸警魂——人民的好警察赵新民，侯朴、许晓娟、秦洪涛、孙莹莹、唐玉琪，编辑：徐樟梅、郭越岭，新疆电视台。

电视专题，“百姓书记”梁雨润，朱海虎、许凌云、肖亚光、薛爱林、刘明、耿辉旺，山西电视台。

电视系列，一个活在人民心中的共产党人——记原湖南省委副书记郑培民，肖振生、庄园、唐怡、姚远、黄京辉、张京、刘朋、谭勇军，湖南电视台、中央电视台。

电视编排，2002 年 2 月 17 日《新闻联播》，集体，黑龙江电视台。

电视直播，三峡工程导流明渠截流特别报道，集体，中央电视台。

新闻论文，“抓作风”与“改文风”——十五届六中全会精神学习笔记，南振中，编辑：刘学渊，《新闻战线》。

新闻论文，《大公报》与红军长征落脚点之研究，尹韵公，编辑：张满丽，新闻与传播研究。

新闻论文，重大突发事件报道的认识与创新，俱孟军，编辑：白继红，传媒发展方略。

新闻论文，怎样写好重大题材的报道，罗开富，编辑：祝晓虎，《新闻战线》。

新闻论文，新闻网站的现状和未来发展，何加正，编辑：许林，《新闻战线》。

新闻论文，频率专业化——广播与时俱进的必由之路，孙孔华、谭奋博，编辑：赵丽平、姜成厚，《中国广播电视学刊》。

（二、三等奖篇目略）

第十四届

第十四届中国新闻奖（2003 年度，248 件作品获奖，获奖作品中一等奖 31 件，二等奖 81 件，三等奖 136 件）。获一等奖的篇目如下：

一等奖

言论，筑起我们新的长城——论抗击非典的伟大精神，任仲平，编辑：王晨、张研农，《人民日报》。

言论，微笑　并保持微笑，尚德琪，编辑：玄承东，《甘肃日报》。

言论，急于动武　缺理少据，古平（朱梦魁），编辑：黄晴，《人民日报》。

消息，美国对伊拉克开战，贾迈勒，编辑：新华社中东总分社、国际部英文编辑室，新华社。

消息，非典型肺炎病源是衣原体？段功伟，编辑：陈广腾、崔向红，《南方日报》。

消息，三峡大坝昨下闸蓄水，剑文、礼兵、忠贤、周芳、志兵、月波、剑军、立新，编辑：雷刚、陈剑文，《湖北日报》。

通讯，目击杨利伟飞天归来，范炬炜、孙阳、唐振宇，编辑：刘兴安，《解放军报》。

通讯，振超效率：赶超世界第一，辛梅，编辑：樊泽顺、赵慎安，《青岛日报》。

通讯，五河：城市贫民背不动豪华广场，周立民，编辑：吴锦才、汪金福、王炽，新华社。

通讯，医药代表向“老百姓”下跪，秦军，编辑：朱仁华、王纲，《浙江日报》。

系列，千里风沙小站行，工人日报集体，编辑：工人日报集体，《工人日报》。

版面，2003年2月24日《黑龙江日报》国际新闻版，编辑：连占海、王福荣、黄广庆，《黑龙江日报》。

摄影，祝福全国人民安康，莫定有，《四川日报》。

摄影，总理为民工追工钱，刘卫兵，编辑：吕淑梅，新华社。

摄影，SARS病房，贺延光，编辑：晋永权，《中国青年报》。

漫画，政绩“工程”，黎青，编辑：卢新，《济南日报》。

副刊，“重赏”之下，仲言，编辑：杨少波，《人民日报》。

广播消息，殷殷嘱托　浓浓民情，阳玲，编辑：何良璋，湖南人民广播电台。

广播评论，召回“新政策”也是进步，丁方、周导，编辑：袁晖，上海人民广播电台。

广播专题，互联网的发展——SARS无情　网络有情，程浩、林少文，编辑：程浩，中国国际广播电台。

广播系列，站在耕地边缘，张军、张磊，编辑：赵连军、侯永生，中央人民广播电台。

广播系列，来自巴格达的声音，张立、王文宽，编辑：隋艳霞、常海宽、王坚，中国国际广播电台。

电视消息，北京有个总理也是你的亲人，王成、张华迁、赵武军，编辑：赵武军，新疆电视台。

电视评论，用生命撞响的警钟，朱海虎、肖亚光、许凌云、陶亿笑、耿辉旺、刘凤林，山西电视台。

电视专题，钟南山：直面“非典”，王志、张士峰、王扬、孙海南、陈洪奕，中央电视台。

电视系列，非凡抗击，张亮、周星、赵彤、鲍毅、张丽，北京电视台。

电视系列，伊拉克战争连续报道，中央电视台集体，编辑：中央电视台集体，中央电视台。

新闻论文，用“三个代表”重要思想统领新闻宣传工作，王晨，编辑：张书林，《人民日报》。

新闻论文，试论新闻的度，江永红，编辑：刘学渊，《新闻战线》。

新闻论文，时效的魅力，马胜荣，编辑：文璐，中国记者。

新闻论文，报业集团化运作创新：打造价值链、品牌链、产业链，罗建华，编辑：祝晓虎，《新闻战线》。

（二、三等奖篇目略）

第十五届

第十五届中国新闻奖（2004年度，共评选出获奖作品258件）获奖作品中一等奖28件，新闻专栏10件，二等奖89件，三等奖131件。其中获一等奖、新闻专栏的篇目如下：

一等奖

消息，中国国家主席与艾滋病人握

手，周效政、刘思扬、樊曦，编辑：倪四义、常勇，新华社。

消息，参演万余人　不见几个兵，张乡林、王宏林，编辑：刘建华、鲁晨，《前卫报》。

消息，昆山31万农民刷卡看病，高坡，编辑：孟海龙，《苏州日报》。

评论，国有企业改制一定要规范，阎卡林、齐东向，编辑：李洪波，《经济日报》。

评论，坚决制止低俗炒作行为，赵金，编辑：徐体义、李维，《云南日报》。

通讯，百姓心中的丰碑——追记公安局长的楷模任长霞，戴鹏、徐运平，《人民日报》。

通讯，达吾提·阿西木北京探亲记，李杨，编辑：王定贵，《新疆日报》。

通讯，惊心动魄35分钟，谭洁、张金玉，编辑：武天敏，《解放军报》。

系列，改善湖北投资环境，熊家余、姜月波、夏一兵，编辑：宋汉炎、雷刚，《湖北日报》。

系列，政府软件采购问题追踪，尹宏群、李国敏，编辑：阎新华、向阳，《科技日报》。

摄影，刘翔获奥运会110米栏金牌，徐京星，编辑：王文澜，《中国日报》。

摄影，她走了　目光依然明亮，金思，编辑：柳赵青，《中国青年报》。

副刊，感恩老兵，郭松民，编辑：严建平，《新民晚报》。

广播消息，翱翔雅典　跨越历史——刘翔夺得男子110米栏金牌，侯艳，编辑：赵军，中央人民广播电台。

广播评论，治理好污水也是政绩，李方存、钱葳、沈杭珍，编辑：巫金龙，浙江人民广播电台。

广播专题，巴勒斯坦送别阿拉法特，涂龙德、贺金哲，编辑：邓淑敏、汪作舟，中国国际广播电台。

广播专题，女儿本色，齐露莹、常志霞、党爱莉、谭可，编辑：常志霞，河南人民广播电台。

广播直播，中国2004——铁路第五次大提速，集体，中央人民广播电台。

电视消息，胡锦涛在河北考察工作，徐少兵、邓睿、冯卓，编辑：冯卓，中央电视台。

电视评论，欠债咋就不还钱，孙锐、孙笑非、王学亮，黑龙江电视台。

电视专题，维吾尔乡村有所汉语小学，高峰、陈晓鹏、秦亚飞、赵晓莉、田晓燕，新疆电视台。

电视专题，惊心动魄22小时，徐滔、鲁盾、王勇国、培源、王旭东、张勇、周鹏，编辑：张硕、何方，北京电视台。

电视系列，党员领导干部的楷模——牛玉儒，顾永生、朝鲁、王雪莲，编辑：任杰、杨颖、张瑞，内蒙古电视台。

电视直播，2004黄河调水调沙直播，集体，中央电视台、河南电视台、山东电视台。

新闻论文，邓小平与《人民日报》——写在邓小平同志100周年诞辰之际，《人民日报》编辑部，编辑：张研农，《人民日报》。

新闻论文，讲究辩证法推进“三贴

近”——谈正确处理好当前新闻宣传工作中的十个关系，尹明华、吕怡然，新闻记者。

新闻论文，典型宣传的改进与创新，赵德润、冷梅，《新闻战线》。

新闻论文，按市场规律的要求改革创新，梁国标、万仕同，《新闻战线》。

新闻专栏，人民论坛，《人民日报》。

新闻专栏，新华视点，新华社。

新闻专栏，新闻和报纸摘要，中央人民广播电台。

新闻专栏，新闻联播，中央电视台。

新闻专栏，国际观察，中国国际广播电台。

新闻专栏，有话直说，《工人日报》。

新闻专栏，解放论坛，《凌河解放日报》。

新闻专栏，燕赵论坛，《河北日报》。

新闻专栏，记者档案，安徽电视台。

新闻专栏，政府在线，河南人民广播电台。

（二、三等奖篇目略）

第十六届

第十六届中国新闻奖（2005 年度，270 件获奖作品，其中特别奖、一等奖共 43 件，二等奖 88 件，三等奖 139 件）。其中获特等奖和一等奖的篇目如下：

特别奖

评论，在全面建设小康社会中充分发挥先锋模范作用——论保持共产党员先进性，马利、崔士鑫、裴智勇，编辑：张研农、陈俊宏，《人民日报》。

评论，提高自主创新能力　推进经济结构调整，李洪波、阎卡林、齐东向，《经济日报》。

一等奖

消息，中铁三局丢了宁夏市场，高鹏，编辑：马文锋，《宁夏日报》。

消息，海拔 4161 米：总理跟我们合影，毕锋、李晓华，编辑：王晓，《人民铁道报》。

消息，3.5 万救命钱留给病友，陈国忠，编辑：袁云才、邬伟，《长沙晚报》。

评论，让和谐创业的主旋律更雄浑更响亮，张志，编辑：严力、彭春兰，《江西日报》。

评论，警惕“专家观点”成为“利益俘虏”，李扬，《新华日报》。

通讯，索玛花儿为什么这样红——记优秀共产党员、木里县马班邮路乡邮员王顺友，张严平、田刚，编辑：邹沛颜、周红军，新华社。

通讯，英雄携手飞天——神舟六号航天员费俊龙、聂海胜出征记，李选清、赵波、刘程，编辑：武天敏，《解放军报》。

通讯，这个头，带得好！李海燕、齐淮东，编辑：王洪涛，《大众日报》。

系列，先进性教育的民间期待，集体，编辑：鲁强、吴秀笔、韩晓军，《钱江晚报》。

系列，走近孟二冬教授，集体，编辑：苟天林、翟惠生、韩秀琪，《光明日报》。

版面，《科技日报》10月17日一版，编辑：宗宝泉、武云生、左常睿，《科技日报》。

摄影，两党一小步 民族一大步，作者：贺延光，编辑：柴继军，《中国青年报》。

摄影，警民接力大营救，钱程，编辑：李忠运、马章安，《大众日报》。

漫画，指鹿为马，李建华，编辑：吴杰，《讽刺与幽默》。

副刊，读刘白羽遗嘱及其捐赠单，陈先义，编辑：赵阳，《解放军报》。

广播消息，历史性的握手，李涛、郭亮、赵雪花，编辑：王宴青、李宪力，中央人民广播电台。

广播评论，旗舰遇坚兵——“大显”陷入困境的启示，金众、刘险峰、王红宇、陈夕，编辑：王中宣，辽宁人民广播电台。

广播专题，离家百年 钟回故里，李贺，编辑：牛予冬，天津人民广播电台。

广播专题，白杨树讲述的故事——留在中国大地的日本人墓园，王丹丹、王小燕、周莉，编辑：谢宏宇、付颖，中国国际广播电台。

广播系列，“微尘”在行动 爱心筑品牌，王丽君、王菲、祝洪珍，编辑：毛元辉、王玮，青岛人民广播电台。

广播直播，再探苍穹——中央人民广播电台“神舟”6号飞船载人航天飞行大型直播节目（返回段），集体，中央人民广播电台。

电视消息，地震灾区第一夜，张龙、上官海滨、曾佳、孙宏翌、曾军，编辑：刘守洪、洪岱，江西电视台。

电视评论，70亿维修基金的困惑，陈大立、袁子勇、史月光、王宇、苑秋宝，北京电视台。

电视专题，“党义”悄然离去 党义精神永存，王欣慰、康凯、汤振峰、张立辉，编辑：庄谦宇，吉林电视台。

电视专题，乡胞祭，范维坚、张培宇、张春生、侯晓文，编辑：王忠、孙国栋，山东电视台、枣庄电视台。

电视系列，“落实科学发展观”系列报道，集体，中央电视台。

电视直播，连战大陆行直播特别报道，集体，编辑：高丽萍，中央电视台、江苏电视台、陕西电视台、上海电视台。

网络评论，我们怎样表达爱国热情，丁刚，编辑：唐维红、张爱敬，人民网。

网络专题，网民感动总理 总理感动网民——总理记者招待会网上答问，康晶、林明、刘娟，编辑：周锡生、白林，新华网。

新闻论文，论典型报道，汪家驷，编辑：冷梅，《新闻战线》。

新闻论文，强化服务“三农”是媒体的历史责任，张振华，编辑：姜成厚，中国广播电视学刊。

新闻专栏，人民论坛，《人民日报》。

新闻专栏，新华时评，新华社。

新闻专栏，记者亲历，《经济日报》。

新闻专栏，热门话题，《南方日

报》。

新闻专栏，神州夜航，中央人民广播电台。

新闻专栏，中国时事，中国国际广播电台。

新闻专栏，阳光热线，河北人民广播电台。

新闻专栏，新闻夜航，黑龙江电视。

新闻专栏，传奇故事，江西电视台。

新闻专栏，焦点网谈，河南报业网。

（二、三等奖篇目略）

第十七届

第十七届中国新闻奖（2006年度，共评出287件作品）获奖作品中特别奖2件，一等奖44件，二等奖89件，三等奖152件。其中获特别奖和一等奖的篇目如下：

特别奖

评论，长征　迎着民族复兴的曙光，王义堂、卢新宁、林治波、杨健、胡果，编辑：张研农、米博华，《人民日报》。

评论，论新世纪新阶段我军的历史使命——写在《解放军报》创刊50周年之际，集体，编辑：王梦云、孙晓青、刘格文，《解放军报》。

一等奖

消息，火车首次跨越“世界屋脊”，周岩、吴宇、拉巴次仁，编辑：陈瑶、易凌，新华社。

消息，兖州：2亿吨大煤田不挖了，崔永刚，编辑：张鸣雁、王冰，《大众日报》。

评论，构建社会主义和谐社会：从点题到破题，钟怡祖，编辑：李景瑞，《光明日报》。

评论，说要做的事就要做，吴志丽，编辑：李启瑞、吕朝晖，《广西日报》。

通讯，英雄赞歌——记独臂英雄丁晓兵，冯春梅、朱玉、张东波，编辑：马利，《人民日报》、新华社。

通讯，闪耀在手术刀上的道德光芒——记医德高尚医术高超的好军医、北京军区总医院原外一科主任华益蔚（上篇），武天敏、王士彬、刘明学、郭建跃、邹维荣，编辑：刘明学、武天敏，《解放军报》。

通讯，风雪中　伫立着四位“厚道”的农民工，付海厚，编辑：郑勇，《工人日报》。

系列，“城市河流，让我们重新认识你”系列报道，集体，编辑：集体，《经济日报》。

系列，荣辱观的生活解读，集体，编辑：江作苏、蔡华东，《湖北日报》。

版面（空缺一名）。

摄影，面对和谐未来，杨世忠，编辑：徐京星，《中国摄影报》。

摄影，女记者急救落水女童，闫善良，编辑：颜景献，《东方今报》。

副刊，“申遗”少留后遗症，仲言，编辑：向兵、李辉，《人民日报》。

广播消息，求知于实践　问计于群众，李涛、赵雪花，编辑：刘振宇、王锐，中央人民广播电台。

广播评论，决不许亵渎英雄　歪曲历史，张勤、王新玲、陈建海、范少俊，编辑：张勤，浙江广电集团。

广播专题，他们的童年因禽流感而改变，王玉清、龚万鹏，编辑：卫宁、沈汀，中国国际广播电台。

广播专题，追逐太阳的青春，程锐、肖玉、贾丽娟、郁立东，编辑：刘伟、甘韵琪，西藏人民广播电台、唐山人民广播电台。

广播系列，情满旱塬——温家宝总理中部干旱带考察纪行，张国英、张春华、张燕，编辑：毕力格、林君、王英，宁夏广播电视总台。

广播访谈，题目：质疑上海“二期课改”，秦畅、朱愉、朱应、乐建强，文广新闻传媒集团。

广播直播，穿越青藏高原，集体，中央人民广播电台。

广播编排，1 月 3 日《交通新闻午间版》，编辑：邢立新，北京人民广播电台。

电视消息，胡锦涛同延安老区人民共迎新春，徐少兵、冯卓、石伟明、王倩，编辑：冯卓、王倩，中央电视台。

电视消息，综合能耗仅为同行业一半　上海化工区循环经济结硕果，黄铮、张永新，编辑：崔士新、王一敏，文广新闻传媒集团。

电视评论，谁在造假，李力，潘雄海，编辑：覃水生、万亿，广西电视台。

电视专题，大漠胡杨，潘智云、张林熙、莫争名、张苏军，编辑：田晓燕、明月，新疆电视台。

电视系列，新长征路上的浙江人，黄小裕、龚奇、陈李超、朱贤勇、周福增等，编辑：王水明、陈巍峰，浙江电视台。

电视访谈，小崔会客——会见甘肃省长陆浩，杨铭军、包军昊、崔永元、王学锋，中央电视台。

电视直播，中非合作论坛北京峰会，集体，中央电视台。

电视编排，8 月 11 日《东方新闻》，编辑：集体，文广新闻传媒集团。

网络评论，网上“恶搞”有悖和谐理念，张碧涌，编辑：何东平、屠志，光明网。

网络专题，“落实科学发展观”大型主题宣传报道专题，杨贵明、伍刚、甘露、邱翔、张春梅，编辑：集体，中国广播网。

新闻论文，责任造就公信力，江作苏，编辑：徐蟾桂，《湖北日报》。

新闻论文，创新机制体制　提高引导能力，谢国明，编辑：万仕同，《新闻战线》。

新闻论文，互联网时代突发事件的传播应对，项宁一，编辑：孙东哲，网络传播。

新闻专栏，永远的丰碑，中央和地方 150 家新闻媒体。

新闻专栏，人民时评，《人民日报》。

新闻专栏，观察，《光明日报》。

新闻专栏，国际观察，新华社。

新闻专栏，西岸观察，《福建日报》。

新闻专栏，直通车，《深圳特区报》。

新闻专栏，国防时空，中央人民广播电台。

新闻专栏，新广行风热线，新疆人

民广播电台。

新闻专栏，焦点访谈，中央电视台。

新闻专栏，新闻夜航，黑龙江电视台。

新闻专栏，红辣椒评论，红网。

（二、三等奖篇目略）

第十八届

第十八届中国新闻奖（2007年度，共评选出获奖作品261件）获奖作品中一等奖39件，二等奖79件，三等奖143件。获一等奖的篇目如下：

一等奖

评论，走好全国一盘棋，李泓冰、曹荣、吴焰、徐冲、汪晓东、王义堂、卢新宁、何刚，编辑：张研农，《人民日报》。

评论，上海要有更宽广的胸襟，凌河（申言），编辑：裘新，《解放日报》。

消息，跟城里人一样享受政府公共服务，齐淮东、宋弢、孙志山，编辑：王冰、张鸣雁，《大众日报》。

消息，171名矿工遇难两周年祭日临近，王冬梅，编辑：兰海燕，《工人日报》。

通讯，贫困县刮起奢侈风——河南濮阳干部建豪宅机关盖大楼，李钧德，编辑：陈芸、孙杰，新华社。

通讯，方永刚：真情传播真理，江胜信，编辑：何建华，缪克构，《文汇报》。

系列，达尔富尔问题，苏强，编辑：黎星，《中国日报》。

系列，走进卢氏县委土坯房，常法武等，编辑：王亚明，《河南日报》。

漫画，誓师大会，张滨、徐锋，《广州日报》。

广播消息，工人王洪军荣获国家科技进步奖，鲍莹，编辑：黄云鹤、赵宝玲，吉林人民广播电台。

广播消息，铜鼓县砍掉2亿元香菇产业　保住30万方天然阔叶林，张吉昌，编辑：刘崇智、邓季芳，江西人民广播电台。

广播评论，和平的赛场需要更宽广的民族胸怀，唐征宇、刘凌燕、李晓晖，福建广电集团。

广播专题，中国“小土豆”打赢国际大官司，焦春溪、任季玮、牟维宁、郎凯，编辑：刘树国、王岭，黑龙江人民广播电台、齐齐哈尔人民广播电台。

广播系列，穿越“三北”风沙源，集体，编辑：集体，中央人民广播电台。

广播访谈，毛泽东与尼克松：六天改变世界，王蕾、林琳、Paul James，中国国际广播电台。

广播直播，“嫦娥一号”绕月探测卫星发射特别报道，集体，中央人民广播电台。

广播编排，10月19日新闻大视野（辽宁），集体，辽宁人民广播电台。

电视消息，我们要什么样的世界第一，王勇，编辑：谭一丁，文广新闻传媒集团。

电视消息，交警来开会　高速路堵车，李立家、王学亮、高延君、武一鹤、段君凯，编辑：周国梁、任惠敏，黑龙江电视台。

电视专题，岩松看日本：多元交织的二战史观，白岩松、刘爱民、任涛、赵海燕、叶闪、董汉卿，编辑：门曦，中央电视台。

电视系列，中国—东盟合作之旅，集体，编辑：颜兵、徐磊，广西电视台。

电视访谈，沙祖康：我是中国派，王志、王惠东、王扬、李卫华、沈鹏，中央电视台。

电视直播，大雨袭杭州——抗击“罗莎”特别直播，集体，杭州电视台。

电视编排，8 月 8 日北京新闻，集体，北京电视台。

网络评论，谁代表网友给小慧的后妈道歉，吴双建、张剑，荆楚网。

网络专题，中国共产党第十七次全国代表大会，何加正，官建文、孙海峰、王京、李晓明、王倩，人民网。

网络访谈，中日网络对话，集体，国际在线。

新闻专栏，劳动者之歌，《人民日报》、新华社、中央人民广播电台、中央电视台、《解放军报》、人民网、新华网等。

新闻专栏，声音，张研农等，《人民日报》。

新闻专栏，中国聚焦，王建华、陈瑶，新华社。

新闻专栏，记者走基层，江作苏、杨敬文、李迎涛，《湖北日报》。

新闻专栏，热点透视，汪谷震，《安徽日报》。

新闻专栏，天下财经，赵忠颖、潘晓闻、董铁明、赵嘉岭，中央人民广播电台。

新闻专栏，新闻调查，张洁，中央电视台。

新闻专栏，法治进行时，李利影，北京电视台。

新闻专栏，新华直播，白林、杨新华，新华网。

新闻专栏，百姓呼声，肖雄、言娟、吴庠，红网

新闻专栏，广电传媒影响力与国家文化软实力，孙宝国、陈富清，中国广播电视学刊。

新闻专栏，追求军事新闻的有效传播，孙晓青、祝晓虎，《新闻战线》。

（二、三等奖篇目略）

第十九届

第十九届中国新闻奖（2008 年度，共评选出获奖作品 276 件）获奖作品中特别奖 2 件，一等奖 44 件，二等奖 86 件，三等奖 144 件。获特别奖、一等奖的篇目如下：

特别奖

评论，永恒的经典　历史的丰碑——写在北京第 29 届奥林匹克运动会闭幕前夕，新华社社评，编辑：李从军，新华社。

通讯，永远和人民在一起，李亚杰、董宏君，编辑：曹焕荣，《人民日报》。

一等奖

消息，拉萨发生暴力事件，易凌、陈瑶、叶辉，编辑：严文斌，新华社。

消息，郭浩东施工队巧绘北京奥运场馆“双唇”，苏保伟，编辑：马文锋，

《宁夏日报》。

评论，灾难中挺立伟大的中国，任仲平，编辑：张研农，《人民日报》。

评论，万众一心 众志成城 战胜特大地震灾害，本报评论员，编辑：刘成安，《四川日报》。

通讯，“我要做一个诚信的人”，王遐，编辑：田巍，《兵团日报》。

通讯，甘肃14婴儿同患肾病 疑因喝“三鹿”奶粉所致，简光洲，编辑：宁希巍，《东方早报》。

系列，山西霍宝干河煤矿矿难记者领“封口费”事件，李剑平、张国、王俊秀，编辑：吴湘韩，《中国青年报》。

系列，雪域边线行——纪念改革开放30周年，崔士鑫、马志德、张晓明、达次、肖涛、李成业、王杰，编辑：李勤、王梦敏、涂显锋，《西藏日报》。

副刊，一九八〇 四位新华社记者的西行漫记，傅上伦、韩斌，编辑：莫小米，《杭州日报》。

广播消息，挺进映秀，王亮，编辑：刘志，中央人民广播电台。

广播评论，“田”字新解，编辑：李昌文，山东人民广播电台。

广播专题，信访局长的最后24小时，李玉杰、蔚涛、吴静、隋杨，编辑：蔚涛，辽宁人民广播电台。

广播访谈，航天员回家——与翟志刚、刘伯明面对面，焦春溪、温宝明、夏敏、王一婷，黑龙江人民广播电台。

广播直播，爱心守望 风雪同行，集体，中央人民广播电台。

广播编排，8月9日北京新闻，宋梓祯、李彬、王彦，北京人民广播电台。

电视消息，胡锦涛在四川地震灾区什邡市看望慰问受灾群众和救援人员，连生、吴方、徐少兵、冯卓、钟锋、马亚阳，编辑：吴方，中央电视台。

电视消息，冲破六年封关 山东禽肉产品重返欧盟市场，陈琛、李锋，编辑：陈琛，山东电视台。

电视评论，祸起三鹿奶粉，编辑：杜晓华，甘肃广播电影电视总台。

电视专题，陈光标：我是志愿者！陈迹、赵琳、李轩、李晓光，编辑：陈迹，江苏广电总台。

电视系列，决战“109”，陕西台，编辑：邱陆，陕西电视台。

电视访谈，走近“史上最牛的救援队”，魏巍、武大海、胡小川、闫建华、陈晓红、马晓伟，山东电视台。

电视直播，抗震救灾 众志成城，集体，中央电视台。

电视编排，8月8日北京新闻，集体，北京电视台。

网络评论，国际金融危机暴露美式经济弊端，刘江，编辑：李志强，中国经济网。

网络专题，中国军队大救援，左起超、李亮、蓝江桥、桑林峰，编辑：高飞，中国军网。

网络专题，“生态文明”舞动鄱阳湖，吴跃军，编辑：龙和南、黄新阳、毛宁，大江网。

网络访谈，胡锦涛总书记同人民网强国论坛网友在线交流，何加正、官建文、刘红、肖红、余尤宜、赵铮，人民网。

网页设计，改革开放30年——中国

志专题首页，赵冰、胡蓉平，红网。

新闻摄影，她的镜头定格她的勇敢，贾婷，编辑：刘峰，《北京青年报》。

新闻摄影，爱心接力，陈奕启，编辑：刘丽君，《南方都市报》。

新闻漫画，听着会，李嘉，编辑：苏文洋，《北京晚报》。

新闻专栏，望海楼，《人民日报》海外版。

新闻专栏，新华时评，新华社。

新闻专栏，百城赋，《光明日报》，中国记协国内部。

新闻专栏，雪君工作室，《温州晚报》。

新闻专栏，脉动中国，中国国际广播电台。

新闻专栏，政风行风热线，江西人民广播电台。

新闻专栏，经济半小时，中央电视台。

新闻专栏，新闻参考，吉林电视台。

新闻专栏，百姓关注，贵州电视台。

新闻专栏，地方领导留言板，人民网。

新闻专栏，网上民声，胶东在线。

论文，大灾大考中的舆论引导，张研农，编辑：万仕同，《新闻战线》。

论文，中国媒体新闻创新的重大突破——“5·12 汶川大地震”报道的思考，杜耀峰，编辑：冷梅，《人民日报》。

（二、三等奖篇目略）

第二十届

第二十届中国新闻奖（2009 年度，共评选出获奖作品 277 件）获奖作品中特别奖 2 件，一等奖 42 件，二等奖 87 件，三等奖 146 件。获特别奖、一等奖的篇目如下：

特别奖

广播直播，首都各界庆祝中华人民共和国成立 60 周年大会，集体，中央电台。

报纸通讯，走向希望的春天——来自地震灾区的报告，集体，编辑：李从军，新华社。

一等奖

报纸消息，跨越 1000 万辆：新的台阶　新的起点，李铁铮、童娜，编辑：张雅，《经济日报》。

报纸消息，短短一个月“拒资”十亿元，陶健、张敏，编辑：刘斌，《解放日报》。

报纸评论，改变历史的“北京时间”，任仲平（集体），编辑：张研农，《人民日报》。

报纸评论，不是所有弯道都是超越好时机，孙秀岭，编辑：周学泽，《大众日报》。

报纸通讯，今天　我们豪迈受阅，李选清、武天敏、胡君华，编辑：孙晓青，《解放军报》。

报纸通讯，倾听历史的诉说——胡锦涛主席访问马六甲海峡侧记，吴绮敏，《人民日报》。

报纸通讯，栾城草农敢闹海，赵俊

芳、郝斌生，编辑：周剑瑭，《石家庄日报》。

报纸系列，大学生结梯救人，刘汉泽、王功尚、康群、卢成、汉钟楠、付勤、余人月，编辑：张勤耘、熊爱玲、周保国，《楚天都市报》。

报纸系列，魅力中国·国庆特稿，集体，编辑：陈芸、唐小可，新华社。

报纸版面，9月9日《中国日报》6、7通版，编辑：集体，《中国日报》。

新闻摄影，抬起“不屈的脊梁”，范群，编辑：吴林，《姑苏晚报》。

报纸副刊，江堤下的那座小屋，夏坚勇，编辑：刘芳，《新民晚报》。

广播消息，农民女代表顾双燕对话温家宝总理，郭杰、新娜，编辑：赵慧华，内蒙古人民广播电台。

广播消息，一场特殊的婚礼，伊丽娜，编辑：帕尔哈提，中央人民广播电台。

广播评论，国企频繁制造“地王”为转型升级埋下“地雷”，集体，编辑：李修利，苏州广播电视总台。

广播专题，小岗村的好书记——沈浩，黄美娟、黄铮，编辑：张立旺，安徽人民广播电台。

广播系列，探访大学生就业之路，集体，编辑：集体，北京人民广播电台。

广播直播，为祖国加油，中国国际广播电台、黑龙江人民广播电台、大庆人民广播电台。

广播编排，11月18日909早新闻，陈璟欣、崔永清、谢百勤，天津人民广播电台。

电视消息，胡锦涛考察北京国庆期间安保、交通和旅游工作，集体，编辑：冯卓，中央电视台。

电视消息，我国首次在青藏高原冻土带成功钻获“可燃冰”，张玲、郑太红、穆艳花，编辑：康维海，青海电视台。

电视评论，温州：望“楼”兴叹，陈振仕、杨育彦、金道武，编辑：陈振仕，温州电视台。

电视专题，小镇民警维稳事，周洋文、吴杰、杨彦翀，编辑：赵惠峰，宁波电视台。

电视访谈，陈竺：坚持公益性　保障人民健康，沈公孚、张恒、白岩松、张芊芊、杨帆，中央电视台。

电视直播，万里追光明，韩丹、黄晓丽、董姝、姜垌羽、索朗德吉、李米东，黑龙江电视台。

电视编排，7月1日东方新闻，集体，上海电视台。

网络评论，Piercing Through Rebiya's Veil（揭开热比娅的面纱），董志新，编辑：刘百家，中国日报网。

网络专题，国庆大阅兵，孙学宝、钟金林，中国军网。

网络访谈，温家宝总理与网民在线交流，集体，新华网。

网页设计，中国一日，编辑：朱德泉、戴兵、刘赟，大众网。

新闻论文，地市报现状与发展对策——对全国30家地市报的调查与思考，朱学文，编辑：冷梅，《新闻战线》。

国际传播，商务部官员：中国将继续成为全球贸易保护主义的最大受害者，丁清芬，编辑：刘伟玲，《中国日报》。

国际传播，“盛典”国庆60周年特别节目，集体，中央电视台。

新闻专栏，国际论坛，人民日报国际部，《人民日报》。

新闻专栏，基层发现，《经济日报》。

新闻专栏，江报直播室，《江西日报》。

新闻专栏，告诉你一个真实的市场，《今晚报》。

新闻专栏，城市零距离，北京人民广播电台。

新闻专栏，来自海外的声音，中国国际广播电台。

新闻专栏，记者调查，新疆电视台。

新闻专栏，第一调查，安徽电视台。

新闻专栏，网络问政平台，奥一网。

（二、三等奖篇目略）

第二十一届

第二十一届中国新闻奖（2010年度，共评选出获奖作品292件）获奖作品中特别奖2件，一等奖44件，二等奖91件，三等奖155件。获特别奖、一等奖的篇目如下：

特别奖

报纸评论，决定现代化命运的重大抉择——论加快经济发展方式转变，任仲平（集体），编辑：张研农，《人民日报》。

报纸通讯，坚定沉着战狂澜——以胡锦涛同志为总书记的党中央团结带领全党全国各族人民应对国际金融危机冲击纪实，孙承斌、邹声文、贾楠，编辑：张宿堂，新华社。

一等奖

报纸消息，平潭大开发　共筑两岸人民美好家园，兰锋、王凤山，编辑：王国萍，《福建日报》。

报纸消息，179小时，王家岭见证生命奇迹，安洋、刘鑫焱，编辑：朱伟，《人民日报》。

报纸评论，谱写自主创新的辉煌篇章，本报评论员，编辑：李洪波，《经济日报》。

报纸评论，达赖又自打耳光了，本报评论员，编辑：孟晓林，《西藏日报》。

报纸通讯，在历史灾难中实现历史进步（简版）——2010年中国自然灾害警示录，新华社国内部（集体），编辑：陈芸，新华社。

报纸通讯，中纪委文件刚下发　景德镇市邮政局仍顶风违纪　副科级以上干部公款赴日游　第二批出游者计划明日出发，杜金存，编辑：彭京，《江西日报》。

报纸系列，上海世博会纪略，任伟本，《解放日报》《文汇报》《新民晚报》。

报纸系列，信义兄弟　接力送薪，舒均、楚田（熊爱玲）、张泉、陈世昌，编辑：张勤耘、王溥、屠苏，《楚天都市报》。

新闻漫画，食，宋晓军，编辑：李雪萌，《济南日报》。

报纸副刊，陈中华：当代好记者，

南方，编辑：孙立梅，《日照日报》。

广播消息，高举国旗　呼唤救援，赵萌、杨树赛，编辑：王宏，新疆人民广播电台。

广播评论，善待民工才能够缓解民工荒，袁奇翔、王掌、甘洋，编辑：李方存，浙江广电集团。

广播专题，玉树地震　无论你在哪里我都要找到你，王亮，编辑：孙健，中央人民广播电台。

广播系列，粮安天下，集体，编辑：金威，黑龙江人民广播电台。

广播访谈，《重返灾区》特别节目——中国总理首次走进广播电台直播间，集体，中央人民广播电台。

广播直播，三峡工程蓄水175米大型现场直播《高峡平湖今朝梦圆》，集体，湖北广播电视总台、重庆广播电视集团（总台）。

广播编排，11月8日滨海第一线，王斌、赵天月、王伟，天津人民广播电台。

电视消息，胡锦涛总书记同福建革命老区干部群众和在闽台胞共迎新春佳节，集体，编辑：冯卓，中央电视台。

电视消息，一堆木头与一连串车祸，江虹、艾冀、李佳，编辑：邱智军，荆州电视台。

电视评论，版权保护——南通家纺市场成功密码，顾道远、宋梅、查金，编辑：虞嘉，江苏广播电视总台。

电视专题，姐弟，易娟、何贤德，编辑：周妖，万州区广播电视台。

电视系列，再造新北川，范维坚、朱训壮、李树庆、李东、巩胜义、孔凡兵，编辑：林修功，山东电视台。

电视访谈，天河一号：速度背后的较量，集体，天津电视台。

电视直播，王家岭矿透水事故救援报道，集体，中央电视台。

电视编排，7月1日新闻联播，向国锐、靳松、杨蕊，黑龙江电视台。

网络评论，依法理性表达爱国热情，付龙、史江民，编辑：张玉珂，人民网。

网络专题，“嫦娥二号”探月全景报道，集体，人民网。

网页设计，生死抉择　惊天一坠，姜长勇、张峰、王春雷，大众网。

新闻论文，从快报、厚报转向优报——网络时代报纸新闻制作的新思路，李婉芬，编辑：冷梅，《新闻战线》。

新闻论文，把握媒介产业规律　完善全媒体发展环境——当前我国传媒全媒体发展中的问题与对策，刘光牛、南隽、刘滢，编辑：白继红，《全媒体时代与传媒战略转型》论文选。

新闻专栏，人民观察，《人民日报》。

新闻专栏，今日出击，《中国青年报》。

新闻专栏，解放分析，《解放日报》。

新闻专栏，周末人物，《大众日报》。

新闻专栏，新闻联播，中央电视台。

新闻专栏，经视直播，湖北广播电视总台。

新闻专栏，今日关注，中央电视台。

新闻专栏，对话，中国宁波网。

新闻专栏，E政广场，人民网。

国际传播，China ready to end HIV/AIDS entry ban（中国拟取消外国艾滋病感染者入境禁令）（报纸消息），单娟，编辑：邢志刚，《中国日报》。

国际传播，中国人的一天（广播系列），王天奕、刘向薇、侍莹莹，编辑：徐位毅、张孟媛，中国国际广播电台。

国际传播，来吧　来吧（电视专题），周世祖、周洋文、欧阳忠，编辑：谢宇航，宁波电视台。

国际传播，从“芭比”到“苹果”：笼罩在数据迷雾下的“中国制造”（报纸通讯），黄歆、王攀、顾烨，编辑：徐兴堂，新华社。

国际传播，中国政府陆路紧急援巴谱写千里救灾友谊赞歌（电视消息），黄土根、郭惠婷、孟凡磊，编辑：许民，兵团电视台。

（二、三等奖篇目略）

第二十二届

第二十二届中国新闻奖（2011 年度，共评选出获奖作品 291 件）获奖作品中特别奖 3 件，一等奖 44 件，二等奖 90 件，三等奖 154 件。获特别奖、一等奖的篇目如下：

特别奖

报纸评论，选择　凝聚在信仰的旗帜下——写在中国共产党成立 90 周年（上），任仲平（集体），编辑：张研农，《人民日报》。

报纸通讯，守望精神家园的太行人——红旗渠精神当代传奇，集体，编辑：陈卫平，新华社。

电视消息，胡锦涛主席在中南海会见美国佩顿中学访华师生，集体，中央电视台。

一等奖

报纸消息，基层科技创新遇“无米之炊”　去年我省 28 个县（市、区）财政研发投入为零，郭伟、王敬照，编辑：曹阳葵，《河北日报》。

报纸消息，就业局长“潜伏”打工探扬州用工，胡俭，编辑：拾景炎，《扬州日报》。

报纸评论，倾听那些“沉没的声音”，人民报评论部（集体），编辑：卢新宁，《人民日报》。

报纸评论，在转变中赢得大发展——九论用领导方式转变加快发展方式转变，何平，编辑：朱夏炎，《河南日报》。

报纸通讯，在痛定思痛中浴火重生——从瓮安之乱到瓮安之变警示录（简版），集体，编辑：陈卫平，新华社。

报纸通讯，红山嘴　大雪即将封山，黄国柱、张占辉、刘明学，编辑：张占辉，《解放军报》。

报纸系列，中国企业走向非洲系列报道，丁清芬，编辑：邢志刚，《中国日报》。

报纸系列，《一给一付间　热热的烤地瓜“交易”着暖暖的爱》等连续报道，孙建德、孙娇杨、梁爽，编辑：王宝霞、贺明珠、张育健，《长春晚报》。

报纸版面，2011 年 12 月 4 日《中国日报》1 版，田驰、于熠镭、金珠，

《中国日报》。

新闻摄影，凿天路，萧颢，编辑：佟建国，《楚天都市报》。

新闻漫画，爸妈陪我睡，邸天行，编辑：赵一锦，讽刺与幽默。

报纸副刊，也是一个真实的故事，杨惠珍、李滇敏、陈化先，编辑：王晖，《江西日报》。

广播消息，公安微博危机公关十小时，集体，济南人民广播电视台。

广播消息（空缺一名）。

广播评论，严禁酒驾带给社会的启示，丁芳、倪晓明、孙向彤，上海人民广播电视台。

广播专题（空缺一名）。

广播系列（空缺一名）。

广播访谈，请跟我回家，刘慧，北京人民广播电台。

广播直播，农耕之梦，集体，黑龙江人民广播电台。

广播编排，11月1日《新闻和报纸摘要》，集体，中央人民广播电台。

电视消息，刁娜：舍己一条腿　救人一条命，韩信、郭志强，山东广播电视台、烟台电视台。

电视消息，张春贤"逛"夜市，周一凡、熊超、孟宪梅，新疆电视台。

电视评论，聚焦医患"第三方"，集体，上海广播电视台。

电视专题，右玉精神，李占鳌、张海燕、孙海军，山西广播电视台。

电视系列，走基层·塔县皮里村蹲点日记，何盈、汪成健、李欣蔓、谢岩鹏、王永强，中央电视台。

电视访谈，拆新房为哪般，雷蒙、刘小飞、张维琴、张虹邻、索丹，内蒙古电视台。

电视直播，7·23动车追尾事故现场直播，吴晓、薛林森、丁丽萍、王振辉、李野、胡未央，温州广播电视台。

网络评论，"老何说和"说了些什么？李广华、田勇，中国宁波网。

网络专题，接力寻美　温暖中国，邓兆安、孙玲姿、沈广安、王晖、崔景友、贾楚航，胶东在线。

网络专题，党旗漫卷中国红——走进56个民族家庭大型接力式采风活动，林忠礼、李冉、张峰、邢玉军、刘国栋、王磊，大众网。

网络访谈（空缺一名）。

网页设计，聚焦天宫一号/神舟八号交会对接，集体，中国广播网。

新闻论文，多元传播格局中的舆论引导体系构建，孔德明，中国广播电视学刊。

新闻论文，主流媒体：治国理政的重要资源，吴恒权，编辑：万仕同，《新闻战线》。

新闻专栏，红船观澜，杜飞进、董宏君、盛若蔚、姜洁、李章军、杜榕，《人民日报》。

新闻专栏，多彩QQ群　和谐新空间，陈建飞、吴俊斐、李艳，《金华日报》。

新闻专栏，健康话题，杨青平、王丽娜、王长杰、朱海萍、刘坤，《大河健康报》。

新闻专栏，上海好心人，集体，《新民晚报》。

新闻专栏，新闻直播间，集体，中

央电视台。

新闻专栏，海峡军事漫谈，集体，中央人民广播电台。

新闻专栏，三农最前线，集体，河北电视台。

新闻专栏，安娜游世界，魏立军、王晨来、邓颖，中国国际广播电台。

新闻专栏，陇原史话，薛东明、王伟、范晓磊，中国甘肃网。

新闻专栏（空缺一名）。

国际传播，中国发生特大动车相撞事故伤亡严重（报纸消息），张祎、张和平、岳德亮，编辑：吕秋平，新华社。

国际传播，走进西藏寺庙（电视系列），集体，中央电视台。

国际传播，China Face（报纸专栏），林淑娟、郭娅利、林琦、杜娟、彭奕宁、程盈琪，《中国日报》。

国际传播，中国不是中东（报纸评论），傅振国（江上雨），编辑：张德修，《人民日报》海外版。

国际传播，中国远征军老兵杨剑达：回家的路走了70年（报纸通讯），林旭娜、金强、周煦钊，编辑：赵威，《南方日报》。

国际传播（空缺一名）。

（二、三等奖篇目略）

第二十三届

第二十三届中国新闻奖（2012年度，共评选出获奖作品300件）获奖作品中特别奖4件，一等奖49件，二等奖92件，三等奖155件。获特别奖、一等奖的篇目如下：

特别奖

文字评论，转变，中国道路的历史性跨越——从十六大到十八大（上），任仲平（集体），编辑：张研农，《人民日报》。

文字通讯，“三西”扶贫记，集体，新华社。

电视消息，习近平在参观《复兴之路》展览时强调　承前启后　继往开来　继续朝着中华民族伟大复兴目标奋勇前进，集体，中央电视台。

网络专题，致敬！7·21暴雨考验下的中国良心，张燕、楚彦、曹佳，编辑：刘春、王梅，四川新闻网。

一等奖

文字消息，中共中央党史研究室主任披露　常委参观《复兴之路》出行不封路，瞿凌云，编辑：郑萌，《长江日报》。

文字消息，火车站见证兰考经济变迁，童浩麟，编辑：李芳，《河南日报》。

文字评论，崛起的中国势不可当，钟经文（阎卡林、齐东向、马志刚），编辑：李洪波，《经济日报》。

文字评论，唯有走在变化之前——从乐凯胶卷停产、泊头火柴破产说开去，李忠志、张博，编辑：吴宏爱，《河北日报》。

文字通讯，“和谐搬迁”背后的故事，陈治治、施新华、孟维伟，编辑：史文杰，《中国纪检监察报》。

文字通讯，老红军和他的三个兵，

杜树人，编辑：杨东，《辽宁日报》。

文字系列，寻找最美乡村教师，严红枫、叶辉、夏静、张晶、解良，编辑：周立文、张碧涌、李晋荣，《光明日报》。

文字系列，向网络谣言“亮剑”，马庚申，编辑：王爱滢、闫涵，《今晚报》。

文字版面，《河南日报》6月25日要闻（“龙·舟”特刊）4—5版，编辑：张光辉、庞向辉、赵恒，《河南日报》。

新闻摄影（空缺）。

新闻漫画，“内部装修”，沈天呈，编辑：龚彦华，《浦东时报》。

文字副刊，北京一夜，李瑾，编辑：高晓林，《工人日报》。

广播消息，万里长江第一条过江地铁今天运营，刘群、赵阳、应响洲，武汉广播电视总台。

广播消息，元上都遗址成功列入世界文化遗产名录，雪梅，内蒙古人民广播电台。

广播评论，一张道歉条，触动了我们什么？集体，扬州广播电视台。

广播专题，我把光明献给你，佟慧娟、郭玲、巴何提古丽、王欢，新疆人民广播电台。

广播专题，选择，任桐、袁丁、姚加炎、姜虹，江苏广播电视总台。

广播系列，中国文化改革发展纪事，集体，中央人民广播电台。

广播访谈，我心是海洋——访最美女教师张丽莉，杨晶、李皎、邹韵、温宝明、任季玮、张立波，黑龙江人民广播电台。

广播直播，神舟九号航天员成功访问天宫一号，集体，中央人民广播电台。

广播编排，7月21日20时《整点快报》，亢晓夏，北京人民广播电台。

电视消息，神舟九号返回舱成功着陆四子王旗草原　三名航天员平安归来，菅海霞、梁兆峰、石藤正一、韩巍，内蒙古电视台。

电视消息（空缺）。

电视评论，“寒山闻钟”新“官”念　自揽监督网民意，金磊、徐蕾、余志锟、蒯军，苏州广播电视台。

电视专题，胶囊里的秘密，集体，中央电视台。

电视专题，老兵，回家，阮拥军、张琳玥、邝雯珊，广东电视台。

电视系列，“最美司机”吴斌，袁也、蒋学栋、袁帅、车诚、李文、夏茂松，杭州文化广播电视集团。

电视访谈，如何理解“中国式民主”，集体，江苏广播电视总台。

电视直播，雨中进行时——7·21北京特大暴雨，集体，北京电视台。

电视编排，5月20日《黑龙江新闻联播》，集体，黑龙江电视台。

网络评论，雷锋，距离我们并不遥远，许新霞，编辑：陈钟，中国广播网。

网络专题，齐鲁正能量之爱心帮农季，谭鲁民、杨本敬、王硕、张晓博、孔冠军、殷爽，齐鲁网。

网络专题，中国共产党第十八次全国代表大会，集体，人民网。

网络访谈，携手共建“美丽中国”让候鸟飞，刘雁军、梁宏峰、王冰、张璟、霍艳华、杜珊，北方网。

网页设计，“科学发展成就辉煌”大型图片展览网上展馆，邱纯、史军胜，中国网络电视台。

新闻论文，区域性主流媒体源点的变迁与重构——基于‘场域——惯习’的视角，卜宇，编辑：赵涛，江海学刊。

新闻论文，凝聚社会共识：都市报的社会责任，李鹏，编辑：武艳珍，《新闻战线》。

文字专栏，求证，叶蓁蓁、韩晓丽、孟辉、罗彦、肖潘潘、沈小根，《人民日报》。

文字专栏，光明时评，沈卫星、包霄林、周龙、刘文嘉、华挺，《光明日报》。

文字专栏，新帮办，集体，《每日新报》。

文字专栏，跑腿新闻，彭平、范高农、危春勇，《信息日报》。

广电专栏，666新闻特快，集体，海峡之声广播电台。

广电专栏，空中茶社，钱璨、白旸、张国成、Gabriella Bonino，中国国际广播电台。

广电专栏，新闻眼，陈辉、荆雷、王波、许霄鹏、吴强，江苏广播电视总台。

网络专栏，劳动？创造？奋斗——青春励志故事，金东、郝向宏、蔺玉红、万兴亚、金锐，中国青年网。

网络专栏，心通桥，徐秀丽、魏书杰、陈祖强、徐超、刘书峰、熊堰秋，中原网。

国际传播，习近平访爱荷华州：一些小事，一生的回忆，Kelly Chung Dawson（陶凯丽）语薇、英姿，编辑：纪涛，《中国日报》美国版。

国际传播，休想攫取我国半寸领土，钧保言（吉全、陶克），编辑：杜献洲，《解放军报》。

国际传播，中共高层新阵容，集体，编辑：何平、彭树杰、严文斌，新华通讯社。

国际传播，达赖集团与自焚暴力事件，国际频道新闻编辑部社会部四组，中央电视台。

国际传播，中国面临的挑战，集体，上海广播电视台。

国际传播（空缺）。

（二、三等奖篇目略）

第二十四届

第二十四届中国新闻奖（2013年度，共评选出获奖作品283件）获奖作品中特别奖4件，一等奖45件，二等奖88件，三等奖146件。获特别奖、一等奖的篇目如下：

特别奖

文字评论，转变，中国道路的历史性跨越——从十六大到十八大（上），任仲平（集体），编辑：张研农，《人民日报》。

文字通讯，“三西”扶贫记，集体，新华社。

电视消息，习近平在参观《复兴之路》展览时强调　承前启后　继往开来　继续朝着中华民族伟大复兴目标奋勇前进，集体，中央电视台。

网络专题，致敬！7·21 暴雨考验下的中国良心，张燕、楚彦、曹佳，编辑：刘春、王梅，四川新闻网。

文字评论，守护人民政党的生命线，任仲平，编辑：张研农、米博华，《人民日报》。

文字通讯，“三北”造林记，集体，编辑：陈芸，汪金福，新华社。

电视消息，习近平春节前夕赴甘肃看望各族干部群众　向全国各族人民表达美好的新春祝福，集体，中央电视台。

网络评论，限制“公款消费”本质是制约权力寻租，子房先生（年巍），编辑：周姗姗，中国经济网。

一等奖

文字消息，准备打仗，先向“和平积习”开刀——北京军区三九演兵重在端正训练作风一针见血查问题，魏兵、覃照平，编辑：刘兴安、李东航，《解放军报》。

文字消息，利益面前，干部退一步，徐蒙、谢金晶，编辑：何洛先，《解放日报》。

文字评论，把校舍真正建设成第一避难所，刘涛，编辑：张树伟，《中国教育报》。

调查性报道，五问县级公立医院改革——睢宁县改革试点的考察报告，何桂香、曲美慧，编辑：陈开泉、刘明，《徐州日报》。

文字通讯，为何金门供水总差“最后一公里”，吴在平，编辑：张维东、朱力南，《福建日报》。

文字系列，“探析 PX 之惑”系列报道，韩晓丽、沈小根、肖潘潘、罗彦、刘军国、万宇、李永宁，《人民日报》。

文字系列，丰收稻谷堆成山　卖与不卖好着急，许静、王成栋、梁现瑞、赵若言、方小虎、胡敏、李建英，《四川日报》。

报纸版面，《新华日报》1 月 21 日 A3 版，集体，《新华日报》。

报纸副刊，老伴——听龚全珍讲甘祖昌的故事，任辛、江仲俞，编辑：李滇敏，《江西日报》。

新闻摄影，习近平冒雨考察武汉新港，李学仁，编辑：李斌，新华社。

新闻漫画，这是谁的家，李峰，编辑：姚英，《中国日报》。

广播消息，总理向我问灾情，魏鸣、陈军、殷江、陈超，四川广播电视台。

广播消息，辽宁在全国首开“雾霾罚单”，八城市被罚，那其灼、林凌、郭亚男，辽宁广播电视台。

广播评论，转基因博弈背后的国家利益较量，杨晶、李皎、高祥、牟维宁，黑龙江人民广播电台。

广播专题，小村大事，张蕾、齐鹤、朱璐，河南人民广播电台。

广播专题，一波三折，一桩医疗纠纷终于妥善解决，张清淼，天津广播电视台。

广播系列，由保洁员吃学生剩饭引发的思考，集体，中央人民广播电台。

广播访谈，张高平的十年，韩锦、王云松、方媛，安徽广播电视台。

广播直播，神舟十号航天员太空授课，集体，中央人民广播电台。

广播编排，11 月 25 日《今日·全

球新闻报道》，集体，中国国际广播电台。

电视消息，超强农民：1 = 190，杨国栋、李永和、李鑫，黑龙江电视台。

电视消息，廉价蒲草“编”出亿元淘宝村，牟宗平、李伟，山东广播电视台。

电视评论，证难办　脸难看，刘宁、张玉虎、郭峰、杨枫、崔辛雨，中央电视台。

电视专题，不能忘却的记忆——坦赞铁路圆梦纪行，集体，海口广播电视台。

电视专题，把粮食存到“银行”，王敬仁、周娉、刘志勇、周丹、郭志光，宁乡广播电视台。电视系列，寻找可游泳的河，集体，浙江广播电视集团。

电视访谈，三一重工“状告”奥巴马，集体，上海广播电视台。

电视直播，太空新旅　天宫授课，集体，中央电视台。

电视编排（空缺）。

网络评论，中国改革“再出发”的总宣言，石铭（吴焰），编辑：文松辉，人民网。

网络专题，中央新一届领导集体：平凡的生活伟大的理想，赵小军、赵军胜、刘延清、吕媛媛、臧文娟、何宇达，央视网。

网络专题，制度创新——中国（上海）自由贸易试验区特别专题，集体，东方网。

网络访谈（空缺）。

网页设计（空缺）。

新闻名专栏，楚望台，陈红彬、张孺海、李昌建、李欣、陈俊，《楚天都市报》。

新闻名专栏，光明时评，沈卫星、包霄林、周龙、刘文嘉、曹华飞，《光明日报》。

新闻名专栏，新华国际时评，集体，新华社。

新闻名专栏（空缺）。

新闻名专栏，992 大家帮，王智、冀国锋、郑曌阳、任红梅、么伟龙、曹朝阳，河北人民广播电台。

新闻名专栏，连线快评，金波、熊丽、徐烜政、周景、李艳、胡晨凌，杭州文化广播电视集团。

新闻名专栏，海峡两岸，集体，中央电视台。

新闻名专栏（空缺）。

新闻名专栏，求真，潘健、张玉珂、孝金波、田雪，人民网。

新闻名专栏（空缺）。

新闻论文，报纸副刊：价值引领与文化担当，刘玉琴，编辑：刘琼，《人民日报》。

新闻论文，以“真、新、实”塑造党报新文风，周跃敏，编辑：李嘉卓，《新闻与写作》。

国际传播，为了 13 亿人的中国梦——记中国国家主席、中央军委主席习近平（文字通讯），集体，编辑：何平，新华社。

国际传播，总理的歉意（新闻摄影），武治义，编辑：朱锋，《中国日报》。

国际传播，武汉上空的鹰——寻访苏联空军志愿队烈士（文字系列），谌达军、胡洁、翟晓林、余坦坦、刘功虎、张凡，《长江日报》。国际传播，中国探月工程“嫦娥三号”月球探测器发射直播特别节目（广播直播），田巍、李雷、赵洋、闫钟芳、肖中仁，中国国际广播电台。

国际传播（空缺）。

国际传播（空缺）。

（二、三等奖篇目略）

第二十五届

第二十五届中国新闻奖（2014 年度，共评选出获奖作品 294 件）获奖作品中特别奖 4 件，一等奖 47 件，二等奖 91 件，三等奖 152 件。获特别奖、一等奖的篇目如下：

特别奖

文字通讯，生命线在强军兴军伟大征程中闪耀——习近平主席、中央军委领导和推进新形势下军队政治工作纪实，集体，编辑：禹光、谭健，《解放军报》、新华社。

文字评论，标注共产党人的精神坐标，集体，杨振武、李宝善，《人民日报》。

文字通讯，更高举起改革开放伟大旗帜——写在邓小平同志 110 周年诞辰之际，集体，新华社。

电视系列，新春走基层·家风是什么，集体，中央电视台。

一等奖

文字消息，项目审批“长征”698 天 泰豪动漫变“动慢”，桂榕、何宝庆，编辑：王晖、任辛，《江西日报》。

文字消息（空缺）。

文字评论，公共辩论 求真比求胜更重要，范正伟，编辑：卢新宁、杨健，《人民日报》。

文字评论，刹不为之风 换不为之将，本报评论员（向军、邓也），编辑：胡衍民，《四川日报》。

文字通讯，一水激活万水流，李新民、李大川、高大伟，编辑：陈庆松、姜景远，《吉林日报》。

文字系列，“呼格案再审”系列报道，集体，新华社。

文字系列，《做好事“潜伏”27 年“炎黄”终于找到了》等连续报道，杨建、钱英洁、胡琦，《无锡日报》。

报纸版面，《羊城晚报》2014 年 4 月 20 日 1 版，孙焰、李焕菲，《羊城晚报》。

报纸副刊，那山 那树 那人，祝芸生、柳易江，编辑：任辛、杨惠珍，《江西日报》。

新闻摄影（空缺）。

新闻漫画，APEC 漫画版“新中装”合影，果果（刘依），编辑：毛豆（许佳），荆楚网。

广播消息，“数字敦煌”工程让敦煌文化遗产得以永续留存，王心怡、王成梧、李艳芬、王磊，甘肃广播电影电视总台。

广播评论，“藏粮于土”箭在弦上，杨晶、李皎、高祥、牟维宁，黑龙江人民广播电台。

广播专题，巡航钓鱼岛亲历，何端端、李真、穆亮龙、李金鑫，中央人民广播电台。

广播专题（空缺）。

广播系列，长空奇缘——两岸退役飞行员首次同飞蓝天，刘典、杨娜、吴桐、袁健、徐冰青、郑逸舟，海峡之声广播电台。

广播访谈，好人朱占华，杨晶、李皎、张广雷、亓欣莉、邹韵、温宝明，黑龙江人民广播电台。

广播直播，第二届夏季青年奥林匹克运动会开幕式现场直播，集体，中央人民广播电台、江苏广播电视总台。

广播编排，2014 年 12 月 26 日《新闻纵横》，集体，中央人民广播电台。

电视消息，习近平同美国总统在中南海会晤，集体，中央电视台。

电视消息，寒酸的县委办　不寒酸的民生，曾佳、程鹏、肖瀚、王志奇、张龙，江西广播电视台、萍乡广播电视台。

电视评论，“电商”与“店商”谁能争锋？刘艳琼、林晨、朱贤勇，浙江广播电视集团。

电视专题，食品工厂的“黑洞”，集体，上海广播电视台。

电视专题，无影灯下的生死博弈，集体，北京电视台。

电视系列，绝对忠诚，杨壮、李越胜、牛嵩峰、肖永根、聂雄、李欣、李晟，湖南广播电视台。

电视访谈，住在涵洞为讨薪，雷蒙、范有涛、刘小飞，编辑：满都古勒、马吉、乌勒，内蒙古广播电视台。

电视直播（空缺）。

电视编排，2014 年 12 月 17 日《财经夜行线：卢布危机》，集体，上海广播电视台。

网络专题，学习路上，集体，人民网。

网络专题，祭·忆——南京大屠杀死难者国家公祭日，集体，中国江苏网。

网络专题，网上诚信馆　道德新标杆——谢岩斌千里还债　温州城诚信接力，方立明、张春校、黄作敏，编辑：应忠彭、毛稿树、张湉，温州新闻网。

网络访谈，“当代鲁班”的中国梦，集体，北方网。

网页设计，简政放权——持续改革再发力，集体，新华网。

新闻名专栏，人民观点，集体，《人民日报》。

新闻名专栏，方圆谈，集体，《中国纪检监察报》。

新闻名专栏，漫说快评，周跃敏、刘庆传，《新华日报》。

新闻名专栏，佳友民情快车，俞佳友、聂伟霞、包敦远，编辑：童颖骏、蒋蕴、陈志农，《浙江日报》。

新闻名专栏，天天 3·15，集体，中央人民广播电台。

新闻名专栏，驻村夜话，集体，西藏人民广播电台。

新闻名专栏，中央电视台《新闻联播》，集体，中央电视台。

新闻名专栏，民声，集体，南京广播电视台。

新闻名专栏，新华网数据新闻，田舒斌、周红军、马轶群，编辑：刘叶、殷哲伦、魏文彬，新华网。

新闻名专栏，XYZ 新闻三剑客，集

体，荆楚网。

新闻论文，时度效的内涵、应用及着力点，陈寅，编辑：邓瑜，《新闻战线》。

新闻论文，做好新形势下舆论引导工作的科学指南，杨振武，编辑：郑剑，《人民日报》。

国际传播，习近平的大外交（网络专题），田舒斌、刘加文、雷曼誉、常烨、夏小鹏、马轶群，新华网。

国际传播，Silk Road initiatives fit into EU recovery goals 中国“一带一路”倡议与欧盟投资计划相契合（文字评论），付敬，编辑：朱萍，《中国日报》。

国际传播，“南京大屠杀死难者国家公祭仪式”现场直播（广播直播），张意、周劲翔、黄晓东，编辑：包涛，中国国际广播电台 。

国际传播，东北虎“串门”（电视专题），张晨、李艳清、姜莹，编辑：胡淑玲，黑龙江电视台。

国际传播，跨国取证16年——侵华日军731部队老兵证词实录 Japanese World War Ⅱ veterans recall horrors of Unit 731（电视专题），王敬中、倪瀚琳、王爱华，编辑：何山、马迪，新华社。

国际传播，重整河山待后生（广播专题），郑璐、朱旭，中国国际广播电台。

（二、三等奖篇目略）

第二十六届

第二十六届中国新闻奖（2015年度，共评选出获奖作品256件）获奖作品中特别奖3件，一等奖40件，二等奖85件，三等奖128件。获特别奖、一等奖的篇目如下：

特别奖

文字通讯，胜利的号角·和平的宣示，集体，编辑：李国利、于晓泉，新华社。

文字评论，凝聚当代中国的价值公约数——论培育和践行社会主义核心价值观，集体，编辑：杨振武、李宝善，《人民日报》。

电视消息，纪念中国人民抗日战争暨世界反法西斯战争胜利70周年大会在京隆重举行，集体，中央电视台。

一等奖

文字消息，629户人的藏乡走出359名大学生，徐中成，编辑：谭江琦，《四川日报》。

文字消息（空缺）。

文字评论，漠视生命是最可怕的沉沦，林新华，编辑：张花，《衡阳晚报》。

文字评论，中国故事，更精彩的书写还在后面，詹勇、王甘武、李学梅，编辑：何平、刘刚，新华社。

深度报道，五问中国经济，龚雯、许志峰，编辑：谢国明、皮树义，《人民日报》。

文字通讯，马氏“兄弟”跨越二十年的诚信，王国庆、阙爱民、童浩麟，编辑：赵铁军、李芳，《河南日报》。

文字系列，“为什么2元钱的‘救命药’没有人做?”贺少成、赵琛、冀文超，编辑：窦菲涛、沈刚、车辉，

《工人日报》。

文字连续，义乌最美民工张明伟："东家"比我更需要这笔钱，何百林、陈东、杨准，《金华日报》。

报纸版面，9月4日《解放日报》要闻1—4版，朱爱军、陈煜骅、倪佳，《解放日报》。

报纸副刊，一位财政部长的两份遗嘱，宁新路，编辑：饶翔、赵玙，《光明日报》。

新闻摄影，我们的队伍向太阳——中国首次以盛大阅兵纪念抗战胜利70周年，集体，新华社。

新闻漫画，大活人"自证活着"是何方规矩，曹一，编辑：刘庆传，《新华日报》。

广播消息（空缺）。

广播消息（空缺）。

广播评论（空缺）。

广播专题（空缺）。

广播专题（空缺）。

广播系列，致我们正在消逝的文化印记，集体，中央人民广播电台。

广播访谈，寻找方大曾——两代记者穿越时空的对话，叶赵明、徐方、张箭锋、雪莉、陈晔、黄河，宁波广播电视集团。

广播直播，冰雪五环、聚焦冬奥——2022年冬奥会举办城市揭晓，杨洪、李凯、杨迪、马骏、田甜、唐思萌，北京人民广播电台。

广播编排（空缺）。

电视消息（空缺）。

电视消息（空缺）。

电视评论（空缺）。

纪录片，生命缘——请你替我活下去，徐滔、邵晶、刘书含、李潇、冯乐，北京电视台。

电视专题（空缺）。

电视系列，大国工匠，集体，中央电视台。

电视访谈，老冯家的"传家宝"，严浩、赵丹军、杨卉、徐谞、王剑、黄琼花，江苏广播电视总台。

电视直播，南昌西汉海昏侯墓主椁室考古发掘系列现场直播，周继革、周芸、徐剑、刘志刚、贾辉、龚文芳、李彬、陶国平，江西广播电视台。

电视编排，9月3日《新闻联播》，集体，黑龙江广播电视台。

网络评论，政府敢啃"硬骨头"，市场才能有"肉"吃，安传香，编辑：杨新华，新华网。

网络专题，千年大墓　惊世挖掘——南昌海昏侯墓出土，集体，中国江西网。

网络专题，解放军报创刊60周年　习主席亲手发微博向广大官兵祝贺新年，王士彬、洪文军、冯凯旋、高飞、郑文达、姚远，中国军网。

网络访谈（空缺）。

网页设计，穿越直播　重返70年前英雄之城，集体，华龙网。

新闻名专栏，视点，王薇薇、胡文鹏、刘亮、郭存举、李瞳，《经济日报》。

新闻名专栏，广安观潮，范耀庚、史文杰、陈治治、闫鸣、张磊、徐怀顺，《中国纪检监察报》。

新闻名专栏，啄木鸟在行动，叶修

堂、万利平、王雁鸣、邹仕虎、李江敏、徐云龙，《南昌日报》。

新闻名专栏，市民大讲堂，集体，《长江日报》。

新闻名专栏，In Ba Ku Ba Gida（有你就有家），高山、辛昱慧、张威伟、Fatimah I. Jibril，中国国际广播电台。

新闻名专栏，百姓故事，集体，天津广播电视台。

新闻名专栏，新闻联播，集体，中央电视台。

新闻名专栏，网罗天下，季建南、李轩、王狄安、袁晓文、殷玉静、马真，江苏广播电视总台。

新闻名专栏，世相，陈维松、吴闻达，中国互联网新闻中心。

新闻名专栏，独立调查，李冉、邢玉军、马俊骥、李兆辉、王宗阳、刘宝才，大众网。

新闻论文，把握对外传播的时代新要求——深入学习贯彻习近平同志对人民日报海外版创刊30周年重要指示精神，杨振武，编辑：张垚，《人民日报》。

新闻论文（空缺）。

国际传播，《习主席来了》（Who is Xi Dada?）（网络访谈），王洋、张建波、赵阳、毛文正、倪乐融，编辑：何炜、潘健，YouTube。

国际传播，Форты Японской Квантунской армии（要塞作证）（电视纪录片），沈书、董长青、鄂艳，编辑：姚冬梅，俄罗斯TPO电视频道。

国际传播，中国军队援非抗击埃博拉系列报道（文字系列），杜献洲、张晓祺、罗铮，编辑：洪建国，《解放军报》。

国际传播，闻歌识中国（广播系列），国丹、李金川、梁策、钮璇、Filipe Hu，中国国际广播电台。

国际传播，中老缅泰湄公河联合巡逻执法成效明显（文字消息），杨玺、李鹏飞、崔同江，编辑：杨林，《边防警察报》。

国际传播，生命的记忆——犹太人在上海（电视专题），集体，上海广播电视台。

（二、三等奖篇目略）

第二十七届

第二十七届中国新闻奖（2016年度，共评选出获奖作品287件）获奖作品中特别奖4件，一等奖50件，二等奖90件，三等奖143件。获特别奖、一等奖的篇目如下：

特别奖

文字通讯，弄潮儿向涛头立——习近平主席出席二十国集团领导人杭州峰会系列活动纪实，集体，编辑：何平、张宿堂，新华社。

文字评论，以信仰之光照亮奋斗之路，集体，编辑：杨振武、李宝善，《人民日报》。

电视消息，习近平在青海考察时强调 尊重自然顺应自然保护自然 坚决筑牢国家生态安全屏障，集体，中央电视台。

新闻专栏，新华全媒头条，钱彤、

李柯勇、郝方甲、王清颖、郑晓奕、李明，新华社。

一等奖

文字消息，1445种全新病毒科被发现，金振娅，编辑：邢宇皓、雷柯，《光明日报》。

文字消息，折翼海天，用生命为航母事业铺路，徐双喜、陈国全，编辑：柳刚、王通化，《解放军报》。

文字评论，供给侧改革需加减法并举，梁发芾，编辑：张国华、崔雪茜，《甘肃日报》。

文字评论，走向经济治理现代化的中国探索，齐东向，编辑：张小影，《经济日报》。

文字通讯，老郭脱贫记，马跃峰，编辑：施娟、谢雨，《人民日报》。

文字通讯，别了，白家庄矿，张临山、冷雪，编辑：丁伟跃，《山西日报》。

文字系列，铁纪铁流，丁宗皓、张小龙、王研、高爽、张昕、张晓丽，《辽宁日报》。

文字系列，安徽宿州宋庙小学“要求受助贫困生出钱请吃饭事件”调查，黄辉、戴南、周根山，《中国纪检监察报》。

报纸版面，8月7日《宁夏日报》2—3版，张靖、何亚男、刘建华，《宁夏日报》。

报纸副刊，巡视组长——追记李泉新，江仲俞、宋海峰、游静，编辑：任辛、李滇敏，《江西日报》。

新闻漫画，投桃报李，孙宝欣，编辑：徐辉冠，求是网。

广播消息，惊心动魄160分钟——首次揭秘“长五”推迟发射，张棉棉、丁飞、马喆、吴媚苗，中央人民广播电台。

广播消息，速度与激情：“中国标准”动车组成功通过时速420公里高速交会试验，蒋凯香、马松林、殷洁，中国国际广播电台。

广播评论，以供给侧改革破解老工业基地“双重转型”之困，牟维宁、高祥、张立波、任季玮，黑龙江广播电视台。

广播专题，内蒙古首例保护草原行政公益诉讼案 —— 开启我区草原保护新篇章，常俊青、王莎、赵殿辉、梁军、额尔德尼，内蒙古广播电视台。

广播专题（空缺）。

广播系列，“神舟”“天宫”完美对接背后的“吉林科技元素”，姜新、于显志、张若鹏、张文汇、张昊鹏、李佳星，吉林人民广播电台。

广播访谈，“新愚公”李保国，集体，河北广播电视台。

广播直播，泰宁泥石流紧急救援，阮怡、冯媛媛、李泰曦、开哲、宁水蓉、李宗涛、诸葛仲、吕昱洋，福建省广播影视集团。

广播编排，10月17日《东广早新闻》，集体，上海广播电视台。

电视消息，中国笔王贝发小笔尖大制造　杭州G20元首笔撬动高端市场，廖建斌、闫全、董寅寅、陈旭，宁波广电集团。

电视消息（空缺）。

电视评论，民企也是国家队，李宁、

杨阳、霍扬、刘雨轩，黑龙江广播电视台。

电视专题，永远在路上，集体，中央电视台。

电视专题，“僵尸企业”重生记，陈琛、伊力、唐虎、郑欣、徐奇，山东广播电视台。

电视系列，新华社特约记者太空日记，景海鹏、陈冬、李柯勇、郑晓奕、饶力文、魏骅、肖正强、陈曦，中国新华新闻电视网。

电视访谈，为85岁爷爷拍照，林娜、陈玲、林子健、黄宇、黄石惠、沈静，厦门广播电视集团。

电视直播，二十国集团领导人杭州峰会系列直播（时政），集体，中央电视台。

电视编排，11月16日《浙江新闻联播》，集体，浙江广电集团。

网络评论，每一名党员都要牢固树立“核心意识”，宗国（姜赟），编辑：余清楚，人民网。

网络专题，中国一点都不能少，苗苗、郑琪、刘冰、徐丹、李志伟、叶添，《人民日报》客户端。

网络专题，您好，马克思，集体，中国青年网。

网络访谈，一份延续了68年的忠诚，周彪、王光煦、王兴、罗杰，求是网。

网页设计，网上重走长征路之“征程”——红军长征全景交互地图，集体，新华网。

新闻名专栏，人民眼，张忠、牛一兵、费伟伟、王斌来、禹伟良、孔祥武，《人民日报》。

新闻名专栏，长安观察，毛晓刚、张砥、汤华臻、胡宇齐、崔文佳、范荣，《北京日报》。

新闻名专栏，之江观察，谢正法、张永贵、王玉宝、杜博，《浙江日报》。

新闻名专栏，逐梦他乡重庆人，集体，《重庆日报》。

新闻名专栏，新闻和报纸摘要，集体，中央人民广播电台。

新闻名专栏，Studio + 脉动中国，集体，中国国际广播电台。

新闻名专栏，海峡两岸，集体，中央电视台。

新闻名专栏，新闻大求真，集体，湖南广播电视台。

新闻名专栏，学习进行时，集体，新华网。

新闻名专栏，问政湖南，舒斌、肖雄、李洁、肖凤姿，红网。

新闻论文，把握好政治家办报的时代要求，杨振武，编辑：杨学博，《人民日报》。

新闻论文，始终坚守军报姓党的政治灵魂，李秀宝、孙继炼，编辑：朱金平，军事记者。

国际传播，Putin eyes closer partnership with China 普京接受新华社社长独家专访 表示期待打造更紧密俄中伙伴关系（文字消息），蔡名照，编辑：严文斌、尚军，新华社。

国际传播，我们的更路簿——三沙属于中国的历史证据（电视专题），孔德明、叶明、杨全、李柳青、杨昊霖、王文心，海南广播电视总台。

国际传播，锦绣记（海外版）（电视纪录片），集体，中央电视台。国际传播，东京审判（电视纪录片），朱晓茜、陈亦楠、敖雪、王硕、俞洁，上海广播电视台。国际传播，外国漫画家手绘北京（网络专题），杨明星、许颖、陈源、李嵩、路松，千龙网。

国际传播，从广东制造到广东智造（广播专题），郑韵、Harry Harding、薛晖，广东广播电视台。

（二、三等奖篇目略）

（注明：以上“中国新闻奖简介及历届获奖者名单”本书选编大部分重要篇目，对有些篇目没有选编，请读者谅解。）